汉语言风格文化新视界

黎运汉 著

HANYUYAN FENGGE WENHUA XINSHIJIE

暨南大学出版社
JINAN UNIVERSITY PRESS

中国·广州

图书在版编目（CIP）数据

汉语言风格文化新视界 / 黎运汉著. —广州：暨南大学出版社，2018. 11
ISBN 978 - 7 - 5668 - 2517 - 9

Ⅰ. ①汉…　Ⅱ. ①黎…　Ⅲ. ①汉语—语言风格—研究　Ⅳ. ①H1

中国版本图书馆 CIP 数据核字（2018）第 251299 号

汉语言风格文化新视界
HANYUYAN FENGGE WENHUA XINSHIJIE
著　者：黎运汉

出 版 人：徐义雄
责任编辑：暨　南　杜小陆
康　蕊　陈俞潼
责任校对：王燕丽
责任印制：汤慧君　周一丹

出版发行：暨南大学出版社（510630）
电　　话：总编室（8620）85221601
营销部（8620）85225284　85228291　85228292（邮购）
传　　真：（8620）85221583（办公室）　85223774（营销部）
网　　址：http：//www. jnupress. com
排　　版：广州尚文数码科技有限公司
印　　刷：湛江日报社印刷厂
开　　本：787mm × 1092mm　1/16
印　　张：16. 25
字　　数：330 千
版　　次：2018 年 11 月第 1 版
印　　次：2018 年 11 月第 1 次
定　　价：58. 00 元

目　录

第一章　文化、语言风格的内涵与特征

文化和语言风格是本课题的核心术语，从中华文化的角度审视和阐释汉语言风格现象是本书的旨意。认识中华文化和汉语言风格的内涵与特征是本书的首要任务，因为这是对研究对象的本质特点的认知，一切学科研究都应该从此认知开始。

第一节　文化的内涵与特征

一、文化的内涵

“文化”一词在英语和法语中表达为“culture”，在德语中表达为“kultur”，都源于拉丁文“cultura”，意为耕作、培育，包括物质活动和精神活动两个方面的意蕴。

“文化”一词在中国出现较早，《易经》中说：“观乎天文，以察时变，观乎人文，以化天下。”“文化”一词便从此而出，它的意思是用人文来进行教化。而后所谓的“人文化成”“以文教化”“变化气质”等，与西方古代的文化意蕴基本上是一致的，多指文治教化，也指物质的变化。

“文化”一词在现代使用频率很高，口语中经常提及，如“学文化”“文化水平”“文化修养”“文化生活”“文化市场”等。这些日常概括中的文化或指一般知识，或指运用文字的能力，或指个人的内涵，或指娱乐性的精神生活、物质生活。作为人文科学中的术语，“文化”则有其特定的内涵和外延。而最先把“文化”作为专门术语来使用的是英国人类学家泰勒。他在 1981 年出版的《原始文化》一书中说：“文化或文明，就其广泛的民族学意义上来说，乃是包括知识、信仰、艺术、道德、法律、风俗以及作为社会成员的任何人所获得的能力和习惯在内的一种复合整体。”苏联学术界在 20 世纪 50 年代至 60 年代曾广泛讨论了“文化”概念的定义，看法多种多样，占主要地位的观点大致有四种：①把“文化”定义为人们在社会发展过程中所创造的物质财富和精神财富的总和。②文化不仅是业已创造的物质财富和精神财富，而且是创造、分配和消费这些财富的过程本身。③文化是人们的创造性活动，它在这种活动的一定结果中被对象化了。④文化是人类活动的特殊方式，是手段和机制的特殊体系，由于这种方式和体系，个人可以对周围世界采取积极的态度。[①] 近现代中国学者也给“文化”下了种种定义。例如，梁启超认为：“文化者，人类心能所开解出来之有价值的共业也。易言之，凡人类心能所开创，历代积累起来，有助于正德、利用、厚生之物质的和精神的一切共同的业绩，都叫作文化。”[②]《辞海》：“文化通常指人民群众在社会历史实践过程中所创造的物质财富和精神财富的总和，也专指社会意识形态，以及与之相适应的制度和组织机构。”[③] 中国社会科学院研究员庞朴认为：“文化从最广泛的意义上说，可以包括人的一切生活方式和为满足这些方式所创造的事事物物，以及基于这些方式所形成的心理和行为。它包含着物的部分、心物结合的部分和心的部分。如果把文化的整体视为主体的系统，那时它的外层便是物质的部分——不是未经人力作用的自然物，而是‘第二自然’（马克思语），或对象化了的劳动结果。文化的中层，则包含隐藏在外层物质里人的思想、感情和意志，如机器的原理、雕塑的意蕴之类；和不曾或不需体现为外层物质的人的精神产品，如科学猜想、数学构造、社会理论、宗教神话之类；以及人类精神产品之物质形式的对象化，如教育制度、政治组织之类。文化的里层或深层，主要是文化心理状态，包括价值观念、思维方式、审美趣味、道德情操、宗教情绪、民族性格等。”[④]

时至今日，由于学者们的研究角度及其认识水平不同，对文化概念的界定仍是众说纷纭，见仁见智。据统计，中外有关文化的定义已有460多种。但整体看来，学者们不外从狭义和广义两个方面来理解“文化”的含义。狭义的文化是指精神文化，即一个社会的意识形态和精神产品，泰勒的定义就是一个狭义的解释。广义的文化，既指精神文化，也包括物质文化，苏联一些学者和庞朴等对文化的定义都是广义的解释。我们在《公关语言学》[⑤] 和《汉语风格学》[⑥] 中都赞同广义说，把文化看作人类在认识、改造自然、社会和自身的实践过程中所创造的物质文明和精神文明的总和，而中华文化则是指以汉民族为主体的中国各民族在社会历史发展过程中共同创造的文化，或称中国文化、华夏文化，其外延可分为四个部分：

（1）物质文化也叫物质生产文化或物态文化，它是一种显性文化，指人类创造的种种物质文明，即文化中的技术及其物质产品，如建筑文化、服饰文化、

① 谭光广、冯利、陈朴主编：《文化学辞典》，中央民族学院出版社，1988年，第107页。
② 梁启超：《饮冰室合集　文集第14册》，中华书局，1936年。
③ 《辞海（词语分册下）》，上海人民出版社，1977年，第1662页。
④ 庞朴：《稂莠集——中国文化与哲学论集》，上海人民出版社，1988年。
⑤ 黎运汉、宗世海、曾毅平等：《公关语言学》（第四版），暨南大学出版社，2010年，第81页。
⑥ 黎运汉：《汉语风格学》，广东教育出版社，2000年，第97页。

饮食文化、商品文化、环境文化、舟车交通文化、工艺技术文化、园林文化、山水文化等。

（2）制度文化也叫关系文化，它是一种隐性文化，指渗透了人的观念的社会的各种制度，如政治制度、经济制度、教育制度、生活制度、家庭制度、婚姻制度、社会组织制度、法律制度，以及有关这些制度的各种理论体系和行为方式、礼仪风俗等。

（3）精神文化也称心理文化或观念文化，它是意识与观念的体现，是一种比制度文化更深层次的隐性文化，包括思想意识、思维方式、价值观念、心理状态、审美情趣、宗教信仰、道德情操、民族性格以及科学、艺术等。

（4）语言文化也叫符号文化，它是文化的一个特殊的重要成分，包括语音文化、词汇文化、语法文化和语用文化，是制度文化和精神文化作用于物质文化的产物。

这四者之间既有联系，又有区别，它们相互依存、相互制约、相互渗透、相互促进，共同构成一个完整统一体。物质文化是整个文化的基础部分，是其他文化因素产生发展的前提，它的发展变化可以导致制度文化、精神文化和语言文化的发展变化；制度文化是文化的关键因素，可以对文化的各个部分进行协调，也可以提倡或压制其他文化行为，直接影响其进退、兴衰；精神文化居文化的核心层次，它制约物质文化、制度文化、语言文化的建设和发展方向，但它的产生发展又依赖于物质文化、制度文化和语言文化；语言文化是其他文化因素的载体和表征，它的发展、变化影响和制约其他文化因素的发展变化，其他文化因素的发展变化影响和制约语言文化的发展变化。四者的这种因果互动关系，决定了文化创造、文化建设、文化复兴，文化研究、语言与文化关系研究、语言风格与文化关系研究。同时，必须注意四者之间的有机联系、相互协调，才能有成效、有收益。

二、文化的特征

基于上述对文化内涵及其本质属性的理解，我们认为文化具有如下四个基本特征：

（一）创造性

庞朴教授说："文化是人的本质的展现和形成的原因。"[①] 文化是与人的本质相联系的，文化是人创造的，是人生活和生存的一种特有方式；人又是文化创造的，人的身上有文化印记是人区别于动物的根本属性。文化在一定的意义上就是

① 庞朴：《文化的民族性与时代性》，中国和平出版社，1988 年，第 69－70 页。

“人化”。它是人类为了生存和发展需要而在改造自然、社会和自身的劳动或实践中创造、发明的成品，而非自然生成的东西；它是人的意识和劳动创造的结晶，又是人的本质力量的展示，没有人的意识和劳动创造的作用，就不会有物质成品和精神产品，也就不会有文化。人的创造是文化的灵魂和生命，文化生成于创造、发展于创造，文化的传承与复兴也有赖于创造，文化充满着创造，这就决定了文化具有创造性特点。

文化的创造性在物质文化、制度文化、精神文化和语言文化的生成和发展中都有体现。诸如富有中国文化特色的男唐装、女旗袍，著称于世的我国古代四大发明——造纸术、火药、指南针和印刷术，庄重雄伟的万里长城和风景秀丽的杭州西湖、台湾阿里山，现代科学精品人造卫星、载人飞船，北京奥运的建筑物鸟巢、水立方；各种社会政治制度、所有制形式、生活方式、婚姻形式、人际交往的行为模式；哲学、文学、艺术、思维方式、观念体系、价值取向、道德伦理、宗教信仰、审美习惯以及语言文字等物质产品和精神产品都不是“未经人力作用的自然物，而是‘第二自然’或对象化了的劳动结果”（马克思语），无一不具有鲜明的创造性特点。其关键是人的本质力量，包括人的意识、人的创造力、人的劳动实践的作用。人创造、发明任何一种物质产品或精神产品或语言产品都是为了满足人类的某种需要、表达某种意图或精神意志，并且都会自觉或者不自觉地在特定的文化意识制导下进行。同理，制度文化、精神文化都是人类的创造成果。例如：我国由古至今的社会制度的更迭、所有制的改变，现代的改革开放、社会主义市场经济体制，古代的儒、道、墨学说，“天人合一”观念，以及现代中国共产党人的信念、八荣八耻观、和谐社会的理念、中国梦等都是人们有意识地创造的制度文化或精神文化的体现。语言是用“纯粹人为地、非本能地、凭借自觉地创造出来的符号系统来传达观念、情绪和欲望的方法。它是一种文化功能，不是一种生物遗传功能”①。各种语言文化都是人们自觉创造的，没有人们的劳动创造就不会有语言文化。

（二）民族性

文化的本质是人的本质的外化，人是社会的人，也是民族的人，世界上没有民族属性的人是不存在的。民族是人们在不同社会发展阶段上形成的具有共同的地域、共同的经济生活、共同的语言，以及表现出共同的心理素质的共同体。民族文化作为民族的人们创造的物质文明、制度文明、精神文明和语言文明的总和，它总是在一定的民族的机制中创造和发展起来的，都有其自身的历史渊源和特殊性。因此，每个民族的文化都必定有自己独有的而别的民族所没有的特征

① 爱德华·萨丕尔著，陆单元译：《语言论》，商务印书馆，1985 年。

差异。

“文化的民族性是与民族共存的。精神领域的民族文化的价值是巨大的智力财富，是生产全人类文化价值、各族人民的文化和道德传统的取之不尽的潜力。文化存在于民族的自我表现形式中，民族的东西是从这个民族的生活的具体历史特点中产生的。民族文化是总体文化之根。”① 文化是民族特质的外观，“民族性是文化高地的标识”，是文化存在和发展的根基，文化若无民族特性，就无民族文化，一个民族若无自己的独特文化，这个民族就会消亡。因此每个民族都应该努力创造自己的文化生活的表现形式，以弘扬本民族文化的特色。

文化的民族性特点在物质文化、制度文化、精神文化、语言文化等各个层面都有体现，这在后面谈到语言民族风格时，将有具体论述，这里不再着墨。

（三）时代性

“一切科学都不能不是时代的，至少也要受到时代所要求、所注重，及所鄙弃、所忽视的影响。”② 文化是一种社会历史现象，它在人类社会历史发展过程中逐渐形成，又随着社会时代的发展变化而逐渐发展变化。任何一种文化现象都无不脱胎于当时的时代土壤，烙着时代的印记，因此，它势必带有时代的特点。

文化的民族性是对世界各民族的独特文化作共时的综合观察而概括出的特点，文化的时代性是对一个民族文化作历时的比较而找出的特点。形成文化时代性的时段是共时性的。当我们站在历史时代的某一点上，对某一历史时期横截面的文化现象进行综合考察，找出特点，对其能反映时代本质的东西进行概括，就能得到这个时代特有的文化。如果对一个民族的文化现象作历时性地、纵向地观察，就会发现，文化发展的时间长河是波澜起伏、千姿百态的，不同的历史阶段呈现出或隐或显的不同文化风貌，这便是不同时代的文化特征。

文化的时代性特点在文化的各个层次上都有体现。例如在中华文化中，物质文化，如古代的皇家建筑故宫、颐和园与现代的北京奥运建筑鸟巢、水立方，其特点明显有别；古代的长衫、马褂与现当代的中山装、时装，其特征也迥异。制度文化，如古代的私有经济与现代的社会主义市场经济，古代的包办婚姻与现代的自由婚姻都显示出各自不同的时代性。春节是中华民族最大的一个节日，历经各个年代而不衰，现已成为民族精神、民族心理、价值观念和文化传统最为集中的载体。中华民族欢度春节的形式丰富多彩，诸如祭灶、贴春联、守岁、吃年夜饭、烧香、放鞭炮、耍狮子、吃年宵等，而每种欢度形式都有特定的文化含义。但是，随着时间的推移，社会和观念的变化，这些传统习俗也在不断变化更新，融入新的时代气息和高科技手段。例如：除夕守夜，亿万人在观看春晚节目中度

① 吴克礼主编：《文化学教程》，上海外语教育出版社，2002 年，第 60 页。
② 陈望道：《修辞学发凡》，上海人民出版社，1976 年，第 255 页。

过；在城市中，很多人都到饭店吃年夜饭；鞭炮“禁放”了，就拿“电子鞭炮”，一听脆响；给亲朋拜年，一般不再叩头，而更多是通过寄送贺卡、打电话、发电子邮件和手机短信表示祝福。这些都显示了中国春节既传统又现代的特征。精神文化，如古代、现代人们的价值观、审美情趣、理想情操等，虽有承传相通的因素，更有明显的差异。语言文化，古代的、近代的、当代的都各有鲜明的时代特色。

（四）多元统一性

民族文化作为一个民族集体创造的文明财富的总和，它不是由单一的文化元素构成的，而是一个多文化元素类聚化的统一体，这个元素结构决定文化具有多元统一性特征。

文化是个多元的、多层次的体系，包含同一层次的四个子体系：物质文化、制度文化、精神文化和语言文化。这四者既有联系又各具特色，相互之间不可替代。它们相辅相成，相互作用，相聚融合成统一体。每个子体系又是由多种元素构成的类聚化子体系，这个子体系的组成元素，如精神文化的观念意识、思维模式、价值取向、心理状态、审美情趣、宗教信仰、道德风尚等，也是有联系又各具特色，它们也相互聚合成统一体。

文化是一种复杂的社会现象，一个历史悠久、人口众多、幅员辽阔的民族，除了有全民族共同的主文化之外，还会因社会结构、政治历史、地域风光和民情习俗等不同，而有各种互有差异的亚文化。一个社会的主文化可以从不同的角度划分出若干亚文化类型。例如，中华文化丰富多彩，从社会发展上可以分为原始社会文化、奴隶社会文化、封建社会文化、半封建半殖民地社会文化、资本主义社会文化、社会主义社会文化等；从时代上可以分为先秦文化、秦汉文化、魏晋南北朝文化、隋唐五代文化、宋代文化、元代文化、明代文化、清代文化、现当代文化等；从地域上可以分为中原文化、齐鲁文化、吴越文化、巴蜀文化、楚文化、岭南文化、西域文化、幽燕文化或城市文化、乡村文化、山区文化、水乡文化、草原文化等；从生产和生活方式上可以分为农耕文化、游牧文化、海洋文化；从学术思想上可以分为儒家文化、道家文化、佛教文化、基督教文化、伊斯兰教文化等；从考古学角度可以分为仰韶文化、龙山文化、庙底沟文化等；……还可以有其他种类的划分，如茶文化、酒文化、饮食文化，工人、农民、知识分子等职业团体的亚文化，老年、中年、青少年文化等不同年龄团体的亚文化等。这些各式各样的亚文化都是中华民族文化的重要组成部分，它们各有不同的特色，但又受着中华主流文化的支配和统摄。可见中华民族文化或曰中华文化是一个以华夏文化为中心，同时汇聚了各种亚文化的统一体。这个统一体伴随着中华民族的融合过程逐渐形成，是中华民族的属性特征的体现。

民族文化是个具有排他性和包容互补性特点的统一体。排他性决定了它会排除与它不能类聚的外来文化，保证它的相对独立性和主流地位；包容互补性决定了它能兼收并蓄、取长补短，不断吸收能与之类化的外来文化的精华，使自己繁荣发展、丰富多彩。由此看来，排他性和包容互补性的统一，也是民族文化生成多元统一性特征的因素。

第二节 汉语言风格的内涵与特征

一、语言的文化解释

语言是什么？针对怎样对语言进行研究这个问题，传统语言学与社会语言学和文化语言学的看法有不少差异：前者认为语言是交际和思维工具，是与音义结合的符号系统，把语言当成一个孤立的、自给自足的静态体系来观察，主张静态地描写语言；后者认为语言是人类所独有的一种相互沟通信息和感情，并依靠它的帮助组成复杂的社会网络的交际工具、认识世界的工具，使生物人转化为社会人的重要手段。① “语言是人类的精神家园，人们认识世界是透过语言的镜片，人们改造世界也用语言留下永恒的印记；民族的维系和传承靠语言的沟通和协作；社会道德风尚的形成和维护也是靠语言的教义和信条。”② 语言是文化的载体和表征，把语言看作交织着诸多异质因素的、开放的、从无序向有序运动的文化系统，主张动态地描写语言。我们立足于社会语言学和文化语言学，认为语言是社会的产物，而社会是通过语言构建的。语言是文化的产物，具有文化属性、文化价值和文化功能，属民族文化总体的一个特殊部分。语言的主要社会功能和价值是充当人类认知的工具、思维的工具、交际的工具、实践的工具、创造的工具和文化的凝聚体及构建与传播手段，这是它本质特征的核心。语言包括口头语言、书面语言及其物质载体——文字，也包括副语言、体态语和图表、公式符号等辅助性语言。正确认识语言的本质特征和内涵，对于使用语言和研究语言都有裨益。

二、汉语言风格的文化解释

语言风格是什么？由于中外学者对其研究的传统不同，对其内涵的解释也有别。外国学者有不少重外在形式，将修辞因素、表达手段上的差异，当作风格内涵上的差异。例如，在东方，14 世纪印度的毗首那他认为，风格是连缀词句的

---

① 陈松岑：《语言变异研究》，广东教育出版社，1999 年，第 3 页。

② 李如龙：《汉语应用研究》，中国传媒大学出版社，2004 年，第 314 页。

特殊形式（《文镜》）；在西方，据19世纪德国语言学家、文艺理论家威廉·威克纳格（1806—1869）的考证，“风格”（style）一词源于希腊文，由希腊文传入拉丁文再传入德文、英文等。取其“雕刻刀”的本义，喻指以“文字装饰思想的一种特殊方式”①。显然，风格一词最初属于修辞学的概念，强调风格的修辞因素。与此相类似的如亚里士多德的“语言的准确性，是优良的风格的基础”②。“风格的美在于明晰而不流于平淡，最明晰的风格是由普通字造成的，但平淡无奇。”③ 布拉格学派的简·穆卡洛夫斯基的“风格是常规的变异”④ 以及美国学者阿伯拉姆的“风格是散文或诗歌的语言表达方式，即一个说话者或作家如何表达他要说的话。分析作品或作家的风格特点可从以下几方面入手：作品的辞藻，即词语的运用；句子结构和句法；修辞语言的频率和种类；韵律的格式；语言成分和其他形式的特征以及修辞的目的和手段”⑤，都是从修辞的角度解释语言风格的内涵。外国也有相当多学者强调风格内涵的主体因素。例如，18世纪法国博物学家、文学家布封（Buffon，1707—1788）认为“风格即人”，“风格是当我们从作家身上剥去那些不属于他本人的东西，所有那些为他和别人所共有的东西之后所获得的剩余和内核”。⑥ 黑格尔说：“法国有一句名言：‘风格就是人本身。’风格在这里一般指的是个别艺术家在表现方式和笔调曲折等方面完全现出他的人格的一些特点。”⑦ 歌德认为：“一个作家的风格是他的内心生活的准确的标志。所以一个人如果想写出明白的风格，他首先就要心里明白；如果想写出雄伟的风格，他也首先就要有雄伟的人格。”⑧ 别林斯基说：“风格——这是才能本身，思想本身。风格是思想的浮雕性、可感性，在风格里表现着整个人，风格和个性、性格一样，永远是独创的。”⑨ 罗曼·罗兰说“所谓风格是一个人的灵魂”⑩。这些都是一脉相通的见解。外国也有少数学者如德国的威克纳格从主体与客体因素相互融合的角度论述风格的内涵，他说：“假如‘风格’一词更为明确地特别规定为语言的表现，那么，我们就可以这样说：风格是语言的表现形态，一部分被表现者的心理特征所决定，一部分被表现的内容和意图所决定。

---

① 童庆炳主编：《文学概论》，武汉大学出版社，2000年，第372页。

② 伍蠡甫：《西方文论选（上）》，上海译文出版社，1979年，第88页。

③ 亚里士多德：《诗学·诗艺》，人民文学出版社，1962年，第77页。

④ 简·穆卡洛夫斯基：《标准语言与诗的语言》。

⑤ 阿伯拉姆著，曾忠禄等译：《简明外国文学词典》，湖南人民出版社，1987年，第325页。

⑥ 布封著，朱光潜译：《论风格》，《译文》1957年第9期。

⑦ 黑格尔著，朱光潜译：《美学（第一卷）》，商务印书馆，1979年，第372页。

⑧ 爱克曼辑录，先光潜译：《歌德谈话录》，人民文学出版社，1978年，第39页。

⑨ 别林斯基著，梁真译：《别林斯基论文学》，新文艺出版社，1958年，第234页。

⑩ 罗曼·罗兰著，吉尔伯特·伽南英译：《约翰·克利斯朵夫》，辽宁人民出版社，2016年。

倘用更简明的话来说，就是风格具有主观的方面和客观的方面。”① 诸如此类的风格内涵说，虽然根于与中华民族不同的文化传统，但对我们正确认知和界定汉语言风格内涵的本质不无借鉴意义。

汉语言风格内涵出自对汉语言风格文化传统的传承和创新。“风格”一词，在我国最早出现，大约是在魏晋时期，是用来形容士大夫的威仪规范的，指某人在风度、品格等方面所表现出来的综合特点。风格概念，在我国引入语文学科，并自觉将其作为一种文艺学、文章学理论加以运用和研究，大约始于魏晋南北朝时期梁代刘勰的《文心雕龙》。其《议对》篇说：“及陆机断义，亦有锋颖，而腴辞弗剪，颇累文骨，亦各有美，风格存焉。”《夸饰》篇说：“虽《诗》《书》雅言，风格训世，事必宜广，文亦过焉。”这里的“风格”就是指作家和作品风格。齐梁以后，用“风格”来评论文艺作品或文章的就很多了。

在我国传统文论、诗话、文体和20世纪初的修辞学著作中都常用气、体、体性、风趣、气韵、风致、风骨、气调、品、文体、辞体等表示风格或与风格有关的概念。例如：“王粲长于辞赋，徐干时有齐气，然粲之匹也……公干有逸气。”②“夫文本同而末异，盖奏议宜雅，书论宜理，铭诔尚实，诗赋欲丽，此四科不同，故能之者偏也；唯通才备其体。”③“风趣刚柔，宁或改其气。”④“文章以气韵为主，气韵不足，虽有辞藻，要非佳作也。”⑤“赵国夫人王氏……作篆隶有古法，为小诗有林下风致。”⑥“少陵则体备风骨。而复包沈、谢之典雅，兼徐、庾之绵缛，采初唐之藻丽，而清深、豪宕、俊逸、高旷、沉着，精炼、老健，盖无所不备，此其所以为集大成者欤?”⑦“观此五子，文虽不多，气调警拔。”⑧以及司空图《二十四诗品》，龙伯纯《文字发凡·修辞》（1905）的“简洁体”“刚健体”“优柔体”“华丽体”，王易《修辞学通诠》（1930）的“雄健体”“富丽体”，陈望道《修辞学发凡》（1932）的《语文的体类》（后改为《文体或辞体》）等。

“语言风格”这个术语在我国始见于高名凯的《普通语言学（增订本）》⑨，1959年他在《语言风格学的内容和任务》中说，语言风格指的是“在某种社会交际场合中，为着达到特殊的交际目的，完成特殊的交际任务，表达特殊的交际

① 歌德等著，王元化译：《文学风格论》，上海译文出版社，1982年，第17－18页。
② 曹丕：《典论·论文》。
③ 曹丕：《典论·论文》。
④ 刘勰著，赵仲邑译注：《文心雕龙译注》，漓江出版社，1982年。
⑤ 陈善：《扪虱新话》，上海书店出版社，1990年。
⑥ 夏文彦：《图绘宝鉴》，商务印书馆，1938年。
⑦ 何良俊：《四友斋丛说24卷》，中华书局，1959年。
⑧ 钟嵘著，周振甫译注：《诗品·晋处士郭泰机》，中华书局，2004年。
⑨ 高名凯：《普通语言学（增订本）》，新知识出版社，1957年，第325页。

内容而运用特殊语言手段所形成的言语气氛或格调及其表达手段”①。1960 年 3 月，在他主持的北京大学语言学教研室编著的《语言学名词解释》中又说：“由于具体运用语言时，受到不同的交际目的的制约而构成的特殊的言语气氛，称为语言风格。”② 自此以后，“语言风格”这个术语为我国学者广泛运用，并为它下过种种定义。拙文《1949 年以来语言风格定义研究述评》③ 中把 1949 年以来，我国学者给语言风格下的定义概括为：①言语气氛格调说；②言语特点总和说；③言语特点综合表现说；④表达手段体系说；⑤变异说；⑥语言和言语特点综合说；⑦系统性特征说；⑧综合言语个性或区别性特征总和说；⑨美学风貌说。并对这些定义理论作过比较深入的评论阐释。参照上述各家对风格定义的阐释，汲取汉语言风格文化传统的营养，借鉴外国的风格理论，从现代语言学和文化学的角度审视汉语言风格现象，我们认为汉语言风格是中华民族言语交际的产物，是交际参与者在主客观因素制导下，运用汉语表达手段的诸特点综合表现出来的一种美感形态的言语气氛和格调。它涵盖表现风格、语体风格、民族风格、时代风格、地域风格、流派风格和个人风格等。我们认为这个术语的概念内涵和外延较科学地揭示了汉语风格现象的本质特征以及涵盖范围。它所揭示的本质特征主要体现在④：

第一，风格是语言运用的结果。

语言风格产生和存在于语言运用及其言语成品之中。没有语言运用，就没有语言风格；离开了言语成品，也无语言风格可言。语言风格不是语言体系自身的状态，不是语言材料或言语特点的总和或语言手段的体系，而是人们运用风格手段生成风格特点，呈现气氛格调的结果，是一种动态的言语现象，不是静止的语言现象。语言学界常说的语言风格，实为言语风格。

第二，风格是表达主体与接受主体共同创造的成果。

语言风格是言语交际的产物，言语交际是表达与接受的互动行为，互动者双方都是风格创造的主体，表达者要创造某种语言风格，以取得理想的交际效果，绝非仅是单方可以完成的，必须经接受主体对其言语作品的风格现象进行创造性读解、体验、理解、确认，并揭示出来，才能完成。因此，语言风格是言语交际的表达主体和接受主体共同创造的成果。

第三，风格是制导因素与物质因素相互作用的产物。

风格包括三个因素：制导因素、物质因素、制导因素与物质因素相互作用的

---

① 高名凯：《语言风格学的内容和任务》，见北京大学语言学论丛编辑部编：《语言学论丛（第四辑）》，上海教育出版社，1959 年。

② 北京大学语言学教研室编著：《语言学名词解释》，商务印书馆，1960 年。

③ 黎运汉：《1949 年以来语言风格定义研究述评》，《语言文字应用》2002 年第 6 期。

④ 黎运汉：《1949 年以来语言风格定义研究述评》，《语言文字应用》2002 年第 6 期。

产物——气氛和格调。制导因素是外部因素，物质因素是内部因素，光有外部或内部因素都不能生成风格，只有外部因素与内部因素相辅相成、相互作用、互为因果、辩证统一，呈现出一种气氛和格调，才是语言风格，二者缺一，就不能形成风格。

第四，风格概括体现为表现风格。

表现风格是综合运用各种风格手段所产生的修辞效果的概括体现。从调音、遣词、择句到设格、谋篇等风格手段，综合地反映在一篇文章（或一个话篇），或一部作品，或一个流派的作家作品，或一种语体，或一个作家的作品，或一个地域的作家的作品，或一个时代的作家的作品，或一个民族的作家的作品里的修辞效果集中表现出来的各式各样的美感形态的气氛和格调，便是它们各自的表现风格。表现风格是从各式各样言语作品的美学形态的格调气氛中抽象概括出来的，是对各层级、各种类型的风格的最本质、最基础的概括，是综合了语体风格、民族风格、时代风格、地域风格、流派风格、个人风格等的大概念，它又可用以概括和指称这些风格。我国传统风格论、文体论以及现代的文艺学、文章学、美学、风格学所谈论的风格，其实大都是指表现风格。

第五，风格是语言美学形态的升华。

语言具有实用和审美两种功能，而生成语言风格的物质手段，主要是由语言系统中具有审美功能，以及在特定语境中与具有审美功能的成分配合也能体现审美功能的表达手段组成。表达主体选择什么风格手段和组合方式构成话语，追求什么样的话语格调和气氛是受其审美情趣的制约的，甚至可能有意识或无意识地根据表达对象的特征赋予审美信息，使其含有自己审美个性的美质；接受主体读解言语作品，认知、揭示语言风格的特征及其美质，也会受其审美情趣的制约。因而，表达主体的审美观作用于具有审美功能的风格手段而营造出来，并经接受主体渗入自身的审美情趣，使之成为现实的语言风格便是语言美学形态的一种升华。学者们说的风格是一种言语的气氛格调，就是语言审美的价值取向。我国传统语言风格论和现代汉语风格学从言语交际产生的言语作品中抽象概括出来的表现风格，豪放和柔婉、繁丰和简约、蕴藉和明快、藻丽和朴实、庄重和幽默、典雅和通俗、缜密和疏放等是言语审美形态上的分类，是成熟运用语言艺术的标志，是美辞的最高境界。

以上五个方面的内涵既有区别又有联系，共同构成了汉语言风格定义的整体，揭示了汉语言风格的本质特征——美感形态的气氛格调，它是对汉语言风格文化传统精华传承和创新的文明成果，具有鲜明的华夏民族性，与外国学者对语言风格内涵的界定明显有别。

三、汉语言风格的特征

汉语言风格是客观的文化现象。它存在于汉语言交际活动之中，有物质标志，具体实在，是可感知、可分析的。从文化视角去考察，我们认为汉语言风格的主要特征是：整体性、类聚性和稳定性。[①] 这些特征的生成和认知机制是中华文化。揭示汉语言风格这些特征及其文化机制，对创造和读解汉语言风格都有重要作用。

（一）整体性

整体与各个成员或各个部分相对。汉语言风格的整体性是指由风格手段构成风格特点综合呈现出来的整体气氛和格调。气氛格调与风格特点、风格手段是整体与部分的关系。风格手段是构成语言风格的基本物质单位。风格手段构成风格特点，但零碎的、个别的风格手段不能构成风格特点，风格特点是一系列风格手段构成的群体。风格特点不是气氛格调，一种特点不能生成一种气氛格调，气氛格调是诸种风格特点综合呈现出来的一种美感形态。每一种风格都是一次口头谈话，或全篇文章，或整部作品，或数部作品，乃至一系列同类作品运用各种风格手段所形成的由诸种风格特点综合呈现出来的言语美学形态的整体气氛格调，这就是汉语言风格的整体性特征。

汉语言风格的整体性特征，决定我们在分析和理解一种汉语言风格或风格特点时，至少以一次口头谈话或整篇文章为“最小单位”，从整体和全局上抽象概括出总的气氛格调或特点，而不应当依靠一堆“孤立的语言要素，也不应当越出一般语言的范畴和概念的范围——词的意义的变化、词的语法结构的应用方法”[②]。不要被个别的特殊的风格要素和风格手段或语体交叉使用的现象所迷惑，也不要把风格手段视为风格特点，或者把风格特点视为整体风格，而要综合升华为整体气氛格调。

（二）类聚性

类聚性是指风格是由各种类别相同的风格成素相聚融合成的统一体。类别相同是条件，相聚融合是方法。没有类别相同的成素就没有风格，零碎的、孤立的、分散的风格成素混杂成一团，而不是有机聚合成整体，也不能构成风格。

歌德说：“艺术要通过一个完整体向世界说话。”[③] 我们认为这种“完整体”由类别相同的因素相聚融合而成。类别不同的风格手段不能生成风格特点，类别

① 黎运汉：《汉语风格探索》，商务印书馆，1990 年，第 7 页。

② 维诺格拉陀夫：《风格学问题讨论的总结》，见苏璇等译：《语言风格与风格学论文选译》，科学出版社，1960 年，第 156 页。

③ 爱克曼辑录，朱光潜译：《歌德谈话录》，人民文学出版社，1978 年，第 137 页。

不同的风格特点也不能生成气氛格调。风格特点不等于几种风格手段的简单相加，几种风格特点简单相加也不能呈现出统一的气氛格调，只有相聚融合才会呈现出一种统一的气氛格调。例如，含蓄的表现风格是不让本意从字面上直接表露出来，而将它蕴含在言辞的深处或所写的形象里，让读者经过思索，透过字面的意义去了解其中的底蕴。这种风格由意在言外、意藏辞中、委婉曲折等风格共用类同的风格特点相聚融合呈现出来，而各种特点，如意在言外，又是由词语“转义形式”、象征手法和修辞格如比喻、借代、反语、双关、比拟、拈连等具有言此意彼的风格手段类聚而成的。

（三）稳定性

稳定性是就风格系统的稳态结构而言的。风格是运用风格手段而形成的各种特点综合呈现出来的气氛格调。风格手段是丰富多彩的，而且有很大的游移性。它们可以为任何人所使用，出现于各种风格的言语作品之中，但必须在同一主客观因素制导下，在同类的一系列言语作品中有规律地反复而持续出现，达到相对稳定时，才会形成一种独立的风格。偶然的或者变幻无常、缺乏稳定性的因素不足以构成特点，也就不能形成被人所认识、把握、承认的风格。任何一种风格都是同类作品中在一个较长的积聚过程中形成的稳态结构，其稳态也就具有历史继承性。

语言风格的稳固性特点，要求我们在分析和理解语言风格时，必须分清一般和个别、经常和偶发，抓住反复、持续出现的东西，排除偶然的、不定性因素干扰，以准确地把握风格特点及其综合呈现出来的气氛格调。

上述三个特点是从汉语言风格现象中抽象概括出来的，它们既有区别，又互相联系，纵横交错地存在于风格统一体之中。只有着眼于不同角度，把它们联系起来看，才能正确认识汉语言风格现象。这些风格特点都有中华文化基因，例如，整体性特点就是在中国哲学整体的综合层次理论，坚持普遍联系与整体考察的观点制导下揭示出来的；类聚性就是孕育于辩证统一思维方式的特点。

第二章　汉语言风格之文化审视的因由①

一门新学科的建立或原有学科新视点的选择，都要符合学科自身发展的趋势，也必须有客观的现实要求。我们选择中华文化视角研究汉语言风格，基于如下三个方面的因由。

第一节　汉语言风格之文化审视缘起于二者的互融互动

中华文化与汉语及运用汉语而产生的汉语言风格都是中华民族自觉创造的文明成果，它们之间存在着十分密切而复杂的互融互动关系。这种关系便成为从文化角度审视汉语言风格的缘起。

一、互融关系

马林诺夫斯基说："语言是唯一的凭其符号作用而跟整个文化相联系的一部分，但它并不是一个工具的体系，而是一套发音的风俗及精神文化的一部分。"②胡裕树曾经指出："语言是社会文化的一部分，尽管语言有自主独立的系统性，但文化是一种由众多要素构成的复杂系统，语言同文化（尤其是精神文化）的许多要素之间天然地存在着互相渗透、水乳交融的关系。"③ 语言形式包含的是民族文化的内容，语言和文化是不可分开的融合体。对此，伍铁平有过明晰的说明："从语言是文化的要素的角度看，文化与语言具有包容关系；从语言能表现文化内容的角度来看，语言与文化之间具有形式与内容的关系。"④ 汉语和运用汉语所生成的汉语言风格与中华文化都是中华民族的伟大的文明创造，是中华民族心智活动和社会发展的产物，它们相生相长，相依为命，不可分离。汉语和汉语言风格是中华文化的组成部分，是中华文化的凝聚体，是中华文化的建构手段和传承手段。汉语言风格手段是中华文化积累和成熟的产物，储藏着中华文化信

---

① 黎运汉：《汉语言风格之文化审视的理据》，《烟台大学学报》（哲学社会科学版）2010 年第 2 期。

② 马林诺夫斯基著，费孝通译：《文化论》，中国民间文艺出版社，1987 年，第 7 页。

③ 胡裕树：《文化语言学导论·序》，语言出版社，1996 年，第 1 页。

④ 伍铁平：《语言和文化评论集》，北京语言文化大学出版社，1997 年，第 49 – 50 页。

息。汉语各种类型的话语格调是中华民族的精神文化作用于汉语言风格文化的成果，是蕴含着风格主体的思维方式、思想感情、价值观念、审美情趣、法律意识、知识素质、民情习俗、宗教信仰、道德情操等的镜缘，人们可以从其内部反观其凝聚着的中华文化信息。因此，研究汉语言风格，很有必要把汉语风格现象同中华文化现象结合起来考察。

二、互动关系

语言是人类的一种社会活动现象，它随着社会的产生而产生，随着社会的发展而发展。“社会是以一定的物质生产活动为基础而相互联系的人类生活共同体。”① “物质生产活动”“相互联系的人类生活”的核心因素是社会文化。因而，人类的社会活动，归根结底是社会文化活动，社会发展变化是社会文化的发展变化。语言既然是社会现象，又是文化现象，文化的发展变化就必然会促使语言发展变化；反之，语言既然是文化的建构和传承的重要手段，其发展变化也就不可能不对文化有所影响。这两个方面综合起来看，显而易见，语言和文化是共生共存、共长互动的。美国学者爱德华·霍尔说：“人所做的一切最终包括与他物的互动。互动是文化领域的核心，是万物的根源。”② 而汉语言风格作为由中华民族的人们运用汉语所生成的言语气氛和格调必然也与中华文化存在着极为密切的“互动”关系。这互动关系也是从中华文化角度审视汉语言风格的缘起因素。二者的互动关系可以从两个方面来看：

（一）文化制约风格

汉语言风格是言语交际的产物。言语交际无论是对语句、语体及其风格的运用，还是对其的理解、接受都离不开特定的语境。波兰语义哲学家沙夫说：“一个表达式的意义随着它所在的那个论域而不同。这是由于语言的表达式极其含混，它容许人们做出不同的解释。……被表达物的内容只有在一定的环境里才能够被理解。表达式的意义的运用和理解离不开特定的论域。”③ 表达式构成语体和呈现风格也必须依赖其所在的语言环境。语境通常分为语内语境和语外语境。语内语境是指话语内部的各种因素，即语言文化因素。语言文化因素是言语交际的物质手段，是语言风格生成的物质基础，运用什么语言手段进行交际，生成什么样的语言风格，以及如何理解对方的话语及其风格，都是受语言文化因素制约的。语外语境是指对话语建构和理解起制约作用的因素，包括言语交际主体（表达者和接受者）和交际主体所处的社会文化环境、自然环境和交际场合等各

---

① 裴文：《普通语言学》，广东教育出版社，2006 年，第 316 页。

② 爱德华·霍尔著，刘建荣译：《无声的语言》，上海人民出版社，1991 年，第 41 页。

③ 沙夫著，罗兰、周易译：《语义学引论》，商务印书馆，1979 年，第 132 页。

种因素。交际主体是处于民族文化背景的人，民族文化作为融物质与精神为一体的文明财富，是在人类千百年的繁衍生息、成长发展过程中逐渐积累并约定俗成的，涵盖了其全民族成员生存发展与社会交往等方方面面的内容，是其全民族成员一切社会活动和精神生产的行为规则与思想指导体系，同时构成了与其全民族的成员息息相关的生存和发展环境，规范、制约其全民族成员的思想和言行举止，包括言语交际和语言风格的创造与理解。因为“文化是人类生活的环境。人类生活的各个方面无不受文化影响，并随着文化的变化而变化”①。人们进行言语交际活动，创造和选用什么样的表达手段，采用什么样的组合方式建构话语，体现出什么样的语言风格以及如何认知、解构话语风格，不仅受客观语言文化因素制约，也受其自身的精神文化因素和社会文化环境制约。

（二）风格影响文化

语言是因人类认识、思维、交际和传承文化的需要而创造的文明财富，其主要社会功用和价值，除了充当人类认知工具、思维工具、交际工具，还有十分重要的文化价值。这里所谓的文化价值，就是指语言在人类文化中的重要地位与作用。语言的文化价值，除了表现在造就了人，使人有了文化，还表现在它对文化的形成和发展过程起着其他文化因素所不能替代的决定性作用。

运用语言，就会有语言风格。语言风格是由风格手段综合呈现出来的气氛和格调。台湾修辞学家沈谦教授说：“语言文辞，不只是表情达意的工具，更蕴含着丰盈富美的文化内涵与人文精神。”② 语言风格手段来自语言文辞中带有风格色彩的手段，是从文化土壤中生长起来的，储存着丰富的民族文化信息。话语格调是语言文辞使用者本身的文化因素和语用环境中的文化因素，以及风格手段的文化意涵相融合的结晶，也蕴含着多种多样的文化信息。例如，“中国人精于食，很早就发明了锅碗瓢盆。原始人的饭碗最早是石头做的石碗，在夏天很好用，因为散热快，但冬天捧在手上冷冰冰的就不怎么好受了，再后来就有了陶瓷的碗碟。学了一丁点的史前史和哲学后，我把这总结为‘饭碗定律’，基本结论是——饭碗问题在冬天尤其重要。……在这样的时候，很多其实以前也经常发生的‘饭碗’风波对老百姓的心理影响就更大了。……广东企业与个人社保缴费率明年双双下降，降低负担是为了保证很多人不至于丢了‘饭碗’，但影响一些人未来饭碗里的‘饭菜’质量也在所难免”③。俗话说：“民以食为天。”我们汉民族崇尚“吃”文化。在汉民族文化中“吃”文化源远流长。汉语中源自

① 爱德华·霍尔著，刘建荣译：《无声的语言》，上海人民出版社，1991 年，第 41 页。

② 沈谦：《口语修辞的“拙、通、巧、朴”》，见台湾师范大学国文系编印：《第一届中国修辞学学术研讨会论文集》，1999 年，第 36 页。

③ 潜川石：《“饭碗”是个大问题》，《广州日报》，2008 年 12 月 28 日。

“吃”文化的风格手段丰富多彩。上例带点的词语，风格手段都是在中国“吃”文化的土壤里生长和成熟起来的，蕴含着中华民族“吃”文化的信息，是生成汉语言民族风格的特有手段。其中“锅碗瓢盆”“石头做的石碗”“陶瓷的碗碟”用的是辞表义，通俗易懂、质朴平实，是通俗质朴表现风格的物质标志。而“饭碗问题”“经常发生的‘饭碗’风波”“丢了‘饭碗’”“饭碗里的‘饭菜’”中的“饭碗”和“饭菜”是用新生词语构成的借代，代指钱财或工资，言此意彼，因而除了民族韵味，还有时代色彩，且是含蓄表现风格手段。这些诞生于“吃”文化的风格手段，也就具有了传承“吃”文化的价值。

第二节　汉语言风格之文化审视是对汉语传统风格论的继承和发展

一、中华文化传统和汉语传统风格论及其价值

（一）中华文化传统和汉语传统风格论的内涵

传统，作为一般术语，在《现代汉语词典》中解释为世代相传、具有特点的社会因素。中华文化传统是指中国人民在社会历史发展过程中创造、延续、演进形成的物质文明和精神文明。汉语传统风格论是指源于汉语古代风格论，经历代流传、扬弃与充实，并在汉语现代风格学论著中沿袭使用或发挥作用的风格学基本理论、基本概念、基本范畴，以及风格观和方法论等。它属于中华民族精神文化传统的范畴。从中华文化的角度审视汉语言风格是对汉语风格学优秀传统的继承和发展。

（二）中华文化传统和汉语风格学传统的价值

每个民族的文化都有自己的历史渊源和传统，每个民族也都珍惜自己的文化传统。继承传统与开拓创新，是文化创造和发展的基本规律，也是文化研究的方法论原则。中华文化传统源远流长、博大精深、丰富多彩，其辉煌的成就和巨大的影响，在世界范围内罕见，对中华文化的创建、发展和研究有着十分重要的作用。国学大师张岱年在《文化与价值》① 一书中指出“中国文化的优秀传统是中华民族凝聚力的基础，是民族自尊心的依据，也是中国文化自我更新向前发展的内在契机”。

汉语风格学传统是中华文化传统的重要成员之一，它在汉语风格学的产生、

① 张岱年：《文化与价值》，新华出版社，2004 年。

发展和研究中起着十分重要的作用，制约其发展方向和研究课题的选择，影响研究方法的使用。尽管汉语风格学传统跟其他学科一样，既有精华，也有糟粕，而且后人对其继承、选择和创新带有主观能动性，理解和阐释常附主观色彩，但其主流精华总为大多学者所认知和沿袭。

汉语风格学源远流长。学科传统博大精深，内容丰富，是汉语风格学的宝贵财富，是汉语风格学发展繁荣的导向性因素。从中华文化视角研究汉语言风格，是对汉语风格学优秀传统的继承和发展。

二、汉语传统风格论论述了汉语言风格的根本范畴——表现风格

（一）表现风格是汉语言风格的根本范畴

语言的表现风格是对一切言语交际的产物——美感形态的话语气氛和格调从多角度的抽象概括。例如，着眼于话语气势的刚柔是豪放和柔婉；着眼于话语的内容所用语言数量多少的是繁丰和简约；着眼于话语传递信息所用的语言曲直的是蕴藉和明快等。表现风格这个术语广泛适用于汉语各种风格类型，它可以用来概括和表现语体风格、民族风格、时代风格、地域风格和个人风格，存在于各种风格话语之中，任何话语都附着于这样或那样的表现风格。例如，既可以说专门科学语体的语言风格谨严平实，也可以说汉民族的语言风格简洁优美，还可以说老舍、赵树理的语言风格是幽默的。因此，汉语言表现风格是汉语言一切风格现象最本质的概括，是汉语言风格的根本范畴，是处于最上层位置的共性风格。

（二）表现风格论凝聚了汉语言风格文化的精华①

表现风格这个术语是汉语现代风格学提出的，但其研究源远流长。汉代扬雄《法言·吾子》说“诗人之赋丽以则，辞人之赋丽以淫”，便是研究语体表现风格的萌芽。其后魏曹丕《典论·论文》提出了8类文体的4种表现风格：“奏议宜雅，书论宜理，铭诔尚实，诗赋欲丽。”晋陆机《文赋》继承了曹丕的表现风格论，并有所发展，他看到了不同作品体裁因反映不同的内容而具有不同的表现风格，具体论述了文体的类别及其风格特征。他说：“诗缘情而绮靡，赋体物而浏亮。碑披文以相质，诔缠绵而凄怆。铭博约而温润，箴顿挫而清壮。颂优游以彬蔚，论精微而朗畅。奏平彻以闲雅，说炜晔而谲诳”，陆机把文体表现风格分为10类，显然比曹丕的8类文体4种风格的区分更为细密，虽然只有一句话，但可认为是我国语体表现风格论的滥觞了。梁朝刘勰《文心雕龙》总结前人的表现风格论，并开拓创新，提出了较为系统的风格论，成为古代表现风格研究奠基之作。他在《体性》中归纳了8种表现风格类型：典雅、远奥、精约、显附、

① 黎运汉：《论汉语风格学传统》，《浙江树人大学学报》2003年第5期。

繁缛、壮丽、新奇、轻靡。他说："典雅者，熔式经诰，方轨儒门者也。远奥者，馥采典文，经理玄宗者也。精约者，核字省句，剖析毫厘者也。显附者，辞直义畅，切理厌心者也。……故雅与奇反，奥与显殊，繁与约舛，壮与轻乖，文辞根叶，苑囿其中矣。"这里不仅给种种风格下了定义，而且揭示了每组两种风格之间的对立关系，找到了它们之间的联系，很有价值。还在《定势》中研究了各种文体表现风格的风貌：章、表、奏、议——典雅，赋、颂、歌、诗——清丽，符、檄、书、移——明断，史、论、序、注——核要等；在《通变》中论述了时代表现风格：唐、尧时代语言风格淳厚而质朴，虞舜、夏禹时代语言风格质朴而明晰，商、周时代语言风格华丽而典雅等；在《体性》中探索了作家个人语言的表现风格：贾谊清新，司马相如夸张，扬雄含蓄，刘向明晰，班固绵密，张衡藻丽，王粲明快，刘桢雄壮等。刘勰的表现风格论起了承前启后的作用。此后，如唐代释皎然的《诗式》、司空图的《二十四诗品》，宋代严羽的《沧浪诗话》、陈骙的《文则》、明代屠隆的《鸿苞集》、费经虞的《雅论》、胡应麟的《诗薮》、清代袁枚的《续诗品》和《随园诗话》、姚鼐的《诗辨》、刘大櫆的《论文偶记》，以及近代当代的修辞学、风格学论著等都对语言的表现风格做了研究，有的阐述了其含义和特征，有的归纳了其类型，其中对表现风格的分类研究更有丰富的成果。例如，释皎然在《诗式》中谈到"诗有四离、六迷、六至、七德"（一作得）时就提出，"虚诞、缓慢、冲淡、诡怪、新奇、烂熟、隐约、至险、至奇、至丽、至苦、至近、至放、高古、典丽、风流、精神、质干、飞动、轻浮"等。司空图在《二十四诗品》中区分了 24 种表现风格类型，即：雄浑、冲淡、纤秾、沉着、高古、典雅、洗炼、劲健、绮丽、自然、含蓄、豪放、精神、缜密、疏野、清奇、委曲、实境、悲慨、形容、超诣、飘逸、旷达、流动，并对各种风格的含义作了阐述。例如，"洗炼犹矿出金，如铅出银"；"劲健行神如空，行气如虹"；"含蓄不着一字，尽得风流"；"委曲登彼太行，翠绕羊肠。杳霭流玉，悠悠花香"。胡应麟在《诗薮》中把"诗丽"分为"婉丽、奇丽、绮丽、秾丽、富丽、宏丽、雄丽、壮丽、瑰丽、秀丽、明丽、流丽"等。

总的来看，古代学者虽然还没有明确提出语言表现风格的问题，也很少对语言表现风格进行独立研究，他们大都是在论述文体和作品或文章风格时涉及语言表现风格问题。而且，如胡应麟对表现风格的分类过细、过繁，界限不易分清，因而不好把握，但也有不少精华，如刘勰的 4 组 8 种对表现风格的概括和对语体、时代、个人表现风格的论述，都很精辟，是古代汉语风格论的优秀传统之一，一直流传下来，为人们所继承和发展，成为人们研究汉语言表现风格的经典依据。

现当代修辞学、风格学从语言学的角度切入，着眼于修辞、风格本体立论，研究表现风格与古人从文体的角度研究表现风格有承传关系，也有质的区别。陈望道《修辞学发凡》从内容和形式的比例、气象的刚强和柔和、话里辞藻的多少、检点工夫的多少等侧面，将语言表现风格分为4组8种："简约和繁丰，刚健和柔婉，平淡和绚烂，谨严和疏放"，并对其特点及其构成的风格手段进行分析、说明。这种表现上的分类，是从语体的不同语言表达手段着眼，在"多样性的风格中归纳共同特点"而建立的风格类型。这种分析、研究的突出特点是着眼于语言表达手段，使人可以从物质标志上把握风格特点。例如，他在论述平淡体和绚烂体的区别时指出"是由话里所用辞藻的多少而来。少用辞藻，务求清真，便是平淡体；尽有辞藻，力求富丽，便是绚烂体。平淡体大抵用于记述、法令等，以阐释事实为主的场合；绚烂体大抵用于以动情兴感为主的场合……平淡和绚烂的区分，同修辞的手法最有关系。因为前者就是最注意消极手法的语文，而后者就是最注意积极手法的语文"。其全文引用叶圣陶的《黄山三天》和朱自清的《荷塘月色》为例论述前者为平淡体，后者为绚烂体。这里的"少用辞藻"和"尽用辞藻"，"消极手法"和"积极手法"都是语言表达手段，是两种不同的物质标志。这样从语言表达手段入手研究语言表现风格，突破了传统文体表现风格研究的旧套，使表现风格从文体学、文艺学中分离出来成为相对独立于修辞学和风格学之内的表现风格论。① 1953年出版的张镶一的《修辞概要》参考陈望道的《修辞学发凡》，把作品的语言风格分为三对六体，即"简洁和细致""明快和含蓄""平实和藻丽"，每一体都分析了风格特点，分析得比《修辞学发凡》更具体详细。张静主编的《新编现代汉语》② 修辞风格篇正式提出了"表现风格"这个术语，书中说："表现风格，根据表现的异同，可以把语言风格分为几种类型。表现风格就是这些风格类型的总称。语言的表现风格，是相当复杂纷繁的。不同的时代、不同的民族、不同的语体、不同人的笔下，在运用语言方面可以有某些共同之处；而同一个时代、同一个民族、同一种语体，在不同人的笔下，运用语言材料和修辞方式也不全一样。根据我国传统的分析法，综合现代汉语的实际，我们把表现风格分为以下三组相互对立的类型：藻丽—平实，明快—含蓄，繁丰—简约。"这里揭示了表现风格的含义，指出了其应用范围和主要类型。自此以后，现代汉语教材修辞风格篇、修辞学、风格学普遍沿用这一术语，并从多个方面对其进行阐述。例如，胡裕树主编《现代汉语》③ "风格篇"论述了"豪放与柔婉""平淡与绚丽""明快与含蓄""简洁与繁丰"等8类表现风格。倪宝元主编的《大学修辞》④ "风格篇"论述了表现风格的含义、

---

① 黎运汉：《汉语风格探索》，商务印书馆，1990年，第40页。
② 张静主编：《新编现代汉语（下册）》，上海教育出版社，1980年。
③ 胡裕树主编：《现代汉语》，上海教育出版社，1981年。
④ 倪宝元主编：《大学修辞》，上海教育出版社，1994年。

形成，表现风格间的关系，表现风格的类型及其特点，表现风格和语体等，构建了比较完整的表现风格理论系统。丁金国、郑颐寿的风格学系列论文，张德明、黎运汉、王焕运的风格学专著都有专章论述表现风格。

由上可见，表现风格论从古至今都十分丰富，它凝聚了汉语风格文化的精华。

汉语风格学传统历经生成和发展，有着十分丰富的优秀传统，现代汉语风格学就是循着继承这一优秀传统并吸收外国的、其他的科学成果，不断创新开拓的规律建立和发展起来的。从文化视角审视汉语风格，就是继续沿着汉语传统风格论和汉语风格学发展趋势向前发展，力求走向成熟化，走向科学化。

第三节　汉语言风格之文化审视是提高汉语风格学品位的必需

一、汉语言风格研究的成就和疏漏

汉语风格现象早在原始社会就已产生。例如，黄帝时代唱的《断竹歌》中“断竹，续竹，飞土，逐肉”（《吴越春秋·弹歌》），意即截竹子，系上弦，用来弹泥丸，赶鸟。这句明显呈现出口头文学语体的朴实风格。有了风格现象，有人便会对其进行研究，从而产生风格理论。例如，前面说过汉代扬雄“诗人之赋丽以则，辞人之赋丽以淫”（《法言·吾子》）是汉语书卷语体风格论的萌芽。梁朝刘勰的《文心雕龙》就提出了较为系统的汉语风格理论，其上篇从《原道》到《书记》共25篇，下篇的《体性》《风骨》《定势》《总术》《时序》《物色》《才略》等都有许多关于汉语言风格的精辟论述，既论述了文体风格、语言时代风格和表现风格，也探讨了个人语言风格。自此以后，唐宋元明清时期，汉语风格论有了进一步发展。进入20世纪以后，我国语言风格论一方面沿着传统的语言风格理论继续发展，另一方面受到外国语言风格理论的影响，从而开始了一个新的发展阶段。陈望道的《修辞学发凡》第十一篇《语文的体类》（后改为《文体或辞体》）对汉语风格作了专题研究，这种研究是在修辞论的基础上进行的，从语言运用的角度观察和剖析风格现象。它揭示了语言风格的基本属性，标志着语言风格研究的根本转向，由文艺学、文章学转向语言学，使风格论从文艺理论、文章作法中分离出来，成为比较科学而又相对独立于修辞学之外的语言风格论，开创了汉语言风格独立研究的先河，为以后的汉语风格研究带来了有益的启示。新中国成立后特别是20世纪80年代以来，汉语风格的研究出现了繁荣的新局面，取得了可喜的成果，“不仅论文多，而且论著数量也多，更重要的是这些论文论著的质量也较高。其中既有风格学专著，如被称为‘汉语现代风格学的建筑群’的程祥徽《语言风格初探》（香港三联书店，1985 年），张德明《语言风格学》（东北师范大学出版社，1989 年），郑远汉《言语风格学》（湖北教育出版社，1990 年），黎运汉《汉语风格探索》（商务印书馆，1990 年），唐松波《语体 · 修辞 · 风格》（吉林教育出版社，1988 年），王焕运《汉语风格学简论》（河北教育出版社，1993 年），李伯超《中国风格学源流》（岳麓书社，1998 年），黎运汉《汉语风格学》（广东教育出版社，2000 年）”①，郑荣馨《语言表现风格论：语言美的探索》（安徽大学出版社，1999 年），程祥徽、邓骏捷、张剑桦的《语言风格学》（广西教育出版社，2000 年），丁金国《语体风格分析纲要》（暨南大学出版社，2009 年），郑颐寿《辞章体裁风格学》（暨南大学出版社，2009 年），以及张德明主编的《中国现代语言风格学史稿》（海风出版社，2005 年）等；也有语言风格论文集，如程祥徽、黎运汉主编的《语言风格论文集》（南京大学出版社，1994 年），以及程祥徽《语言与沟通》（澳门基金会，1995 年），黎运汉《修辞 · 语体 · 风格论文选》（暨南大学出版社，2004 年），郑远汉《修辞风格研究》（商务印书馆，2004 年），以及丁金国《语体风格认知与读解》（文化教育出版社，2006 年）中的语言风格论文系列等。

但是从风格与文化的关系或文化视角去研究汉语言风格的成果却不多。笔者见到的，只有王希杰的《语言风格和民族文化》和黎运汉《汉语风格学》中第四章《汉语风格与汉文化》、第三章《语言风格与表达主体、接受主体和表达对象》、第六章《语言风格的得体性》中有关文化的内容，以及丁金国《语体风格分析纲要》、郑颐寿《辞章体裁风格学》中的一些章节涉及文化的内容等。看来，忽略或无视风格与文化之间存在着的天然的本质的密切联系，以致风格研究忽略或不重视文化因素，这是很大的疏漏甚至可说是缺失。邢福义先生说：“结合文化来研究语言，是语言学研究特别是中国语言学研究的一个传统。语言中的许多现象，可以通过这方面的研究得到比较合理的解释。”② 诚然，汉语风格学也有结合文化来研究的优秀传统，但后人忽略了。

二、加强对汉语言风格进行文化审视

语言是文化的符号，文化是语言的管轨。一个民族的语言是这个民族文化的载体和表征，而文化又是该民族语言产生和发展的机制。民族语言和运用语言所生成的语言风格与民族文化都是民族的人创造的文明成果，人、文化、语言风格之间存在着不可分割的本质联系。这种联系决定了风格的形态、面貌和发展的根

① 宗廷虎主编，高万云著：《20 世纪中国修辞学（下卷）》，中国人民大学出版社，2007 年，第 683 页。

② 邢福义主编：《文化语言学》，湖北教育出版社，1990 年，第 2 页。

本属性，决定了研究语言风格离不开文化，理解语言风格现象必须联系文化。否则，就无法深刻认识其生成、演变的动因，无法准确认识、揭示其本质特征和规律，无法评价其品位。

例如，朱自清的散文《背影》，如果着眼于语言风格本体，认为作品运用工笔细描的手法，着力渲染父亲买橘子时的背影，构织丰繁的语言风格，凸显慈父的形象，表现了父子之间的深厚情感，这样分析也未尝不可以。但季羡林先生从中华文化的视角分析更深刻地揭示了其本质的真谛。他说："要想真正理解这一篇文章的含义，不能不从中华民族的文化、中华民族的历史谈起"，"中华民族的伦理道德是讲处理人际关系的'和'的精神"，"'背影'所表现的就是三纲之一的父子这一纲的真精神。中国一向主张父慈子孝。在社会上孝是一种美德……然而在西方呢？拿英文来说，根本就没有一个与汉字'孝'相当的单词，要想翻译中国的'孝'字，必须绕一个弯子，译作 Filialriety，直译就是'子女的虔诚'。你看啰唆不啰唆"。[①] 这样从中华文化角度解读《背影》，挖掘出作品的文化蕴含，就抓住了根本，把握了本质，揭示了文学作品写人的心灵方面的奥秘。

又如，2008 年 12 月 23 日中国大陆向台湾同胞赠送大熊猫，两岸同胞欢天喜地，各种传媒纷纷报道两岸人民对大熊猫的美好感情："四川民众与团团圆圆依依惜别"，"大熊猫团团圆圆甜甜蜜蜜回到台湾，团团圆圆地在台北安家"，"团团圆圆是和平的象征"。（东南卫视，2008 年 12 月 23 日），动物本身并不具有意识形态色彩，但两岸同胞都给"团团圆圆"注入了中华文化精神——和谐，和为贵，和为上，和为美，因而"团团圆圆"作为人见人爱的濒危动物大熊猫就具有更高的价值。这里所用的修辞手段是含有中华文化内涵的拟人，话语风格是含蓄有趣，耐人寻味。如果不从中华文化的角度去审视，则无法解释其动因，也很难深刻体会其耐味的意涵和美学情趣。

由上可见，从中华文化的视角去考察和研究汉语言风格，无疑有助于深入认识研究对象的本质，提高汉语言风格学的品位。

① 季羡林：《季羡林散文全集（三）》，中国广播电视出版社，1999 年，第 183 页。

第三章　汉语言风格生成之制导文化因素[①]（一）

——主体文化因素

汉语言风格具体存在于汉语言作品之中，是实在可感的。它的生成，有特定的中华文化因素，研究其文化成因，对于厘清来龙去脉，把握本质特征，揭示其规律，提高读者鉴赏汉语言风格的素养，启发人们自觉创造独特的汉语言风格，都有重要意义。

汉语言风格的生成因素是多方面的，概括来说，有制导因素和物质因素。前者是对汉语言风格的生成起决定和制约作用的因素，后者是汉语言风格得以生成的物质基础，二者的核心机制都是中华文化。

制导因素包括言语交际参与者、表现对象、交际语境和语体。交际参与者包括表达主体和接受主体，这是主体因素，或叫主观因素；表现对象、交际语境和语体是客体因素，或叫客观因素。制导因素是汉语言风格生成的外部因素，中华文化的物质文化、制度文化和精神文化是其基因或曰导因。

第一节　表达主体的文化因素

一、表达主体是语言风格生成的第一位主体因素

表达主体即言语表达者，分为个体和群体，个体即表达主体个人，群体是指团体、组织、民族、国家的代言人，这是语言风格生成的首位主体因素。它制约表现对象、表达手段和接受主体，又为表现对象、接受主体、交际环境和语体所制约。

二、表达主体创造风格受自身的文化因素制导

法国风格学家布封（Buffon）说："风格即人。"[②] 美学家黑格尔说："法国

① 黎运汉：《汉语言风格成因的文化机制》，《毕节学院学报》2010 年。

② 布封著，朱光潜译：《论风格》，《译文》1957 年第 9 期。

有一句名言：‘风格就是人本身。’风格在这里一般指的是个别艺术家在表现方式和笔调曲折等方面完全现出他的人格的一些特点。”[①] 二者说话的内涵都涉及风格创造主体的精神文化。我国《周易》的“修辞立其诚”是中国传统文化的精华，是汉语修辞学传统的核心。它倡导修辞“人言合一”，修辞与修德、修身、立业紧密结合，强调“诚”对修辞的制导作用。这种修辞观反映在汉语言风格学里，就是强调语用主体自身的内部因素在语言风格生成中的制导作用。西汉司马迁评价《离骚》的风格时说：“其文约，其辞微，其志洁，其行廉，其称文小而其指极大，举类迩而见义远。其志洁，故其称物芳，其行廉，故死而不容自疏。濯淖污泥之中，蝉蜕于浊秽，以浮游尘埃之外，不获世之滋垢，皭然泥而不滓者也。推此志也，虽与日月争光可也。”[②] 他认为《离骚》文约辞微，意旨深远，与作者屈原高洁的志向密切相关。宋苏轼的“其文如其为人”（《答张文潜书》），元杨维桢的“评诗之品无异品也”（《赵氏诗录序》），明宋濂的“身之不修，而欲修其辞，心之不和，而欲和其声……决不可致矣”（《文说·赠王生黼》）等都是人的自身因素制约风格生成这种风格文化观的体现。现代语言风格学研究者的论著，如郑颐寿的《论文章风格与语言风格》[③]、丁金国的《语言风格学的几个问题》[④]、郑远汉《言语风格学》、黎运汉《汉语风格探索》《汉语风格学》等都认为风格主体自身的文化因素在风格生成中起制导作用。

借鉴中外学者风格理论的精华，我们认为直接制导表达主体创造风格的自身因素中最重要的是文化因素，包括自身所属群体的和个人特有的，诸如思想感情、理想情操、价值观念、性格气质、文化素养、审美情趣、生活经历等。这些因素在各风格中都有不同的影响。下面谈几个主要方面：

（一）表达主体的思想感情、理想情操制约风格创造

表达主体的思想感情制约着语言运用，影响风格生成。对此，布封说：“文章风格，仅仅是作者放在他的思想里的层次和调度。如果作者把他的思想严密地贯穿起来，如果他把思想排列得紧凑，他的风格就变得坚实、遒劲而简练；如果他让他的思想慢吞吞地互相承继着，只利用一些词句把它们联系起来，则不论词句如何漂亮，风格却是冗长的、松懈的、拖沓的。”[⑤] 别林斯基说：“风格——这

① 黑格尔著，朱光潜译：《美学（第一卷）》，商务印书馆，1979 年，第 372 页。

② 司马迁：《史记·屈原贾生列传》。

③ 郑颐寿：《论文章风格与语言风格》，见程祥徽、黎运汉主编：《语言风格论集》，南京大学出版社，1994 年。

④ 丁金国著：《语言风格学的几个问题》，见中国修辞学会编：《汉语修辞学研究与应用》，河南人民出版社，1997 年。

⑤ 布封著，朱光潜译：《论风格》，《译文》1957 年第 9 期。

是才能本身，思想感情本身。风格是思想的浮雕性、可感性。”① 扬雄说：“言，心声也；书，心画也；声画形，君子小人见矣。声画者，君子小人之所以动情乎！”② 他认为“言”“书”是人们的内在思想情感的外化，从中可以窥见人们的内心世界和精神面貌。刘勰从主观与客观相统一的角度看风格：“夫情动而言形，理发而文见，盖沿隐以至显，因内而符外者也。”③ 风格是思想内容与语言形式的统一体，是思想感情的外化显露。老舍弘扬了古人光辉的学术思想，他说：“风格，与其说是文字的特异，还不如说是思想的力量。”④ 这些风格观都很精辟。语言是思想的直接实现，是表情达意的工具。人们进行言语交际活动，选择什么样的表达手段，采用什么样的组合方式建构话语，体现出什么样的语言风格是受其思想感情、理想情操制约的。例如：

驿外断桥边，寂寞开无主。
已是黄昏独自愁，更著风和雨。
无意苦争春，一任群芳妒。
零落成泥碾作尘，只有香如故。

（陆游《卜算子·咏梅》）

风雨送春归，飞雪迎春到。
已是悬崖百丈冰，犹有花枝俏。
俏也不争春，只把春来报。
待到山花烂漫时，她在丛中笑。

（毛泽东《卜算子·咏梅》，1961 年）

这两首词词调相同，同样借写梅花，表情达意，但意象完全不同，前者是封建时代坚贞的爱国诗人的自我画像，后者是无产阶级革命家的光辉形象。意象不同，使用的表达手段及其呈现的风格不一样，反映出的思想感情理想情操迥异。陆游运用“断桥边”“寂寞”“无主”“黄昏”“独自愁”“无意苦争”“零落”等含冷落、孤寂、愁苦意味的表达手段构成含蓄、深沉的格调，暗示自己有远大的政治抱负和坚持抗金的忠贞意志，蕴含着孤芳自赏、自甘飘零、自伤冷落等消极衰颓的思想感情。毛泽东用比喻、对照、烘托、拟人等表达手段，借写梅花的精神、气节和理想，表达无产阶级革命家大无畏的战斗精神、英勇气概以及为实现共产主义崇高理想而奋斗的广阔胸怀和乐观进取精神，呈现出含蓄、秀丽而又雄健的风格。“言为心声”，“从喷泉里出来的都是水，从血管里出来的都是

① 别林斯基著，梁真译：《别林斯基论文学》，新文艺出版社，1958 年。
② 扬雄：《法言·问神》，见郑奠、谭全基编：《古汉语修辞学资料汇编》，商务印书馆，1986 年。
③ 刘勰：《文心雕龙·体性》，见赵仲邑译注：《文心雕龙译注》，漓江出版社，1982 年。
④ 老舍：《语言与风格》，见《老舍论创作》，上海文艺出版社，1980 年。

血”。[①] 陆游和毛泽东两首咏梅词体现出的不同的语言风格，就是诗人的不同的思想感情、理想情操制导的产物。

（二）表达主体的情性、气质左右风格创造

情性、气质与思想感情、胸怀密切相关，属精神文化范畴。表达主体的情性、气质直接左右其语言风格创造。亚里士多德在《修辞学》中强调从外部形式和修辞学的角度研究风格时曾指出：“外部的语言符号也表现了你个人的性格”，因为“不同阶级的人，不同气质的人，都会有他们自己的不同的表达方式”。[②] 亚里士多德从性格、气质方面审视言语个性和修辞风格的见解与我国很多学者的观点相近。曹丕说：“文以气为主，气之清浊有体，不可力强而致。”[③]“气”即指人的气质、胸怀。刘勰认为：“气有刚柔……风趣刚柔，宁或改其气”，“气以实志，志以定言，吐纳英华，莫非情性”。[④] 意思是风格气势的刚柔和表达者气质的刚柔一致，嘴里吐露着华美的辞采，无不体现情性。李贽说：“盖声色之来，发于情性，由乎自然……故性格清澈者音调自然宣畅，性格舒徐者音调自然舒缓，旷达者自然浩荡；雄迈者自然壮烈，沉郁者自然悲酸，古怪者自然奇绝。有是格，便有是调，皆情性自然之谓也。”[⑤] 老舍说：“一个老实人，在划火柴点烟而没有点燃的时候会说：‘唉，真没用；连根烟也点不着！’一个性格暴躁的人呢，就不是这样，而也许高叫：‘他妈的！’语言体现了性格，或其他属于人物自身的‘印记’。”[⑥] 从曹丕至老舍的见解，都是一脉相通的。

民族性格气质不同、地域性格气质不同、个人气质情性不同，在语言运用上都会有差异，都会呈现出不同的风格。性格、气质影响语言风格，从语言风格可见情性、气质。金圣叹在《读第五才子书法》和《水浒传·序三》中赞扬写人物的语言时说：“叙一百八人，人有其性情，人有其气质，人有其形状，人有其声口。”其语意十分明晰，人的性情、气质不同，其“声口”（语言格调）就有差异。

曹雪芹《红楼梦》中的“焦大”是个惯骂的典型人物，有一次酒后痛骂，越骂越狠，连骂三人，淋漓尽致。他一骂大总管赖二：“不公道，欺软怕硬！有好差使派了别人，这样黑更半夜送人，就派我，没良心的王八羔子！瞎充管家！”他二骂宁府少爷贾蓉：“蓉哥儿，你别在焦大跟前使主子性儿！别说你这

---

① 鲁迅：《而已集·革命文学》，见《鲁迅全集（第三卷）》，人民文学出版社，1973 年，第 407 页。

② 亚里士多德：《修辞学（第三卷）》，见伍蠡甫：《西方文论选（上）》，上海译文出版社，1979 年。

③ 曹丕：《典论·论文》。

④ 刘勰著，赵仲邑译注：《文心雕龙译注》，漓江出版社，1982 年，第 254 页。

⑤ 李贽：《读律肤说》，见《焚书》（卷三）。

⑥ 王德春、孙汝建、姚远：《社会心理语言学》，上海教育出版社，1995 年。

样儿的，就是你爹、你爷爷，也不敢和焦大挺腰子呢！不是焦大一个人，你们作官儿，享荣华，受宝贵！你祖宗九死一生挣下这个家业，到如今不报我的恩，反和我充起主子来了。不和我说别的还可，再说别的，咱们白刀子进去，红刀子出来！”他三骂宁府“老爷”贾珍：“要往祠堂里哭太爷去，那里承望到如今生下这些畜生来！每日偷狗戏鸡，爬灰的爬灰，养小叔子的养小叔子，我什么不知道？咱们胳膊折了往袖子里藏！”焦大的骂语是非常个性化的语言。文学作品中的个性化语言是人物的阶级出身、社会地位、生活经历、文化素养、为人嗜好诸方面形象本质的物质体现，是最足以表现人物情性、气质的精粹语言。焦大的骂语，不粗、不俗，鲜明、深刻、形象、生动，有分寸、有力度，格调通俗易懂，朴实明快，艺术地展现出人物闪光的个性。

性情、气质固然直接左右个人风格的创造，民族、地域的人们的性情、气质对语言民族风格、地域风格的形成也有重要影响作用。

（三）表达主体的文化素养关系风格创造

王力说：“语言修养是文学家的起码条件。”① 言语作品具有鲜明的、优良的风格，是言语表达者成熟使用语言的标志，是使作品的思想内容能够完善表达的一个重要条件。要使言语作品具有鲜明的、优良的语言风格，除了如上所说要有高尚的思想品格和气质，还要具备较高的文化素养，因为文化素养也直接关系着语言风格的生成。《红楼梦》里的王熙凤和林黛玉都善于笑谑，常常说得满座哈哈大笑，但是他们因文化教养不同，语言风格迥异。下面看薛宝钗的评论：

> 世上的话，到了二嫂子嘴里也就尽了。幸而二嫂子不识得字，不大通，不过一概是世俗取笑儿。更有颦儿这促狭嘴，他用《春秋》的法子，把世俗粗话，撮其要，删其繁，再加润色，比方出来，一句是一句。
>
> （曹雪芹《红楼梦》四十二回）

王熙凤因为“不识得字”“不大通”、诙谐笑谑一概是“世俗取笑”，语言风格幽默风趣而粗俗。林黛玉饱受四书五经等书籍的熏陶，文化水平、文学修养远高于王熙凤，而且绝顶聪明、才华横溢，她用《春秋》褒贬笔法，对“世俗粗话”进行“撮要”“删繁”“润色”“比方”，一句是一句，语言风格幽默风趣而高雅。例如第二十二回，宝钗生日，看戏前和宝玉商计《寄生虫》的填词，宝玉称赞不已。黛玉道：“安静看戏罢，还没唱《山门》，你倒《妆疯》了。”脂砚斋评此句是：“趣语！古今利口莫过于优伶，此一诙谐，优伶亦不如此急速得趣，可谓才人百技也。”又如，众姐妹与宝玉商议起“诗社”，各人起雅号。探春说自己喜欢芭蕉，就称“蕉下客”，众人都道别致有趣。黛玉笑道：“你们

① 王力：《王力论学新著》，广西人民出版社，1983年。

快牵了他去，炖了脯子吃酒。”众人不解。黛玉笑道：“古人曾云‘蕉叶覆鹿’。他自称‘蕉下客’可不是一只鹿了？快做了鹿脯来。”众人听了都笑起来。(《红楼梦》第三十七回)

王熙凤和林黛玉的笑谑都幽默风趣，但王熙凤的幽默风趣，很大程度上表现为贫嘴贱舌，“世俗取笑”，阿谀逢迎，市井俗语、谚语、杂语共生，格调粗俗，而林黛玉的幽默风趣充满才情，是智慧的迸发，灵气的显现，语言文雅，语意双关而妙趣横生，且深微曲折，味腴韵辣，格调高雅。二者语言风格有同更有异，其导因既源自不同的思想感情和情性气质，也与文化素养密切相关。

文化修养高、善于运用语言的人，在言语交际中常常会自觉顺应对方的话语，运用相应格调向对方表情达意。请看：

1937年，新四军要过泰州，想求得镇守此处的国军李参谋长的师父——北固山一位老方丈的帮助。而这位老方丈清高孤傲、目下无尘，如野鹤闲云，常拒人于千里之外。陈毅因此化装为一位富商亲自去做这个工作。

陈毅见到老方丈时，老方丈面带不悦说：“寒寺有点小事，请改日再来!”

陈毅彬彬有礼地问：“万佛年特从上海赶来烧香，请问今日山上有何大事?”

“区区小事，北固山死了个和尚。”

“啊！西佛国添了尊如来。我更该敬点香火。”

“那，请!”

观焦、金二山时，老方丈又随口念到：“金山焦山北固山。”

陈毅赞道：“美境奇境天仙境。”

于是方丈又领着陈毅登上望江楼，面对茫茫大江，无限感慨地吟道：“佛家四大皆空。”

陈毅答到：“神州半片俱碎。”

老方丈闻此不由心中一动，他又领陈毅到“观音寺”，念道：“祈求大慈大悲观音。”

陈毅也合掌闭目道：“拯救多灾多难人民。”

到甘露寺正殿，老方丈又吟道：“甘露寺内他孙刘结亲赔荆州。”

陈毅洞知其意，答道：“我陈李合作救中华。”

老方丈说：“你是……”

“居士陈毅拜佛。”

“雄才伟略大将军。”

“圣僧仙语活菩萨。”

“将军请到里边说话。”

“陈毅此行别无他事，唯求禅师修书一封给泰州弟子。”

“区区小事，好说，好说！”

（据《陈毅妙对老方丈》，见徐永森《名人交际风范》整理）

例中老方丈所言“北固山死了个和尚”，格调平易朴实，但平仄相间，章法有致。具有诗人气质的陈毅立即敏捷地捕捉到了其中的文化信息，知道老方丈是个喜爱诗学、学识渊博之人，于是调整自己的话语风格，选用极为典雅、含蓄的表现风格——投其审美爱好，使对方产生审美愉悦，进而对自己产生好感，从而顺利实现自己的交际目的。

由此可见，文化素养是直接关系语言风格创造的又一个重要因素。正因为文化素养在风格生成中具有十分重要的作用，所以刘勰说：“文章由学，能在天资。才自内发，学以外成；有学饱而才馁，有才富而学贫；学贫者迍邅于事义，才馁者劬劳于辞情，此内外之殊分也。是以属意立文，心与笔谋，才为盟主，学为辅佐；主佐合德，文采必霸；才学褊狭，虽美少功。”[①] 刘勰认为，文章的写作离不开“才”和“学”。“才”就是才学，“学”是学识，才力宏富，学识广博，写文章就可以得心应手，旁征博引，文章就显得深奥；学识浅陋，写文章即使辞藻华美，也无成就可言。

（四）表达主体的生活经历影响风格创造[②]

生活经历与语言风格的形成也有密切的关系。峻青说：“我追求语言粗犷、雄伟的美，豪放如山呼海啸，这与我的生活经历、个性、爱好有关。”[③] 从维熙也说：“生活不仅决定着作者所表现的题材，也决定小说中的人物，甚至影响到语言情节、风格。”[④] 这是作家峻青和从维熙的切身体会。生活经历决定了人的爱好与追求，影响着作家语言风格的形成与发展变化。

例如秦牧，他60多年的生活历程大体可分为三个阶段，这三个阶段体现出其语言风格生成、成熟的过程。1936年夏至1949年8月是秦牧的风雨20年。在这20年中，海外生活的遭遇，抗日救亡工作的经历，耳闻目睹日军的暴行、官吏的腐败荒淫、地主买办资本家的残酷剥削以及人民的悲惨生活，使他产生了对祖国和人民的无限热爱与同情，因而，他像鲁迅一样用杂文的体式、辛辣的笔墨和素描速写的手法，针砭时弊，揭露和控诉黑暗社会的丑恶现象，语言风格委婉含蓄、幽默讽刺。例如，《菱角的喜剧》《壁画》《豪猪的哲学》《叭儿狗与仙人球》《含泪的幽默》《独裁者的下场》等早期杂文，都体现出这种风格。

① 刘勰著，赵仲邑译注：《文心雕龙译注》，漓江出版社，1982年，第319页。

② 黎运汉：《汉语风格学》，广东教育出版社，2000年，第62－63页。

③ 彭嘉强：《文学语言艺术谈》，上海交通大学出版社，1994年。

④ 从维熙：《创作与生活》，《十月》1981年第3期。

1949 年 8 月，秦牧进入东江游击区，这是他生活道路的一个划时代的转折点。从那时起至“十年浩劫”结束，秦牧主要从事报刊编辑、文化、教育的领导工作和文学创作活动，其中参加过“三反”“五反”、农业合作化和资本主义工商业的社会主义改造等政治活动，也受过几乎被打成右派的折磨和“文革”政治风暴的猛烈冲击。他这个时期的生活道路，既有鲜花，又有荆棘。其特殊的经历，成熟的思想，开阔的视野，丰富的知识积累以及熟练的语言技艺，促进了语言风格的发展。这 30 年是秦牧创伤的丰收期，各式各样的作品大量问世，开拓了崭新的道路，并形成了思想性、知识性、趣味性、艺术性相结合的独特文风，海阔天空，侃侃而谈，博大深厚，寓奇于平，语言风格由含蓄幽默变为明快优美、清新平易。这在《黄金海岸》《花城》《艺海拾贝》《潮汐和船》《北京的祝福》《贝壳集》等作品中明显可见。1976 年“四人帮”倒台，秦牧雀跃欢悦，开始了崭新的生活。在这个时期，他经常到北京参加党和国家的重要会议，一有机会总是走出家门到祖国的名胜山川去领略千变万化、蔚为奇观的秀丽风光，到广阔的生活原野上去撷取那闪动着时代气息的人民的生活缩影，重临阔别 30 年的香港，体验那人间“天堂”的生活。视野更加开阔了，阅历更加丰富了，写作题材更加宽广了，文笔更加老练成熟，语言众调幽默讽刺、婉转含蓄、繁丰富丽、雄健奔放等愈加多姿多彩。这个时期问世的《长街灯语》《愤怒的海》《秦牧文集》《秦牧旅游小品选》《秦牧华侨题材作品选》《秦牧知识小品选》等，都体现出他新颖独特的语言风格。

赵树理出身于贫苦农民家庭，从小就参加生产劳动，体验了农民受压迫的滋味，与农民有着血肉的联系。他在童年时代既喜爱民间艺术，自己也能拉、打、弹、唱，这为他后来创造小说的民族形式准备了条件。他参加工作后，一开始既专做文化普及工作，又担任农民剧团编导等，写了不少通俗文艺作品。此后，他一直在做群众工作，而且长期住在农村，与农民打成一片。他热爱劳动，熟悉劳动人民的思想感情，虚心向群众学习语言。因此，他喜欢而且善于运用劳动人民的口语来刻画劳动群众，其作品的语言具有大众化风格。周扬曾称赞他为“一位具有大众化风格的人民艺术家”并概括地总结了他的作品之所以成功的原因：

> 赵树理的突出的成功，一方面固然是得力于他对于农村的深刻了解，他了解农村的阶级关系、阶级斗争的复杂美妙，以及这些关系和斗争如何反映在干部身上，这就使他的作品具有了高度的思想价值；另一方面也是得力于他的语言，他的语言是真正从群众中来的，而又是经过加工、洗炼的，那么平易自然，没有一点矫揉造作的痕迹。在他的作品中艺术性和思想性取得了较高的结合。
>
> （周扬《论赵树理的创作》）

"没有生活，即没有活的语言。"[①] 赵树理如果没有在农民群众中生活的经历，就不可能创造性地大量运用农民群众的活的语言，也就不可能创造大众化的语言风格。

从维熙的"创作由50年代到现在，明显地分成了两个阶段"[②]，其作品的语言风格也可分为明显有别的前期和后期，随着其生活经历的变化而变化。从维熙出生在河北省玉田县，在故乡的南河滩头长大，有着深厚的农村生活基础，他熟悉故乡人民的生活，热爱社会主义祖国的新事物，因而他怀着年轻人的激情，讴歌和描绘华北广大农村和山区的新生活、新人物。这个时期的作品，诸如《在河渡口》《望月老头》《红林和他爷爷》《七月雨》《鸡鸭委员》《老莱子卖鱼》《故乡散记》等，里面有蓝蓝的天空、清清的流水、善良的人物、美好的感情，他追求的是"诗意美"，因而，其作品中大量运用绘声绘色的迭音词、"语言艺术之花"的比喻[③]、新颖别致的比拟和清新动人的口语，呈现出"荷花淀派"的清新秀丽、质朴自然的语言风格。1957年，从维熙和他的夫人被错划为右派，他下放到农村，送进了劳改队，成了"贱民""囚徒"，从事体力劳动，过着颠沛流离的生活。其作品例如《大墙下的红玉兰》《静静的夏夜》《心河》《泥泞》《杜鹃声声》《第十个弹孔》等，里面描写的不再是诗情画意，而是生活的悲剧，是"特定的历史条件下，悲而壮，慨而慷给人以鼓舞力量"的东西和他所经历的蹉跎岁月，追求的是严肃而深沉的"哲理美"。作品里较多使用悲壮、遒劲的词语，排比、设问、比喻等辞格，中国古典诗歌里的比兴、象征手法，以及双关等，呈现出雄浑冷峻、含蓄深沉的语言风格。[④]

（五）表达主体的审美情趣导引风格创造

语言风格是思想内容与语言形式完美融合而呈现出来的格调气氛，思想内容是客观事象在风格创造主体的精神文化中的折光，语言形式是来自语言系统中具有审美功能的风格手段。客观事象中存在着许许多多具有审美价值的现象。法国近代杰出的雕塑家罗丹说："在艺术家看来，一切都是美的。因为在任何人与任何事物上，他锐利的眼光能够发现'性格'，换句话说，能够发现在外形下透露出的内在真理；而这个真理是美的本身。虔诚地研究罢：你们不会找不着美的，因为你们将要遇见真理。"人是拥有文化的动物，文化赋予人审美的特征。马克思以生产活动说明人与动物的区别时说过，人类总是希望"按照美的规律来建

① 老舍：《老舍论创作》，上海文艺出版社，1980年。
② 张炯等编《当代文学研究丛刊（第1辑）》，中国社会科学出版社，1980年，第38页。
③ 秦牧：《语林采英》，花城出版社，1983年，第160页。
④ 力量：《从维熙小说语言风格变化之管窥》，见曾毅平、刘凤玲主编：《修辞·语体·风格》，香港文化教育出版社，2000年，第451页。

造”[①] 物质世界，总是力图将自己的审美情趣注入自己的产品之中。把人的生产活动看作是有意的、自觉的、自由的和审美的物质创造活动，把人能够发现和找到客观事物本身美的特征并加以美学创造视作人与动物的区别。美国美学家乔治·桑塔耶纳说：“我们的天性中必定有一种审美和爱美的最根本最普遍的倾向。”[②] “美在创造中。”[③] 需要美、追求美、创造美是人的天性，对美辞的追求和语言风格美的创造也必然如此。表达主体在选用风格手段表现客观事象构建话语风格活动中，都会有意识或无意识地根据客观事象的特征赋予审美信息，使其含有自己审美个性的美质，从这个意义上讲，美的语言风格就是最佳语用效果的美学表现。审美情趣是制约语言运用，导引语言风格创造的一个重要因素。

中华民族素有崇尚美辞的强烈意识和追求话语美的优良传统。从“言之无文，行而不远”（《左传·襄公二十五》），“言语之美，穆穆皇皇”（《荀子·大略》）至“诵要好，听要好，观要好，讲要好；诵之行云流水，听之金声玉振，观之明霞散绮，讲之独茧抽丝”（谢榛《四溟诗话》），到现在的“五讲四美”论这一脉相承的语用美学观一直导引着汉人的语言运用和风格创造。因而“汉文的修辞现象多姿多彩，是世界任何一国修辞现象所不易、不能有的”（郑子瑜），“中华民族有两样绝活——美食和美辞，被公认为世界第一，却是不争的事实”[④]。我国最早的一部《诗经》就可歌、可舞、可诵，开了语用美之先河。口头文艺，如民歌、相声、小品，乃至买卖人的吆喝，如“我的天，我的沙，我的牛羊，我的家”，“腰包揣得通鼓，有钱就得摆谱，你别管我是干啥的，我家能请起保姆”。（《擦皮鞋》）“香菜哎、辣青椒喂；黄瓜哎、大苤蓝来哟！西红柿哎、蒜来嘿；韭菜、西葫芦嘞；洋白菜耶、夏冬瓜；胡萝卜、扁萝卜哈，嫩了牙的香椿；腌雪里红哎、腌疙瘩头哎！”（《京城叫卖大王臧鸿》，中国广播网，2004 年 11 月 1 日）等语言或藻丽，或朴实，或简约，或繁丰，或明快，或含蓄，或庄重，或通俗，虽各有不同，或各有侧重，但都极具美感。汉语风格是汉语诸多美辞的集中表现，是中华民族“按照美的规律来建造”的成果。古代汉语言风格论和现代汉语风格学从中国人言语交际产生的言语作品中抽象概括出来的各种表现风格都是中华民族的美学观审视的结晶。如梁朝刘勰《文心雕龙·体性》中将表现风格概括为 8 种基本类型：

> 一曰典雅，二曰远奥，三曰精约，四曰显附，五曰繁缛，六曰壮丽，七曰新奇，八曰轻靡。

---

① 马克思：《1844 年经济学哲学手稿》，人民出版社，2000 年。

② 乔治·桑塔耶纳著，缪录珠译：《美感》，中国社会科学出版社，1982 年，第 1 页。

③ 蒋孔阳：《美在创造中》，广西师范大学出版社，1997 年，第 27 页。

④ 沈谦：《修辞学》，“国立”空中大学印行，1991 年，第 1 页。

清代姚鼐根据中国古人用阴阳刚柔的哲学概念来表述刚柔两类风格，提倡刚柔相济的美学思想，从美学的高度区分阳刚和阴柔这两种最基本的风格，并对这两种风格美加以具体的描述：

> 其得于阳与刚之美者，则其文如霆，如电，如长风之出谷，如崇山峻崖，如决大川，如奔骐骥；其光也，如杲日，如火，如金镠铁；其于人也，如凭高视远，如君而朝万众，如鼓万勇士而战之。其得于阴与柔之美者，则其文如升初日，如清风，如云，如霞，如烟，如幽林曲涧，如沦，如漾，如珠玉之辉，如鸿鹄之鸣而入寥廓；其于人也，漻乎其如叹，邈乎其如有思，暖乎其如喜，愀乎其如悲。观其文，讽其音，则为文者之性情形状，举以殊焉。①

阳刚显示出一种雄壮奔放美，阴柔则是一种柔和秀丽美。

现代文章、修辞学和风格学，如陈望道在《文章的美质》② 中说："文章在传情达意的职务上能够尽职就是'美'，能够尽职的属性，就是美质。"认为文章的"第一美质"是"明晰"，"第二美质"是"遒劲"，"第三美质"是"流畅"。这里的"明晰""遒劲""流畅"都主要是从语言风格美质上说的。他在《修辞学发凡》把风格分为 4 组 8 种：简约和繁丰、刚健和柔婉、平淡和绚烂、谨严和疏放；黎运汉《汉语风格学》分为 5 组 10 种：豪放与柔婉、简约与繁丰、蕴藉与明快、藻丽与朴实、幽默与庄重等，表现风格都是审美形态的分类，都有中华文化的审美烙印。

第二节　接受主体的文化因素

一、接受主体是风格生成的第二位主体因素

风格是言语交际的产物，言语交际是表达与接受的合作行为，合作双方都是风格生成的主体。没有表达主体，就不能生成语言风格；没有接受主体，也不会有语言风格。表达主体和接受主体在同一言语交际过程中各有不同的角色分工，又互相联系。它们互为主体，相互制约，相辅相成，互为因果，共同生成语言风格。表达主体是第一位风格创造因素，接受主体是第二位风格读解再创造的因素。

接受主体对语言风格的生成虽居第二位因素，但也起着不可或缺的作用，这

---

① 姚鼐：《复鲁絜非书》，见郑奠、谭全基编：《古汉语修辞学资料汇编》，商务印书馆，1980 年。

② 陈望道：《文章的美质》，《民国日报》，1921 年 3 月 28 日。

突出地表现在两个方面：

（一）接受主体制约表达主体创造风格

艾青认为："作者总希望更多的人理解它，接受它；那种下决心写东西不让人看懂恐怕是很个别的，不然为什么要发表呢？"[①] 写文章发表的目的是让别人（接受主体）看懂和接受。毫无疑问，为接受者所理解和接受是语言风格创造的最终目的，风格效应大小主要体现在接受主体是否理解以及对其认同的程度上。要使接受主体理解与认同，风格手段的选择与格调的构建都要考虑接受者的特点，努力做到与之适应；否则，势必"话不投机半句多"，难以达到预想的效果。对此，日本社会心理学家古烟和孝说得好："即使是最有效的发送者传播最有效的信息内容，如果不考虑接受者方面的态度及其条件，也不能指望获得最大效果。"[②] 陈望道先生说得更明确："写说本是一种社会现象，一种写说者同听读者在社会生活上情意交流的现象。从头就是以传达给听读者为目的，也以影响到读听者为任务的。对于听读者的理解、感受，乃至共鸣的可能性，从头就不能不顾到。……写说者和写作物和听读者都各成为交流现象上必不缺的要素。……对于夹在写说者和听读者中间尽传达中介责任，能不能使人感受，乃至能不能使人共鸣？"[③] 黑格尔说："每件艺术品也都是和观众中每一个人所进行的对话。"[④] 语言风格生成的过程是表达主体和接受主体相互对话的过程，在这个过程中，对话双方必须互相制约，做到言语相通，才能产生正面效果。言语相通，表达主体的话语必须为接受主体所理解和接受。萨特认为对于艺术接受者来说，艺术家及其作品"是一种吁请，写作就是向读者提出吁求，要他把通过语言所作的启示化为客观存在"[⑤]。风格创造主体要使读者接受其吁求，要使读者通过语言所作的启示化为客观存在，就必须使读者理解其话语。因此，表达主体创造语言风格，必须有明确的对象意识，且受接受主体的特点制约。

（二）接受主体使风格成为现实性

别林斯基说："一切艺术作品的本质在于它们存在的可能性变为存在的现实性这一有机的过程。"（《别林斯基论文学》）钱锺书认为："作家的创作过程一旦结束，就出现了物化的审美新现实，它的存在形式就是作品本身，这是一种静态存在。还有一种动态的存在，这就是作品得以流传、获得生命的存在。"[⑥] 童

① 艾青：《诗论》，人民文学出版社，1995 年，第 20 页。
② 王铁民：《语言运用与逻辑美学》，华南理工大学出版社，1997 年，第 56 页。
③ 陈望道：《修辞学发凡》，上海人民出版社，1976 年，第 6 页。
④ 黑格尔著，朱光潜译：《美学（第一卷）》，商务印书馆，1979 年，第 335 页。
⑤ 柳鸣九编：《萨特研究》，中国社会科学出版社，1981 年，第 9 页。
⑥ 钱锺书：《新理性精神文学论》，华中师范大学出版社，2000 年，第 189 页。

庆炳、程正民认为："没有接受主体的参与和响应，任何艺术活动都是潜在的甚至是不完整的。"[①] 诚然，语言风格及其创造属艺术作品、艺术活动范畴。表达主体创造风格的过程一结束，风格的本质就客观地存在于表达者的言语作品之中。表达者所追求的理想风格，在其言语作品中只具有可能性，尚未成为现实性。接受美学告诉我们，文学作品的社会意义与美学价值，只能通过接受者的欣赏这一审美再创造的活动，才能得到呈现。作品只能与欣赏相结合才是最后的也是真正意义上的完成。作为美学范畴形态的语言风格，其美学价值也只有通过接受者的审美再创造活动才能得到呈现。"读者群是文学的最高法庭，最高裁判。"(《别林斯基论文学》) 文学语体风格是这样，其他语体风格亦如此。风格的高下优劣最终由读者裁定，一种语体是什么表现风格、一个作家作品的语言风格是什么样的本质，都要靠读者或评论者来揭示、显现，没有他们的认同、显现，风格仅仅是言语作品中的潜藏现象。说公文事务语体风格是简明、朴实和庄重，说韩愈散文的语言风格是精炼通畅、气势雄伟奔放而富于变化等，都是接受主体对这些表达主体留下的静态存在的作品的美学再创造的成果。

二、接受主体自身的文化因素制约风格的生成

风格创造是一种文化行为，是受表达主体自身的文化因素影响和制约的。风格读解和接受作为与风格创造同构逆向的对应活动，也是一种文化行为，也受接受主体自身的文化因素影响和制约。这种影响和制约主要表现在如下两个方面：

（一）接受主体自身的文化因素制约表达主体创造风格

表达主体创造语言风格，旨在取得理想的表达效果，实现交际意图。为此，风格手段的选择、格调气氛的构建都必须以接受主体易理解、能接受为前提。因而，表达主体创造语言风格必须受接受主体的文化因素，尤其是理解能力和认知心理制约，必须努力做到与之适应；否则，就会心不应，言不通，一事无成。

接受主体对风格手段和格调气氛能否理解和领会，在很大程度取决于其理解能力和领会能力。理解能力和领会能力与知识经验、文化水平、语言修养等自身文化因素密切相关。因素不同，其理解能力、领会能力和特点就会存在差异。因此，运用风格手段，创造风格必须因不同接受主体自身的文化因素而异，否则就会对牛弹琴。例如，赵本山在《斗羊》中有这样一段描述：一个农村老汉看中了一只品种优良的小羊羔，就向牧羊的小姑娘询问羊羔的情况。老汉问："这小羊是哪只羊'采'的?"小姑娘听不懂，回答说："谁也没踩，干嘛踩它"老汉又说："不是用脚踩，我是说，它是哪只羊配的种?"小姑娘还是听不懂，说：

---

① 童庆炳、程正民主编：《文艺心理学教程》，高等教育出版社，2001年，第92页。

“种？羊又不是麦子、豆子，哪还用种来种？”这里，小姑娘听不懂老汉说的话，是小姑娘的理解能力造成的，其导因是老汉没有考虑接受主体的知识水平、理解能力，错用风格手段，建构了晦涩而接受主体无法听懂的话语气氛，结果交际效果为零。下面看两个成功的语例：

①我的家乡吉林，是一座美丽的城市。每当到了冬季，我的家乡就变成了童话般的冰雪世界。一个冬天的早晨，我漫步在松花江畔，只见岸边的柳树上挂满了毛茸茸、亮晶晶的冰条儿，犹如一朵朵白菊傲雪怒放；挺拔松树上结满了树挂，洁白晶莹，就像披上了华丽的银装。

太阳出来了。阳光照在树挂上，反射出夺目的光芒。我踏着积雪向前走去，一片片树挂不时落在我的头上、身上，凉飕飕的，开心极了。

小朋友们，你知道这雾凇——树上的冰花是怎样形成的吗？它还有一定的科学道理呢。在千里冰封、万里雪飘的吉林的冬天，由于从丰满发电站流的水温度较高，这样的江水流到市区，蒸发的水汽“飞”到冰冷的树枝上，结成了冰霜。冰霜越聚越多，就形成了独特的景观——雾凇。

（《雾凇》，引自小学《语文》第九册）

②身体要健康，疾病须预防。
气血要循环，经络须通畅。
血液要净化，代谢须兴旺。
疾病要去除，免疫须增强。
人体要平衡，寿命须杂长。
紫星循环机，给您送健康。
按摩与温灸，永磁电住棒。
远红外热敷，物理治法强。
不吃药打针，就可把病防。
全家人人用，健康有保障。

（紫星《健康歌》）

例①的接受主体是少年儿童，少年儿童生理、心理都未成熟，知识经验缺乏，文化水平不高，对事物的认识能力、对语言的理解能力都很低。这里使用生动形象的词语、简短的句式、生动的比喻等来阐述科学道理，语言生动活泼，充满儿童情趣，生成优美秀丽的语言风格，更便于他们进行理解。例②的接受主体是老年人，老年人阅历丰富，知识较深广，理解能力和接受能力较强，容易合作，但主观较强，有一定的自尊心，对新鲜事物往往持审慎态度，言语中较多地保留旧有形式。这里用较多典雅的书面词语、医学健康名词术语和整齐对仗的五字格，生成简洁、质朴、庄重、典雅格调，更便于他们进行理解。

接受主体对风格手段和格调气氛能否理解和领会的关键还在于表达主体所用

的风格手段和创造的格调气氛是否迎合接受主体的心理机制。

心理是一种人的头脑能动地反映客观的功能。感知与记忆、思维与联想、判断与推理、感情与意志、气质与性格的表现都是人的心理现象。心理学著作告诉我们，言语交际活动是一种社会心理活动，交际的参与双方都是具有一定心理机能的人，其心理因素都会影响和制约他们的言语表达和领会程度。因为任何一个表达主体和接受主体都是自觉或不自觉地根据自己心理世界的需求来创造和理解话语的含义。因而言语交际选用表达手段在构建话语时，除了要遵循言语交际的一般规律和要适应接受主体的理解领会能力之外，还必须十分重视自身和接受主体的心理因素，努力使自己选用的表达手段和建构的话语格调尽量适应接受主体的心理特点，使之产生共鸣。只有这样，才能取得理想的交际效果；否则，接受主体就会不高兴，甚至反感。对此，王力先生谈自己接收别人来信时的心理感受是很好的佐证。请看：

> 首先从信封上的收信人姓名和寄信人姓名谈起，多数人在信封上写王力教授收，或王力先生收，都不错。我个人不大喜欢人家称我为教授，因为“文化大革命”以来，教授这个名称已经臭了。在学校里，人家叫我王先生，我听了比较舒服。有的人叫我一声王力同志，我就心里乐滋滋的。因为我们这些老知识分子很多心，以为人家不肯叫我同志，是因为我是资产阶级知识分子！有的同志在信封上写王力伯伯收，那是不合适的。因为信封上的收信人姓名是写给邮递员或送信人看的，邮递员和送信人不叫我王伯伯……
>
> 有的同志在信封上干脆写王力收，那更不好！我回信说：“你在信内称我做尊敬的王力教授，太客气了；你在信封上写王力收，又太不客气了。”这是礼貌问题。……还有一些同志在信封上写“王力（教授）收”，把“教授”二字放在括号内（或者把“教授”二字写得小些），我不懂这是什么意思。我认为也是没有礼貌的，似乎是说，你本来不配当教授，我不过注明一下，以便投递罢了。真令我啼笑皆非！①

这里的“王力教授”“王力先生”“王先生”“王力同志”“王力伯伯”“王力”“王力（教授）”（把“教授”二字放在括号内）以及“王力教授”（把“教授”二字写得比“王力”二字小些）等都是表达主体对接受主体的称呼语，接受主体读、听后其心理反应是“不大喜欢”“比较舒服”“乐滋滋”“不合适”“不好”“太客气”“太不客气”“没有礼貌”“令我啼笑皆非”等。贬多于褒，之所以会取得这样的接受效果，既为表达主体缺乏写信的语文知识，更因表达话语不能应合接受主体的心理特点。

言语交际和解读语言风格是人的一种活动。“人的活动受客观世界的制约。

① 王力：《王力论学新著》，广西人民出版社，1983年，第279页。

然而，心理活动乃是负载人的实践活动的精神支柱和接受主体的心理活动。”[①]“当要用一两句话去打动人心的时候，必须很好地掌握对象的心理状态。”[②] 下面看一则民间故事：

很久以前，一位田姓年轻寡妇，因受不住清苦的寡居生活，想改嫁，却遭到了婆家公爹、小叔子们的万般阻挠。无奈，她只好去县衙请县太爷做主。田寡妇聪慧过人，深知县太爷最喜欢简洁的文字，最讨厌拉杂冗长的状子，如遇到长状子，往往连看都不看。于是，她苦费一番心机，写了一份很短、但能反映自己的处境和表达自己愿望的状子呈上去：“夫亡妻少，翁壮叔大，瓜田李下，当不当嫁?”

县太爷看过状子，不禁拍案叫绝，立即挥笔连批了三个字：“嫁！嫁！嫁！”

（《拍案叫绝》，《人民日报》，2000 年 5 月 17 日）

表达主体田姓寡妇准确认知并善于应合接受主体县太爷对文字喜简厌繁的个性心理，选用言简意赅的风格手段，构建了简约得体的话语风格，恰切地表达了自己青春守寡，与健壮的公公、小叔同住，容易招惹是非，期盼改嫁的信息，结果赢得了县令的赏识，高效地完成了交际任务。

心理现象属精神文化范畴，它是复杂多层次的，既有群体性的社会心理、民族心理，也有以个人为主体的个性心理，这些心理状态都包含着若干具体因素，它们都是言语交际的心理机制，对语言表达和领会都起制约作用。

（二）接受主体认知、显现语言风格受自身的文化因素制约

接受主体认知、显现客观作品中的语言风格是对现实风格的再创造，跟表达主体创造语言风格一样，也是一种文化行为，受自身的文化因素影响和制约。对此，可以借用传播学理论佐证。美国传播学研究者雷蒙德·鲍尔认为：在可以获得的大量（传播）内容中，每个受传者都特别注意选择那些同他的兴趣有关、同他的立场一致、同他的信仰吻合并且支持他的价值观念的信息，他对这些信息的反应受到他的心理结构的制约……现在可以看到，传播媒介的效果在广大受传者中是远不一样，千差万别的。因为每个人在心理结构上是千差万别的。[③] 在语言风格的理解、认知显现活动中，理解者、认知者心理结构上的差异同样会通过适当的自我心理调控对理解话语风格效果施加影响，从而使理解话语风格带有一定程度上的主观能动性。由于主观能动性的导引，接受主体对语言风格的理解往往如刘勰所说：“知多偏好……会己则嗟讽，异我则沮弃，各执一隅之解，欲拟

① 孟昭兰：《人类情绪》，上海人民出版社，1989 年，第 18 页。

② 秦牧：《艺海拾贝》，上海文艺出版社，1978 年，第 162 页。

③ 中国社会科学院新闻研究所世界新闻研究室：《传播学》，人民日报出版社，1983 年，第 19 页。

万端之变，所谓东向而望，不见西墙也。”（《文心雕龙·知音》）即使是同一话语或语篇的风格现象，不同的认知主体由于思想感情、性格气质、价值观念、文化素养、审美风格感和想象能力等文化因素不同，或从不同角度看，也常出现“仁者见之谓之仁，智者见之谓之智”（《周易·系辞上》），乃至完全不同的认知结果。陈耀南在《歪风卑格·中英夹杂——鸡尾文体的检讨》中谈到香港一些大学生讨论“中英夹杂孰优孰劣”的情况时，节录了“多一点鸡肠，多一分顺畅”一文中的话语：

“‘GPA’‘这些Terms’和‘这一Part’等，这些字眼不断在中大校园徘徊。他们的目的是什么？他们的目的只是想去表达自己的思想……”

“其实，既然语言只是一种互相沟通的工具，只要我们所用的说话是足够清楚和传神，那么，运用这种中英夹杂的语言是绝对可被接纳的……”

“例如我们常说的‘我要去做Present’，这句话的意思是‘我要去做一个Presentation’。笔者曾想过数个词语去代替‘Presentation’，但是，仍然找不到一个比用英文更好的中文去代替……”

“而且英文的加入，可以令我们说话时的文字更为简短。例如中大同学都十分关心的GPA，它的中文原名是‘学业成绩总分均’——不知各读者认为哪一语文会比较简单呢？……”

“你认为说‘I love you’还是‘我爱你’会比较顺畅呢”？

“你认为用‘Toilet’和‘Washroom’还是‘厕所’和‘洗手间’会比较有礼貌呢？……”

“既然文字也可有演进的阶段，为什么我们不能在语言上作一个演进，使我们能用一种简单而且直接易明的语言去表达自己呢？”

可见，引文的作者是肯定、赞美这种中英夹杂的话语风格现象的。陈耀南则持否定的态度，认为这是“中英夹杂的怪胎”，是“歪风卑格”。① 这种仁智之争是正常现象，是接受认知主体文化心理因素上的差异所使然的。

但是，接受主体读解、显现语言风格虽然可有仁智之争，可是竞争的对象是凝铸于现实的言语作品之中的客观现象，它不会因认知、显现主体主观随意性而发生变异。因此，科学的读解、认知、显现活动必须受作品的风格定性制约。在作品的风格现象所提供的可能性之内进行，接受主体的个性文化作用必须以文本作品的文化现象作为客观依托的基石，或者说以表达主体创造风格时制约风格创造的文化因素为参数，深入认知话语的文化意义、风格意义。

① 程祥徽、黎运汉主编：《语言风格论集》，南京大学出版社，1994年，第96页。

第四章　汉语言风格生成之制导文化因素（二）

——客体文化因素

汉语言风格生成之制导因素的客体因素，包括表现对象、交际语境和语体。三者既有联系，又有区别。

第一节　表现对象的文化因素

语言风格是人们言语交际的产物，言语交际必须有被表现的对象，没有表现对象，就没有交际内容，也就不能生成语言风格。所以，表现对象在风格生成中起着至关重要的作用。

一、表现对象影响风格创造

表现对象指的是在言语作品中所表达的思想内容，即古代所称的“意”。古人十分重视“意”，早在梁代，刘勰等就已提出“意在笔先”，“意”先“辞”后，遣“辞”以“意”为依据的原则。明代王夫之在《夕堂永日绪言论》中说过“无论诗歌与长行文字，俱以意为主，意犹帅也”，诗文都要以“意”为统帅。陈望道在《修辞学发凡》中强调，修辞要讲究“适应题旨情境”，“题旨”也就是言语作品的“意”。“意”按《说文解字》说，即“志也”，“志”从何而来?《乐记》与《毛诗序》指出，“志”源于“物”，在于“世”“事”（所谓“治世”“乱世”“一国之事”“天下之事”）。这里对“志”“意”源于“物”的解释符合唯物主义的反映论。刘勰《文心雕龙·定势》明确指出，风格与言语作品所要表达的对象和意旨密切相关，他说“以模经为式者，自入典雅之懿；效《骚》命篇者，必归艳逸之华；综意浅切者，类乏酝籍；断辞辨约者，率乖繁缛。譬激水不漪，槁木无阴，自然之势也”，所以要根据客观的表现对象，变化主观的“情”，“因情立体，即体成势”。19 世纪的德国语言学家、文艺理论家威廉·威克纳格有比刘勰更明确的说法：“风格是语言的表现形式。一部分被表现者的心理特征所决定，一部分则被表现的内容和意图所决定。”① 风格的表现内容源于客观存在的事象。客观事象丰富万千，既包括自然现象，也包括社会现象和思维现象；有的抽象，有的具体；有的指人，也有的指事或物。不同的事象需要不同风格的语言来表现。秦牧说：“写各种各样的事物，应该有各种各样的笔墨，写‘三万里河东入海，五千仞岳上摩天’的一类事物和写‘小荷才露尖尖角，早有蜻蜓立上头’的事物，文字风格怎能一个样呢？我们的笔墨，有时应该像怒潮奔马那样的豪放，有时又要像吹箫踏月那样的幽清；有时应该像‘咚咚’的战鼓，有时又应该像寒光闪闪的解剖刀。”（《散文创作谈》）风格创造因表现对象而异，是一条基本规律。

优秀的作家总是努力适应不同的表现对象和不同的表达需要，创造多样化的语言风格。例如朱自清的散文，《荷塘月色》和《绿》藻丽，《生命的价值——七毛钱》和《背影》质朴，《旅行杂记》和《择配记》幽静，《航船中的文明》典雅等。毛泽东写政论文章也善于随不同的表现对象而运用不同风格的语言。例如，在《反对日本进攻的方针、办法和前途》中表现中华民族坚决抗战、保卫祖国的钢铁意志和战斗精神，使用的多为感叹句、祈使句和呼告、排比、反复等修辞手段，形成刚健、雄浑的表现风格；在《向国民党的十点要求》中声讨汪精卫卖国投降的罪行，谨陈救国大计，便大量使用文言语句、古代成语，显得义正词严，格调典雅庄重；在《赫尔利和蒋介石的双簧已经破产》中，揭露、讽刺、挖苦敌人则大词小用、庄词谐用、褒贬易色，风格辛辣而幽默；在《整顿党的作风》中谈思想作风、思想修养问题，文章主要使用普通词语、通用词语，夹用一些文言词语和口语，句法灵活、句式多样；只用句式类辞格，综合呈现出明快、朴实的风格。

二、表现对象是客观事象在表达主体的精神文化中的折光②

表现对象作为话语风格的思想内容，它是客观事物或现象在表达主体的头脑中经过精神文化折光的产物。列宁说：“物、世界、环境不依赖于我们而存在。我们的感觉、我们的意识只是外部世界的印象。不言而喻，没有被反映者，就不能有反映，被反映者是不依赖于反映者而存在的。”③ 客观事象是第一位的，没有客观事象，就没有表现对象，就没有言语交际的内容，也就没有语言风格。但是，风格现象中所蕴含的事象并非客观事象原形，它是表达主体对要表现的客观

① 威廉·威克纳格著，王元化译：《文学风格论》，上海译文出版社，1982 年，第 18 页。

② 黎运汉：《语言风格与表达对象》，《修辞学习》1998 年第 6 期；《修辞学研究对象的文化透视》，《暨南学报》1994 年第 3 期。

③ 列宁著，中共中央马克思恩格斯列宁斯大林著作编译局编：《列宁选集（第七卷）》，人民出版社，1972 年，第 65 页。

事象的认识、感受而反映出来的意象。它源于客观事象，而意涵又比客观事象更加丰富，既包含客观对象的理性意义，又蕴含着表达主体对客观事象的认识、感受以及愿望和感情等文化意义和美学意义。它是表达主体的精神文化作用于客观事象的融合体。所以，单纯客观事象没有经过表达主体对其作精神折光，就不成为风格的表现对象。客观事物或现象成为风格现象中的表现对象，体现了表达主体所要表达的思想内容是受表达主体的思想感情、价值观念、审美情趣等文化因素制约的。表现对象受这些因素制约所形成的思想内容也就带有民族文化的烙印。例如，“象”是一种客观存在于陆地上的哺乳动物，它在不同民族的人的文化观照下形成的风格意象，其深层内涵就不一样。据说几十年前，国际联盟曾以“大象”为题征文，英国人作的是《英国统治下非洲的猎象事业》，法国人作的是《象的恋爱》，意大利人马上就哼起了《象啊，象啊……》的诗歌，德国人提笔就写思辨性很强的《关于象之研究》，俄罗斯人写的是《俄罗斯之象——世界之最》，中国人写的是《象群的“伦理纲常”》，美国人写的是《象与驴之战》（象为共和党的象征，驴为民主党的象征），而波兰人则写了一篇政论《波兰的主权与象的关系》。[①] 这八位作者的论题是同一客观事象——大象，但由于各自的文化背景不同，反映出来的意象也就不同；意象不同，论题也就不同；论题的语体属性不同，语体的表现风格也就有别。

表达主体的精神文化特别是其中的思想感情、美学情趣作用于表现对象，在不同的语体风格中有不同程度的体现。大体说来，在文学语体中体现得最为强烈。因为文学语体是作者欲传达的感情的寄托物，是以强烈感情去感染读者、打动读者、教育读者并给读者以美学享受的语言艺术。在政论语体风格中也有较为鲜明的体现。为了通过对社会政治生活中各种问题的阐述，动员和号召广大群众为政党、民族和国家利益服务，政论语体既要以理服人，也要以情和美感动人。在新闻报道语言风格和公文事务语体风格中则有一定局限性。因为前者是传递新鲜、有价值的社会信息的语体，它要求用事实说话，事实要真实、具体，语言要简明、质朴，不刻意雕琢、任意渲染。后者是处理实务、解决实际问题，讲求实效的语体，要求准确、明晰、朴实、庄重，不需要渲染气氛，不允许夸饰。在科技语体中却不明显，因为它论述科学现象，论证科学规律，使读者获得理性认识，而不是感动读者和给读者美学感染。诚然，世界观、思维方式、价值观念和科学文化修养对科学论著的撰写会起重要的影响。

① 李元授主编：《交际学》，武汉测绘科技大学出版社，1991 年，第 155 页。

第二节　交际语境的文化因素

交际语境又叫语用环境，即言语交际活动的环境，简称语境。语境是言语表达的基础，是言语读解的依据，也是评判语用效果的标准。陈望道说："修辞所须适合的是题旨和情境。……题旨和情境可以说是修辞的标准、依据。……像'六何'说所谓'何故''何人''何地''何时'等问题，就不过是情境上的分题。""切实的、自然的积极修辞多半是对应情境的，或则对应写说者和听读者的自然环境、社会环境，即双方的共同经验。因此，生在山东的人常见泰山，便常把泰山来喻事情的重大，生在古代的常见飞矢，便常把飞矢来喻事情的快速。或则对应说写者的心境和说写者同听读者的亲疏关系、立场关系、经验关系，以及其他种种关系，因此或相嘲谑，或相反诘，或故意夸张，或有意隐讳，或只以疑问表意，或单以感叹抒情。种种权变，无非随情应境、随机措施。"① 这里说的"情境"大体就相当于今天的语境。王希杰说："语言环境是修辞的生命，没有语言环境，就没有修辞，一切修辞现象都只能够好生生地在特定的语言环境中。"② 黎运汉强调："表达主体创造风格要受交际环境制约"，"接受主体理解、评析语言风格要以文化背景为依据"。③ 交际语境是在言语交际系统中与交际主体、表现对象、表达手段处于同等重要位置的因素。交际主体是修辞现象和风格现象生成的主观制导因素，表现对象和表达手段是修辞呈现的物质因素，交际语境是修辞风格现象生成的客观制约因素。一切修辞风格现象都是在一定的语境中生成的。因此，适应语境既是语言风格创造要遵循的重要原则，也是评定风格品位的重要标准和读解风格的重要依据。

语境分为非语言语境和语言语境两大类。前者也叫语外语境，是指制约语言风格创造和读解的各种非语言文化因素，包括交际对象、表现对象和社会文化环境、时空文化环境；后者也叫语内语境、语篇语境，即通常所说的上下文或前言后语，它是选用语言风格手段和生成语言格调的语言文化制约因素，包括语篇中的词、句、短语、句段、自然段和语段等。前文对交际对象和表现对象已有所论述，下文就分别谈谈社会文化环境和时空文化环境。

---

① 陈望道：《修辞学发凡》，上海人民出版社，1976 年，第 7 – 10 页。

② 王希杰：《修辞学通论》，南京大学出版社，1996 年，第 309 页。

③ 黎运汉：《汉语风格学》，广东教育出版社，2000 年，第 67、291 页。

一、社会文化环境制约语言风格生成

马克思说："人的本质并不是单个人所固有的抽象物。在其现实性上，它是一切社会关系的总和。"[①]"文化是人类生活的环境。人类生活的各个方面无不受着文化的影响，并随着文化的变化而变化。或者说文化决定人的存在。包括自我表达的方式，以及感情流露的方式、思维方式、行为方式、解决问题的方式等。"[②] 语言风格作为人们运用语言进行交际的产物，不可能游离于"社会关系的总和"之外，其生成和发展必受社会文化环境制约，其中包括制度文化环境和精神文化环境。

如前文所言，制度文化包括政治制度、教育制度等，这些因素都制约着语言风格的生成和读解。下文将以政治文化为例进行分析，以见一斑。

政治文化因素在制度文化中居于核心地位，具有制导性功能，决定着国家的政治路线、方针政策和法律规章制度等。它不仅对人们的社会生活有着很大的影响力和约束力，对人们的语言运用和风格创造也有很大制约作用。孔子曰："邦有道，危言危行；邦无道，危行言孙。"（《论语·宪问》）人们运用语言要随着政治的变化而变化，当社会政治清明时，人们可以直言不讳地发表议论；但在社会政治黑暗的时代，言辞则不能不有所隐遁。刘勰说，唐尧、虞舜时代"德盛化钧""政阜民暇"，故言语作品"心乐而声泰"。（《文心雕龙·时序》）明代屠隆论及唐代诗歌语言风格时说："初唐之政善，其风靡，诗葩而含；盛唐之政盛，其风畅，诗蔚而藻；中唐之政衰，其风降，诗惋而弱；晚唐之政乱，其风敝，诗讽而悲。"（《栖真馆集》卷十）鲁迅《魏晋风度及文章与药及酒之关系》里精辟地论及由时代政治原因造成的社会生活和社会风尚对文章语言风格的形成具有重大影响作用。在封建社会和半封建半殖民地社会，在集权专制统治下人们的思想议论极端不自由，清代的"文字狱"是这种集权统治干预人民议论的印证。戴明世因其诗《南山集》中有"清风不识字，何故乱翻书"字句，被认为是讽刺清朝皇帝不识字，招致杀身之祸。由于政治因素的干预，"一言可以丧身"迫使在那"长夜难明赤县天"的日子里的人们不得不"慎于言"，或含沙射影，或口是心非，用孔子作《春秋》那样"微其辞"的表达方式，将文章写得隐晦曲折，让人不易从语表中听出话里的意蕴。鲁迅杂文的语言风格大都很隐晦曲折，正如他自己所言，"这些短评，有的由于个人的感触，有的则出于时事的刺激，但意思都极平常，说话也很晦涩……"（《伪自由书》前记）其原因盖出

① 马克思、恩格斯著，中共中央马克思恩格斯列宁斯大林著作编译局译：《马克思恩格斯全集（第一卷）》，人民出版社，1972 年，第 18 页。

② 爱德华·霍尔著，刘建荣译：《无声的语言》，上海人民出版社，1991 年，第 41 页。

于当时的政治文化环境。那时他处于黑暗势力的统治下，言论不自由，故作文章只好借助于“微其辞”的表达方式，写得隐晦曲折。

如前面所说，精神文化包括思维方式、思想意识、价值观念等，它是有关意识形态方面的文化对人们的言行举止直接起着制导作用，风格手段的产生及其运用而生成的格调气氛，以及对其读解都极受其影响与制约。因此，风格的创造与读解都必须应合精神文化环境，主要表现在：风格的创造既要与自身的精神文化因素应合，也要与交际的精神文化环境和接受主体的精神文化背景应合；风格的读解，既要以风格创造者根据自身的精神文化观念话语为依据，也要以自己的精神文化观念去再现创造者的话语为依据，还要以自己的精神文化观念去再现创造者的话语信息。善于语言表达者和语言解读者大都如此。

二、时空文化环境制约语言风格生成

时空环境包括时机、时令、季节和场合、地理、自然环境等。这些客体因素影响、制约着语言运用和语言风格的生成。《论语·季氏》说：“言未及之而言谓之躁，言及之而不言谓之隐，未见颜色而言谓之瞽。”这句话的意思就是指说话要看时机。《尹文子·大道》载：“郑人谓玉未琢者为‘璞’，周人谓鼠未腊者为‘璞’。周人怀璞谓郑贾，曰：‘欲买璞乎?’郑贾曰：‘欲之。’出其璞视之，乃鼠也，因谢不取。”这是因地理环境不同而导致对同一言语的表达与理解上的差异。刘勰说：“岁有其物，物有其容；情以物迁，辞以情发”①，揭示了触景而生情，由情而辞的语用规律。陆稼祥认为：“地理环境与气候特征，也是形成一个民族的文化观念的重要因素，同时地理文化制约着语句的生成”②，把地理环境、气象特征列为形成人的文化观念与制约语用的重要因素。邢福义说：“语言风格往往因作家的不同思想色彩、民族色彩、时代色彩和地方色彩而有所变化”③，认为地域因素不同也会导致语言风格有所变化。因时空环境不同而异是语言风格生成的又一条重要规律。

语言风格是语用主体自身的文化因素与客体文化因素的融合体，时空环境是客体因素。任何客体因素特别是地理环境、自然景观和人文景观都有自己的特点、美学价值和文化价值。例如，自然景观中的五大名山，各得其美：泰山通天拔地，雄伟壮丽，人文荟萃；华山天然景观，处处可见道教文化，源远流长；嵩山绵延盘曲，峻峰奇异，儒、释、道三教文化汇集；衡山山势雄伟，风光绚丽多姿，佛教文化繁荣；恒山气势磅礴，交通、军事地位极其重要。同一座山，春夏

---

① 刘勰著，赵仲邑译注：《文心雕龙译注》，漓江出版社，1982 年。

② 陆稼祥：《内外生成修辞学》，重庆出版社，1998 年，第 47 页。

③ 邢福义主编：《现代汉语》，高等教育出版社，1998 年。

秋冬各有风采，所谓春山如笑，夏山如滴，秋山如壮，冬山如睡。同一座山，因气候不同而绚丽多姿。同一座山，远望以取其势，近看以取其质。凡此种种以语言表现，就各有特点，格调气氛就会有差异，所谓“风格因地不同”“一个地方有一个地方的风格”，[①] 所谓“南柔北刚”“南华北朴”即有此意。地域不同，风格有别，虽然不能片面全归因于时空环境，但地理、景观文化确实对语言风格，尤其是文学语体风格的生成起重要作用。一方面它对创设风格手段和话语风格生成有着相当的影响和制约作用；另一方面表达主体可以发挥主观能动性，巧妙地利用与时空环境相关的因素，创造优美的风格手段和话语风格。

毛泽东在《中国革命和中国共产党》中说：“我们中国是世界上最大国家之一，它的领土和整个欧洲的面积差不多相等。在这个广大的领土之上，有广大的肥田沃地，给我们以衣食之源；有纵横全国的大小山脉，给我们生长了广大的森林，贮藏了丰富的矿产；有很多的江河湖泽，给我们以舟楫和灌溉之利；有很长的海岸线，给我们以交通海外各民族的方便。”中国地大物博，山川壮丽，平原广阔，风光多娇，景观雄伟。汉语中植根于这肥沃的地理、景观土壤的风格手段十分丰富，各含有特定的文化意涵，具有体现汉语言民族风格、地域风格和语体风格的功能。例如，熟语风格手段“泰山北斗”“鸟语花香”“暴风骤雨”“翻江倒海”“千山万水”“万紫千红”“花好月圆”等成语，“桂林山水甲天下”“福州美人蕉，经冬花不谢”“峨眉天下秀，青城天下幽，剑阁天下险，三峡天下雄”“无风不起浪，有水才行船”“有高山才显平地”等谚语，“不到黄河心不死”“大海里捞针”“有眼不识泰山”“跳下黄河也洗不清”“山高遮不过太阳”等惯用语。修辞风格手段，如比喻：“稳如泰山”“福如东海”“寿比南山”“飞流直下三千尺，疑是银河落九天”（李白《望庐瀑布》），“你是天上的月，我是那月边的寒星；你是山上的树，我是那树上的枯藤；你是池中的水，我是那水上的浮萍”（田汉《夜半歌声》）；比拟：“种种困难，遇到共产党，它们就只好退却，真是‘高山也要低头，河水也要让路’”（毛泽东《在中国共产党全国代表大会上的讲话》），“你从雪山走来，春潮是你的风采；你向东海奔去，惊涛是你的气概；你用甘甜的乳汁，哺育各族儿女；你用健美的臂膀，挽起高山大海。我们赞美长江，你是无穷的源泉；我们依恋长江，你有母亲的情怀”（胡宏伟《长江之歌》）；夸张：“黄河落天走东海，万里泻入胸怀间”（李白《北风行》），“猛不防，一阵疾风吹来，松涛像万里奔腾，鼓乐齐奏，使你听了好像觉得天地在旋转，万物在欢唱，在狂舞，这时候，你根本忘记了自身的存在，只觉得大自然的伟大、神秘”（谢冰莹《爱晚亭》）；对照：“昔我往矣，杨柳依依。今我来思，雨雪霏霏”（《诗经·小雅·采薇》），“中国古时候有个文学家叫作

① 蒋伯潜：《文体论纂要》，正中书局，1946 年。

司马迁的说过：‘人固有一死，或重于泰山，或轻于鸿毛。’为人民利益而死，就比泰山还重；替法西斯卖力，替剥削人民和压迫人民的人去死，就比鸿毛还轻”（毛泽东《为人民服务》）；呼告：“洞庭啊，洞庭！在你这里，天上、地面、水底，处处都闪耀着珍珠的异彩，你就是镶嵌在我们伟大祖国土地上的一颗大珍珠！”（谢璞《珍珠赋》），“泸定桥！泸定桥！我们为你花了多少精力，费了多少心血，现在我们胜利了！我们胜利了！”（杨成武《飞夺泸定桥》）等，不胜枚举。

法国象征主义诗人波特莱尔的《呼应》：“大自然是座宇宙，有生命的柱子，不时发出隐约的歌声。人走过那里，穿越象征的森林，森林望着他，投以熟悉的眼神。”① 人的生活和大自然息息相关，常会被其感染而生情，并用语言表现出来。大自然的特点不同，受其所感染而生的情就不同，语言的韵味也就有差别。例如，江南山岭起伏，河流曲折，植物丰富多彩，景观充满细微的变化，人的意趣就容易为一山一水甚至一草一木所吸引，形成细腻的审美感受，关注艺术意象的微妙韵味。因而，江南一带的人，其语言委婉缠绵、细腻柔美，表现出曲、细、柔的风格特点。江苏著名作家陆文夫的《介绍》：“苏州有个沧浪亭，地方很是古朴，也十分安静；碧水绕着花园，绿荫掩映月门。临水处有一条弯弯曲曲的游廊，游廊的一边是白粉墙，墙上安了许多漏窗，可以窥视园中的林木竹石，台阁楼榭；游廊的另一边是粼粼的池水，隔河的岸边种着垂柳与桃树。眼下正是杨柳飞絮，桃树落花的季节，站在游廊上望望，真叫人心情舒畅，耳目明亮。”陆文夫受古朴的沧浪亭及其所处的幽静环境与秀丽花园等多姿景象所感染，用清新优美的语句、平和亲切的语调对其作细腻入微的描述，充满着喜悦赞美之情，呈现出清新、细腻、柔美的风格。而在北方，尤其是在大西北，抬眼就是望不到顶的大山、望不到边的江河、望不到边的草原、望不到边的戈壁滩、一望无际的黄土高坡和数不清的马牛羊。人的意趣便易为雄伟、浩大、壮丽的景象所吸引，形成粗犷的审美感受，关注艺术意象的豪放格调。因而，歌手受其感染开口就唱：“我家住在黄土高坡，大风从坡上刮过，不管是西北风还是东南风，都是我的歌，我的歌……我家住在黄土高坡，日头从坡上走过，照着我的窑洞，晒着我的胳膊，还有我的牛，跟着我，不管走过了多少岁月，祖祖辈辈留下我，留下我一望无际唱着歌，还有身边这黄河……”（《黄土高坡》）诗人由其引发灵感，挥笔写就：“北国风光，千里冰封，万里雪飘。望长城内外，惟余莽莽；大河上下，顿失滔滔。山舞银蛇，原驰蜡象，欲与天公试比高。须晴日，看红装素裹，分外妖娆。”（毛泽东《沁园春·雪》）前者以洪亮的韵脚、昂扬的语调、急促有力的句式，构织歌词，抒发炽热奔放的激情，展现出粗犷、豪放的风格；后者以

① 黄庆萱：《修辞学》，三民书局股份有限公司，2000 年，第 480 页。

优美高昂的韵脚、遒劲有力的名词，动感性强的动词和范围广大的数量词组合成句，构成壮美、宽广、浩大的场面，抒发赞美祖国壮丽的千里江山的炽热、奔涌、激昂的感情，展现出气势雄健、意境高远的格调。

优秀的文学作家都谙熟语言运用、创造风格要适应时空环境之道，既能自觉接受时空环境的牵制与掣肘，又能有意识地根据时空环境的特点，恰切地注入自己的思想感情与美学情趣，做到自然景象与内心的意象相符，生成优美得体的风格。诸如体现豪放风格的，有李白的《北风行》、陆游的《秋夜将晓出篱门迎凉有感》、杜牧的《阿房宫赋》、毛泽东的《十六字令》、郭小川的《青纱帐——甘蔗林》、刘白羽的《黄河之水天上来》等；体现优柔风格的，有柳永的《雨霖铃》、冰心的《樱花》、朱自清的《春》等；体现绚丽风格的，有朱自清的《荷塘月色》、于敏的《西湖即景》、彦火的《大地随笔 · 庐山漫游》、周瘦鹃的《绿水青山两相映的富春江》、艾青的《光的留恋》等；体现含蓄风格的，有茅盾的《白杨礼赞》等，都是“神会于物”（王昌龄语）的精品。

第三节 语体的文化因素

一、语体发生和发展变化的文化导因

语体是在语言的长期使用过程中，因交际领域、交际目的、交际对象和交际方式不同而逐渐形成的具有相对稳定性的一系列语言特点的综合体。

语体系统通常包括谈话语体、公文语体、科技语体、政论语体、文学语体、新闻报道语体、演讲语体和广告语体等主要类型，其发生和发展变化都有特定的文化导引因素。

“体所从来，非一日矣。”① 各种类型的语体都是在社会发展过程中逐渐形成的，它们并非同时产生，而是有先有后。哪一时代产生什么类型的语体取决于社会文化形势的需要，原始社会没有阶级、没有国家、没有文字，人们的交际环境简单，只有口头文学语体。例如，“断竹，续竹，飞土，逐宍”②，这是渔猎时代出现的口头文学。进入奴隶社会，便在口头语体的基础上产生了书卷语体。《尚书序》说：“古者伏羲氏之王天下也，始画八卦，造书契，以代结绳之政，由是文籍生焉。”此处“文籍生”，即书卷语体的产生。甲骨文和“易填爻辞”记载了许多关于祭祀、战争以及渔猎、畜牧和农业生产方面的事情，可以说是书卷语

① 徐师曾：《文体明辨序说 · 巨刻文体明辨序》，人民文学出版社，1982 年，第 75 页。

② 赵晔：《吴越春秋》，商务印书馆，1937 年。

体的萌芽。例如：

①今夕奏舞，中（有）从雨。

（《殷墟书契》卷三，二十四叶，二片）

②旬壬申，夕，月有食。

（王襄《簠室殷契征文》）

例①和例②分别是文学语体和科学语体的雏形。从《尚书》看，奴隶社会除了文学语体和科学语体，还有文学语体和政论语体。但文学语体中只有韵文体和属散言体的散文体，政论语体中则多是演说辞，公文事务语体则多属专门公文体。

历史发展到了封建社会，随着社会政治的变化、经济的发展、科学文化的发展和交际环境的复杂化，语体类型也日趋复杂化。文学语体的散言体中新生了小说体、剧文体，政论语体中有了杂文体，公文事务语体中体式就更多了。科学语体发展到封建社会末期，即进入半殖民地半封建的近代，随着科学技术事业和科学思维的空前发展，也产生了新的分体。

到了现代，各类语体都有很大的发展变化。不仅现代跟古代不同，就是同属现代而中华人民共和国成立前后也有差异。例如公文事务语体，1911 年辛亥革命后，南京临时政府废除了几千年来封建王朝所使用的制、诏、诰、敕、题、奏、表等公文名称。1916 年旧政府的“公文程式令”规定有十三类即大总统令、国务院令、各部院令、任命状、委任令、训令、指令、布告、咨呈、公函、批等。[①] 国家行政机关公文的体式主要有十类：①命令（令）、指令；②决定、决议；③指示；④布告、公告、通告；⑤通知；⑥通报；⑦报告、请示；⑧批复；⑨函；⑩仁义纪要。[②] 其他书卷语体在新中国成立后也产生了新的分体。例如文学语体中的报告文学体、微型小说体，政论语体滋生的新闻报道体，科学语体中的科学文学体，以及广播语体、网络语体等，都是社会主义时代的产物，具有鲜明的时代文化色彩。

语体形成和存在的物质基础是语体手段，而语体手段的产生和发展变化受制于社会文化的发展变化。一定社会的政治制度的改革、经济生活的变化、科学文化的进步，都会促使语体手段扩大和改进。语体手段随着社会的发展而发展，始终不断地显示着某种社会文化的特色。如果处于急遽变化的社会，发生了新旧制度的交替或政治经济文化生活的大变化，语体手段的扩大和改进，其幅度还可能是相当之大，在特定历史时期扩大和改进的语体手段尤其具有鲜明的社会文化烙印。

① 《公文辞源》，上海书局，1926 年。

② 国务院办公厅：《国家行政机关公文处理办法》，1987 年 2 月 18 日。

二、语体是规范风格的客观文化因素

语体是民族文化的历时性积淀，是全民族成员所认识的约定俗成的语用范式，具有相对稳定性、客观存在性和社会约定性。对人们的言语交际有一种潜在的无形的规约性，人们无论在哪种领域进行言语交际，都必须遵从特定语体所要求的类型规则进行，任意脱离语体规约的情况都会造成交际障碍或表达混乱。因而，运用语言创造风格“先须辨体”[①]“因情定体”“即体成势”[②]；否则，“失其体制，虽浮声切响，抽黄对白，极其精工，不可谓之文矣。”（宋儒倪思语，见明吴讷的《文章辨体序说》）语体对语言风格创造的规约作用，贯穿于风格的全过程，选择什么样的风格手段，运用什么样组构结构的方式，构织什么样的语篇模式，生成什么样的格调气氛，都并非任意，而是遵循着特定语体规范进行，否则就不得体。读解语言作品，评判语言风格要“辨体”。如刘勰所说，把“观位体”摆在首位，“将阅文情，先标六观：‘一观位体，二观置辞，三观通变，四观奇正，五观事义，六观宫商。’斯术既形，则优劣见矣”（《文心雕龙·知音》）。古人的“辨体”“位体”的“体”是指文体。现代语言学也重视“体”，但是指“语体”，1956—1962 年全国语言科学规划指出：“这项研究（语体研究——引者）对语言实践有着重大的指导意义，必须逐步展开。”张弓先生说：“学习语文而不懂得语体的功能和特点，就不会使用汉语。我们的日常谈话，写文章都离不开语体，可以说语体是我们用汉语表达思想和言语交际必须遵守的体式。”[③] 程祥徽说：“在交际中不论你使用何种语言，（甚至在同一交际场合使用不同的语言）首先要服从的是语体”，“语体风格是最重要的风格，它在各种风格中居领先地位”。[④] 丁金国认为：“语言运用的核心是语体意识”，语用必须“明体定势”。[⑤] 各种语体之间在风格手段的使用上有不同的要求和内部特征的区别。因此，不同语体对不同修辞手段和风格手段都有不同的适应性和封闭性，呈现出不同的特点和气氛格调。从总体上说，风格手段的运用和格调气氛的构建，都必须遵守语体规范，为语体服务。个人风格的创造，一般只能在语体的总模式内进行，以遵循语体的基本语用要求和规范为前提。但是，语体规范并不排除表现作者的个性。因此，同一语体的不同作家、作品的语言，除了这种语体所共有的特点外，不同程度上也表现出作家各自不同的风格特点。不同类型的语体对个

---

① 吴讷：《文章辨体序说》，人民文学出版社，1962 年。

② 黄侃：《文心雕龙札记·定势三十》，上海古籍出版社，2000 年，第 109 页。

③ 常敬宇：《语体的性质及语用功能》，《修辞学习》1994 年第 4 期。

④ 程祥徽：《语言与沟通·语体先行》，澳门基金会出版，1995 年；程祥徽、黎运汉主编：《语言风格论集》，南京大学出版社，1994 年。

⑤ 丁金国：《语体风格分析纲要》，暨南大学出版社，2009 年。

人风格的要求与制约不尽相同。拿书卷语体来说，专门科技语体和公文应用语体对个人风格的制约很大，一般不允许有太多表现作者个性的自由，但也不是千人一面。例如，王力的《语法理论》和高名凯的《语言论》，同属专门科学语体的社会科学体，个人语言风格却有不同。《毛泽东选集》中的应用文同《周恩来选集》中同类的应用文，其风格面貌也不是一模一样的。文学语体对个人风格的制约极小。个人可以在遵守文学语体的基本语用规范的前提下，充分发挥自己的特点，创造鲜明的个人语言风格。例如，鲁迅、茅盾、巴金、老舍、赵树理、梁斌、秦牧等作家的文学语体，特别是散言小说体都严格受制于文学语体规范，同时又具有鲜明的作者个性风格。政论语体对个人风格的制约比文学语体大，比专门科学语体和公文应用语体小，但个人风格特点也很明显。如邓小平《在全国科学大会开幕式上的讲话》（1978 年 3 月 18 日）、胡锦涛《在庆祝香港回归祖国 10 周年大会暨特区第三届政府就职典礼上的讲话》（2007 年 7 月 1 日）和习近平 2017 年 10 月 18 日在中国共产党第十九次全国代表大会上的报告《决胜全面建成小康社会　夺取新时代中国特色社会主义伟大胜利》都属政论语体，但其风格特点并不完全一样。

第五章　汉语言风格生成之物质文化因素（一）[①]

——语言要素的文化因素

汉语言风格的生成，除了制导因素外，还有物质因素。

物质因素是语言风格生成的物质基础。没有物质因素，就无所谓语言风格，任何语言风格都要通过物质因素来体现。一般说来，不同的语言风格体现于不同的物质因素，不同的物质因素，往往表现出不同的语言风格。

语言风格生成的物质因素，指的是语言风格表达手段，亦即风格手段。汉语言风格手段是一个系统，这个系统主要由汉语言三要素：表达手段、语用变体中具有审美功能即风格色彩的成分、没有风格色彩而在一定语境中与具有风格色彩的成分配合也能体现出风格的成分组成，超语言要素中具有风格色彩的表达手段也是其组成部分。[②] 其母体是中华文化的语言文化，包括汉语言要素文化和超语言要素文化。下面先谈谈生于语言要素文化的风格手段。

汉语言要素文化包括汉语语音文化、词汇文化和语法文化，是制度文化和精神文化作用于物质文化的产物。汉语言三要素都有自己的民族特点，孕育其中，可生成丰富多彩的风格手段。

第一节　基于语音文化特点的风格手段

一、语音风格手段的文化内涵和功用

汉语音节界限分明，结构方式简单又十分整齐，且很有规则。按照汉语音韵学传统分析法：每个音节都有声母和韵母，再在整个音节上配以声调。汉语音节中元音占主要地位，易合辙押韵，响亮悦耳；声调分平仄，富有抑扬顿挫之变，和谐动听；双音节词占优势，单音节词多音节词并存，组合灵活，营造出音节和谐匀称的美，诸如此类，形成了富于音乐性的特质。根据这个特点，可以生成各种语音文化风格手段。例如，按声调变化和音节长短，人们将四声分为平仄。协

---

① 黎运汉：《汉语言风格成因的文化机制》，《毕节学院学报》（综合版）2010 年。

② 黎运汉：《语言风格系统论》，《锦州师范学院学报》（哲学社会科学版）1996 年第 3 期。

调平仄是汉语音乐美的一种特有的风格手段，它能使话语表现出鲜明的民族风格。而语言运用是否讲平仄，与语体风格有关。文学语体讲究音乐美，特别是韵文体和散言体中的优秀散文，常常平仄交错变化，体现出优美动听的风格特点。用韵，既可体现表现风格，也可体现语体风格。例如，韵母较为洪亮的中东韵、江阳韵等常用于表达赞美、勇敢、坚强、愉快、兴奋、慷慨激昂的感情，表现出豪放、雄壮的风格，如杜牧的一些赋、陈毅和贺敬之的一些诗，都不乏其例；韵母比较柔和、细微的一七韵、姑苏韵等常用于表达缠绵、苦闷、忧郁、悲痛、衷怨的感情，表现出柔和、纤细的风格，如李清照的词就是以柔和见长，很少用中东韵等。

押韵是文学语体特别是其韵文体常用来构建音乐美的风格手段，非韵文体的文学作品中，还有些作家由于爱好用韵而表现出自己独特的风格。秦牧就常常在散文和少年儿童作品适当用韵，如散文《花城》《镜泊湖丰采》《猕猴桃的旅行》《海阔天空的散文领域》和童话《蜜蜂和地球》中都有不少构思美妙、意境清新、音律铿锵、工整和谐的押韵句子。老舍写话剧也很讲究韵脚和谐，如《女店员》等，由于人物说话韵脚和谐悦耳，富有音乐美，成为其戏剧语言风格的个人特点之一。

叠音结构是汉语民族形式的特征之一，它有良好的修辞风格作用，既能增添描绘色彩，又能增强音响效果。文学语体广泛运用叠音结构，不仅表现出语言的民族风格，而且增强了音乐美和形象感。有些作家如朱自清、秦牧等特别爱用叠音手段来描绘景物，使作品的语言绘形绘声、优美动人，表现出清新优美的风格。

此外，拟声、双声、叠韵、谐音、节奏和停顿的配合等也具有风格色彩，既是体现汉语言民族风格的语音文化标志，也是文学语体广泛用来生成华丽优美风格的手段。

汉语语音风格手段生于母体汉语语音文化，又有响亮悦耳、匀称和谐的音乐美感，与汉民族注重均衡和谐的传统文化心理相一致，所以，韵律成为汉语重要的风格手段。比如范仲淹的散文《岳阳楼记》的语例：①

①衔远山，吞长江，浩浩汤汤，横无际涯；朝晖夕阴，气象万千。

②登斯楼也，则有去国怀乡，忧谗畏讥，满目萧然，感极而悲者矣。

登斯楼也，则有心旷神怡，宠辱偕忘，把酒临风，其喜洋洋者矣。

③嗟夫！予尝求古仁人之心，或异二者之为，何哉？不以物喜，不以己悲；居庙堂之高则忧其民；处江湖之远则忧其君。是进亦忧，退亦忧。然而何时而乐耶？其必曰：先天下之忧而忧，后天下之乐而乐乎。噫！微斯人，

① 黎运汉：《谈〈岳阳楼记〉的声律美》，《语文月刊》1983年第12期。

吾谁与归？

④阴风怒号，浊浪排空；日星隐曜，山岳潜形……

长烟一空，皓月千里，浮光跃金，静影沉璧……

⑤至若春和景明，波澜不惊，上下天光，一碧万顷；沙鸥翔集，锦鳞游泳；岸芷汀兰，郁郁青青。而或长烟一空，皓月千里。浮光跃金，静影沉璧，渔歌互答，此乐何极！

⑥浩浩汤汤，横无际涯……

岸芷汀兰，郁郁青青。

⑦淫雨霏霏，连月不开……

薄暮冥冥，虎啸猿啼。

《岳阳楼记》是一篇语言优美、声情并茂的散文。它不仅显示了“先天下之忧而忧，后天下之乐而乐”思想的朴素美，而且语言富于中华民族韵味和声律美、秀丽美的格调。这种韵味和格调主要是在作者的世界观、美学观等精神文化因素导引下，运用节奏匀称、声调抑扬、韵律回环和叠音自然等汉语特有的语音文化风格手段来生成和表现富于中华民族特色而又壮美的客观对象——岳阳楼。如例①“衔远山，吞长江”两个分句内容相关，“衔”对“吞”，“远山”对“长江”，三个字两个节拍；“朝晖夕阴”四个字两个节拍，“朝晖”对“夕阴”，一句之内，内容相对，音节匀称。由于单双音节配合得当，句子音节匀称自然，节奏一致，生成了语言的音律美。例②上下两句，内容互为对比，字数相等，结构大致相似，看来鲜明醒目，听来铿锵悦耳；中间夹着排比，语言流畅，气势雄伟，在优美的节奏中传递出激越之情；加上“登斯楼也”反复运用，既增强感情的抒发，又强化语言的节奏，有力地掀起抒情波澜。例③有整句有散句，而且灵活多变，陈述句、疑问句、感叹句交错，长句、短句相间，读起来抑扬跌宕，回环激荡，富有节奏感。宋人朱熹等都主张文须错综见意，曲折生姿，认为语言须有数行整齐处，数行不整齐处。优秀的散文总是奇偶相间，骈散相映成趣。《岳阳楼记》正是这样的名篇。一段文章，或者以散为主，夹进整齐的句式；或者以整为主，间以参差句式。完全根据表达需要安排，如第一段叙事的对象较多，又是文章的开头，感情刚刚流露出来，故以散句为主；第三、四段内容比较集中，是全文的重点，感情极为丰富，正宜于多用整句来表达。例④（“△”代表平声，“·”代表仄声）句中主谓平仄两两相对，谓语平仄相同，交替而行。谓语是“句眼”，是叙述或描写主语的，它在表情达意方面有着特殊的重要地位。这样有意识地让表达句意的重点词语平仄相对，做到音律波澜迭起，优美动听，使读者更能领会作者忧国忧民的思想和抱负。例⑤中加△的都是韵，韵脚“明”“惊”“顷”“泳”“青”皆属人辰辙；韵脚“里”“璧”“极”属一七辙。

作者根据感情的起伏、内容的变化，在这里变韵，愈加渲染气氛，也使音响富于变化。例⑥用叠音词“浩浩汤汤”描绘洞庭湖水势之浩大；以“郁郁青青”写白芷幽兰之香美。例⑦用“霏霏”写阴雨，以“冥冥”绘晚色，渲染环境气氛，写景状物，绘影绘声，抒情寄怀，旋律和谐，读起来十分上口。

二、中国韵律文化的承传和开拓

我国文艺理论家、作家、语言学家都十分重视韵律，古今都有许多关于韵律的精辟论述。例如晋朝陆机“暨音声之迭代，若五色之相宜”（《文赋》），是我国古代首次对韵律作出理论概括。梁朝韵律文化渐趋发达。沈约清楚地提出了文学声律论，阐述了四声在诗句中的相谐、默契的原则：“夫五色相宜，八音协畅，由乎玄黄律吕，各适物宜，欲使宫羽相变，低昂互节，若前有浮声，则后须切响。一句之内，音韵尽殊；两句之中，轻重悉异，妙达此旨，始可言文。”（《宋书·谢灵运传论》）刘勰《文心雕龙》继承开拓了声律论的内容，专辟《声律》篇阐明了声律本于人声，文学必须求得声律和谐；探讨了辨音的方法，“夫商徵响高，宫、羽声下，抗喉矫舌之差，攒唇激齿之异，廉肉相准，皎然可分”；阐述了声调配合的要求，“凡声有飞沉，响有双叠。双声隔字而每舛，叠韵杂句而必睽。沉则响发而断，飞则声飏不还。并辘轳交往，逆鳞相比”；论述了“和”与“韵”的关系，“异音相从谓之和，同声相应谓之韵”；论及了选韵之方法，“凡切韵之动，势若转圆；讹音之作，甚于枘方。免乎枘方，则无大过矣”。①梁以后各个时代都有诸多正确的声律论。例如，唐殷璠说：“论曰：昔伶伦造律，盖为文章之本也。是以气因律而生，节假律而明，才得律而清焉。预于词场，不可不知音律焉。……夫能文者，匪谓四声尽要流美，八病咸须避之，纵不拈缀，未为深缺。即‘罗衣何飘飘，轻裾随风还’。雅调仍在，况其他句乎。故词有刚柔，调有高下，但令词与调合，首末相称，中间不败，便是知音。”（《河岳英灵集集论》）韩愈认为语言的气势短长与声之高下会造成文学语言风格的差异：“气，水也；言，浮物也。水大而物之浮者大小毕浮。气之与言犹是也，气盛则言之短长与声之高下者皆宜。”（《答李翊书》）元杨载认为“押韵稳健，则一句精神。”（《诗法家数》）明王德骥说：“句字长短平仄，须调停得好，令情义婉转，音调铿锵，虽不是曲，却要美听。”（《曲律》）胡应麟认为，“律诗全在音节，格调风神尽具音节中。”（《诗薮·内篇》）清姚鼐主张：“诗古文各要从声音征入。不知声音，总为门外汉耳。”（《与陈硕士》卷七）刘大櫆发展了韩愈的语言气势说，把神气音节和语言的气势联系起来，认为音节声调的升降抑扬，旋律的亢坠疾徐，互相联结，从而形成语言的不同格调：“盖音节者，神

① 祖保泉：《文心雕龙选析》，安徽教育出版社，1985年。

气之迹也。字句者，音节之矩也。神气不可见，于音节见之；音节无可准，字句准之。音节高，则神气必高；音节下，则神气必下，故音节为神气之迹。一句之中，或多一字，或少一字；一字之中，或用平声，或用仄声；同一平字、仄字，或用阴平、阳平、上声、去声、入声，则音节迥异，故字句为音节之矩。积字成句，积句成章，积章成篇，合而读之，音节见矣；歌而咏之，神气出矣。”（《论文偶记》）郑子瑜、宗廷虎主编的《中国修辞学通史》（1998）全面系统地论析了中国传统的韵律论。

现代学者承传开拓了前人韵律文化。罗常培说：“我们不单要注意语言使用的正确性，不让它有语法上的错误和不妥帖的词语；不单要注意推敲文字的意义和用法，还要注意它的声音和韵律，发挥语言的声音节律之美；不单要叫咱们的眼睛看起来顺当而且还得让它通过咱们耳朵的考验。用诗的语言，音乐的语言，让语言跟音乐结合起来，加强咱们文字的感人力量。”[①] 郭沫若认为：“诗的语言恐怕是最难的，不管有脚韵无脚韵，韵律的推敲总应该放在第一位。和谐是诗的语言的生命。”（《怎样运用文学的语言》）老舍说：“在汉语中字分平仄。调动平仄，在我们的诗词形式发展上起过不小的作用。我们今天既用散文写戏，自然就容易忽略了这一端，只顾写话，而忘了注意声调之美。其实，即使写散文，平仄的排列也还应考虑。”（《小花朵集·戏语浅谈》）“我写文章，不仅要考虑每一个字的意义，还要考虑到每个字的声音，不仅写文章是这样，写报告也是这样。”（《关于文学语言的问题》）秦牧也十分注意语言的声律美：“在语言技巧方面，众多的要素之中，有一项就是它的音乐美”，“注意语言文字的音乐美，不但可以让读者阅读起来朗朗上口，还可以增强作品艺术感染的力量”，“不但写作诗歌之类的韵文应当注意音乐美，就是写作散文、小说、随笔之类的东西也应当注意一定程度的音乐美。”（《语林采英·掌握文学语言的音乐美》）当代的语言学研究者，对文学语言的韵律美作了深入的新的探讨。不仅声律学专著如王力的《汉语诗律美》、启功的《古诗文声律论稿》、龙榆生的《词曲概论》等系统地总结了古典诗文韵律美的经验，不少汉语修辞学、汉语风格学著作如倪宝元主编的《大学修辞学》、黎运汉著的《汉语风格学》、黄丽贞著的《戏曲语言研究》等都专设章节比较深入而精当地论述了汉语声律的美学价值、功用和规律。

综上可见，韵律是汉语独特的重要的修辞、风格手段，是生成和体现汉语言民族风格、表现风格和语体风格的重要语言文化因素和标志，其文化内涵丰富，是中华传统文化、汉语言风格文化中的一朵奇葩。

---

① 罗常培、王均：《普通语言学纲要》，商务印书馆，2002 年，第 169 页。

第二节 基于词汇文化特点的风格手段

一、语汇风格手段的文化内涵和功用

词汇是语言的建筑材料，它在语言的传情达意中占有十分重要的地位。刘勰《文心雕龙·章句》篇："夫人之立言，因字而生句，积句而成章，积章而成篇。篇之彪炳，章无疵也；章之明靡，句无玷也；句之清英，字不妄也；振本而末从，知一而万毕矣。"秦牧说："要描绘出能够给人以立体感而不是平面感的事物，手段中有一项是必须依赖丰富的词汇，如果不能把事物的细微不同处描绘出来，就不可能有栩栩传神的魅力。"① 词汇是信息的基本载体，是文明的主要表征，是言语表达的备用单位，它在语言的信息载荷和表征系统中处于十分重要的地位，是语言各要素中最具创造力、最活泼、与社会文化联系最密切、最直接的部分，它的产生、发展变化、使用都与社会文化的发展变化息息相关。美国社会语言学家C·恩伯说："一个社会的语言能反映其相对应的文化，其方式之一则表现在词语内容或词汇上。"② 对此，张志公教授曾有独到的论述："语汇的身上负载着使用这种语言的民族文化传统、社会风土人情，以至人们的心理特征和思维习惯。倘若这些方面的知识不够，对许多词的领会和运用必然产生困难。""词汇的变化很快，比语音、语法快得多。社会、文化、科学中，有了新的发展变化，出现了什么新的事物、新概念，立即就会出现新的词，或者对旧词赋予新义来表示它们。相反，也会不断有旧词被淘汰或者改变了意义和用法，对于社会生活哪怕点点滴滴的变化，语汇是极为敏感的，反映也是极为迅速的。"③ 语汇植根于民族文化沃土，富含民族文化意蕴，语汇风格手段是语言风格赖以形成的十分重要的物质材料因素。周祖谟说："风格是指从语言实际运用中表现出来的修辞色彩，不同的词具有不同的风格，是有一定社会性的，风格学所要研究的就是带有不同色彩的形式（包括词、词组和句法）在使用上的规律性。我们了解到词在使用上的不同风格，在运用语言表达思想感情的时候就可以恰当地选择我们所需要的词。"④ 高名凯认为："许多风格色彩和表情色彩都是由同义词表现出来的，不论这种风格色彩或表情色彩是由隐喻、对比还是换喻等方式表现出来，

---

① 秦牧：《艺海拾贝》，上海文艺出版社，1978年，第144页。

② C·恩伯、M·恩伯著，杜杉杉译：《文化的变异——现代文化人类学能论》，辽宁人民出版社，1988年。

③ 张志公：《语汇重要·语汇难》，《中国语文》1988年第1期。

④ 周祖谟：《汉语词汇讲话》，人民教育出版社，1959年。

值得注意的是具有意识形态的词语的同义现象的研究，因为在这种情况下风格具有阶级性。此外，对运用古语词汇成员、新词汇成员、外语词汇成员、社会方言词汇成员、口语词汇成员等研究也与风格有关，只要这些成分被用来构成某种言语风格。”① 吕叔湘也说：“由于书面语不断地从各方言、书面语和外语里吸收材料，它的词汇就显得特别丰富，‘同义词’特别多。这些同义词逐渐取得细微意义上的和色彩上的差别，在一般的修辞上，特别是在各种风格的发展上，有很大的用处。”② 几位名家如此重视词汇风格手段在语言风格生成中的重要作用，并明确指出哪些词汇具有风格色彩成分，这对我们认识和研究语汇风格手段是很有启迪作用的。

在汉语丰富的词汇宝库中，有各色各样的风格色彩成分可作风格手段。例如熟语、成语，包括谚语、歇后语、惯用语和格言等，都是中华民族在长期日常生活和生产实践、社会斗争、科学实验中总结概括出来的，是汉语言文化的语汇精华，富有中华文化意蕴，带有鲜明的民族风格色彩、语体风格色彩和表现风格色彩。例如，反映特有事物的词语：黄河、粽子、龙袍；民俗词语：风水、披麻戴孝、拜堂；礼俗词语：鸡年吉祥、人寿年丰、生意兴隆；委婉词语：驾崩、青楼、发福。反映封建伦理观念的词语：官本位的，如当官做老爷、一朝天子一朝臣、官官相护、加官晋爵；尊卑称谓的，如圣上、皇后、愚臣、贱身；男尊女卑的，如夫唱妇随、夫贵妻荣、女人头发长见识短等，都有特定文化意蕴和浓厚的民族色彩，用于说话写文章时能体现出民族风格。有些词语则是在特定的时代产生和使用，反映特定的社会生活内容的，这样的词语大都有特定的文化内涵和时代风味，如“维新变法”“文化大革命”“上山下乡”“改革开放”“经济特区”“科学发展观”“和谐社会”“信息化”“互联网”“一带一路”“一国两制”等都是构成语言时代风格的重要因素。还有些词语除了表达一定的理性意义之外，还具有色彩意义。具有不同色彩意义的词语，都可以体现不同的语言风格。带有形象色彩的词语，如“红艳艳”“笑面虎”“噼里啪啦”等能给人听觉、视觉上具体的形象感受，广泛运用于文学语体，生成生动形象、优美华丽的语言风格。具有语体色彩的词语分别用于不同的交际领域、交际对象和交际场合，可以表现语体风格和表现风格。如“思念”“头颅”等是书面词，常用于书卷语体，显得文雅；“想念”“脑袋”等是口语词，常用于口头语体，显得通俗。同是书面词语，有的还分别适用于不同的语体，体现不同的语体风格，例如“飞翔”“奔驰”“田野”“静谧”多用于文学语体，“氯化钠”“马铃薯”“通货”“言语”

① 高名凯：《语言风格学的内容和任务》，见北京大学中文系语言学论丛编辑部编：《语言学论丛（第四辑）》，上海教育出版社，1960 年，第 205 页。

② 吕叔湘：《语文论集》，商务印书馆，1983 年，第 43 页。

多用于科学语体，“会见”“接见”“会谈”“拜会”多用于外交场合公文事务语体。古语词如“政躬违和”“而立之年”“逐鹿”等大都带有庄重、典雅、简约的风格色彩，常用于书卷语体，生成庄重、文雅、简约的表现风格。带有地方色彩的词语，用于文学语体既可表现地域风味，也能体现个人风格特点。例如，欧阳山《三家巷》吸收许多广州方言土语，陈残云的《香飘四季》用了不少珠江三角洲的方言土语，都显得富有乡土气息，表现出自己独特的风格。专门词汇，如科学术语、政治术语、公文术语等也具有风格色彩，可以表现语体风格。此外，诸如寻常词语艺术化、词语活用等大都用于生成文学语体风格和政论语体风格。

二、词汇风格手段例析

①一句也不敢多说，一步也不敢妄行。你是知道的，咱们家所有的这些管家所有的这些管家奶奶们，哪一个是好缠的？错一点儿，她们就笑话打趣，偏一点儿，她们就指桑骂槐地抱怨，坐山观虎斗，借刀杀人，引风吹火，站于岸儿，推倒了油瓶儿不扶，都是全挂子的武艺。

（曹雪芹《红楼梦》第十六回）

②于福，是个老实后生，不多说一句话，只会在地里死受。……日子长了，青年们并不真正跟他接近，她才慢慢看出门道来，才知道人家来了为的是小芹。……金旺他爹虽然是个庄稼人，却是刘家的一只虎，当过几十年社首，捆人打人是他的拿手好戏。……金旺、兴旺兄弟两个，给一支溃兵做了内线工作，引路绑票，讲价赎人，又做巫婆又做鬼。两个出面装好人。

（赵树理《小二黑结婚》）

③这个故事也还未尽“一人得道，鸡犬升天”的妙趣。另一个神仙故事，说汉代的淮南王刘安，得到仙药，服食之后，全家人都向日飞升而去了。存下的药置在中庭，鸡犬舔食，因此，鸡犬也都“升天”了。这时候，“鸡鸣天上，犬吠云中”。想象那番情景，真可以说是“蔚为奇观”，极一时之盛。

（秦牧《犬的飞升和马的枪决》）

④扫墓“慎终追远”踏青“敦亲睦族”

清明节试图来处理生与死的联系、连接、沟通，接触到对人的终极关怀，是集中体现中华民族的生命精神、最富有生命意识的中华传统节日。清明节人们一方面要祭奠亡人以通“阴间”，另一方面也要迎春游乐以顺阳气。

——中国民协节庆研究会主任李汉秋

扫墓与踏青，是清明文化最具代表性的表象特征。扫墓所代表的儒家

“慎终追远”的祭祀文化是属于精神文化层面的“大传统”，而踏青所代表的“敦亲睦族”的节日习俗则属于风俗习惯层面的“小传统”，这就是清明文化的二重含义。

——清华大学政治经济学研究中心主任蔡继明

（《清明孝祭文化　凝聚家族亲情》，《广州日报》，2011 年 4 月 4 日）

例①用了好几个成语。成语是在长期言语交际过程中逐渐形成内涵丰富的、结构高度定型化的固定短语。汉语成语是汉语词汇的瑰宝，数量大，表现力强。它们富有中华文化内涵、重要的修辞功能和浓烈的风格色彩，适用于各种语体，是语言民族风格的语言文化标志，又是书卷语体风格的表现手段，还可作多种表现风格，如文雅庄重、凝练简约、形象绚丽、含蓄蕴藉、辛辣讽刺等的生成手段。例①是贾琏带林黛玉从苏州回来时，凤姐为了在丈夫面前夸耀自己办理秦可卿丧事的贤惠而搬弄是非、粉饰自己说的话。其中四个成语“指桑骂槐”“坐山观虎斗”“借刀杀人”“引风吹火”都富含中华文化意涵，其运用得当，把尖牙利嘴的凤姐写得如闻其声、如见其人，藻丽的口语风格也很符合她的身份。例②的“老实后生”“在地里死受”“日子”“门道”“他爹”“庄稼人”“捆人打人”“拿手好戏”“又做巫婆又做鬼”“出面装好人”等都是带有地域文化色彩的、活在群众口头上的词语。这些词语反映的道理非常深刻，通俗易懂，朴实自然，富有农村生活气息。在文学语体散言体中用来描写农村劳动人民，很能增添作品的地方风味，体现质朴通俗的大众化风格。例③运用了好些文言词语。文言词语是从文言文里继承下来的书面色彩比较浓厚的古语词，具有文化内涵，恰当运用可给语言带来一种古色古香的韵味，形成一种庄重、典雅、凝练、委婉、含蓄的格调。因而文学语体、政论语体、事务语体、新闻报道语体都会应合交际场合、表达主体和接受主体的身份及文化教养，而适当运用一些有生命力的古语词。例子中除了“一人得道，鸡犬升天”“鸡鸣天上，犬吠云中”和“蔚为奇观”是引用原文言文中的语言成分外，还用了文言词语“尽”“食”“日”“舐”和文言句式“极一时之盛”。这些文言语句的运用，不仅使语言简洁有力，也增加了语言的滑稽情趣和讽刺意味，表现了作者对“一人得道，鸡犬升天”这类封建势利观念的厌恶和讽刺。例④摘自新闻语体，其中古成语“慎终追远”，四字格短语“敦亲睦族”，民俗词语“扫墓”“踏青”“清明节”“祭奠亡人”“阴间”“阳气”，以及社会科学术语“生命精神文化”“生命意识”“传统节日”“清明文化”“祭祀文化”“精神文化”“风俗习惯”“节日习俗”“大传统”“小传统”等，都富有中华文化意蕴，而且语词凝重、典雅，很能体现汉语言民族风格和庄重典雅的表现风格。

第三节　基于语法文化特点的风格手段

一、语法风格手段的文化内涵和功用

语法是语言结构的规律。每一种语言的语法都有自己的表达手段，汉语语法的重要表达手段是语序和虚词。汉语语序既有严格的规定性，又有很大的灵活性，可以说是千变万化。言语交际利用语序的变化，虚词的增减，加上语气的变换，表达基本相同的意思、基本相同的构件，作巧妙的艺术安排，可以生成多种多样的同义句式。

汉语同义句意思基本相同，但句式不同、作用不同、表达效果不同，风格色彩也不一样。

同义句在汉语言风格的形成中作用很大，最突出的是短句和长句、常式句和变式句、紧句和松句、整句和散句等。短句是汉语优良传统句式之一，最能体现汉民族的语言风格。它节奏明快、干脆有力，是形成语言短促、雄壮气势的手段。它结构单纯、短小精悍，便于表现紧张的气氛，抒发激越的感情，体现简洁、明快的风格。短句生动活泼，接近日常生活的口语，生活气息浓厚，多用于生成口头语体风格，在书卷语体中则多见于文学语体和文学科学语体风格。长句结构复杂，内涵丰富，能严密地论述问题，有较强的逻辑力量。表现舒缓的语势和缓慢的节奏，抒发细腻、低沉、深厚的感情。因而长句多用于书卷语体，尤其是政论语体和专门科学语体，是构成精确性、严整性、逻辑性的风格手段，又是体现丰繁风格的成分。常式句和变式句主要由语序的常规变异和句法成分关系的改变而生成，各有不同的风格作用，二者相对，各有所宜。一般说来，常式句自然平实，语气和缓，多用于一般叙述、描写、议论，也可用于表示祈使感叹的语气，适用于各类语体，构成平实自然的风格。变式句有突出强调的作用，常给人以奇巧之感，是文学语体常用的风格手段，政论语体有时也用到变式句。紧句和松句的生成与句子成分的组织有关，二者相对，各有不同的语用文化效果、适用范围和风格文化功用。紧句组合紧凑，语势紧迫，具有结构严密、凝练，表意丰富集中，语势通畅有力的特点与效果。一般的叙述和说明，常使用紧句，一口气说下去，给人完整的印象，呈现出紧凑、简洁的表现风格。松句组织松散，语气舒缓，轻松活泼，便于突出重点、抒发感情和渲染气氛，很适用于口头表达，也常用于文学语体，体现出繁丰的风格。整句与散句的构成因素主要是句法结构和语音节律，二者相对，各有不同的表达作用和风格功能。马叙伦《修辞九论》中说：“意有缓急。意缓则辞易于整齐，意急则辞利于疏散。意有蹇利。意蹇则

辞难于驰骋，意利则辞赴如川流。”一般说来，整句对仗整齐，结构匀称，声音和谐，富有气势，便于表达舒缓的语气、奔放的感情，在文学语体的诗、词、歌、赋等韵文体中出现频率极高，在散文、小说、报告文学等散言体中，也常常使用。散句是文学语体风格的重要手段，它不求对称，具有调遣自如、灵活多变的特点，适宜用来表现行云流水的叙述、起伏变化的情景，因而散文和论说文多用散句。此外，如书面语句式与口语句式，文言句式和白话句式等，也是同义句，各有不同的风格色彩：或庄重或活泼，或典雅或朴素，或有异域风味或有民族特色等。面对不同的交际任务，进行不同的句式选择，则能体现出不同的风格特点。

汉语同义句风格手段最突出的本质特点是既互相对立，又相互转化。例如，常式句和变式句等各司其职，相互依存，相互补充。如“墙壁上，红的、绿的、黄的，贴满了标语”（杨沫《青春之歌》）中的“红的、绿的、黄的”是中心语“标语”的定语，这里位移于谓语“贴满”前面，是变式句，转化为“墙上贴满了红的、绿的、黄的标语”便是常式句，二者语意一样，但修辞功用和风格色彩有别。《青春之歌》属文学语体，文学语体为了突出表达意旨，常常有意不采用常式句而用变式句，以加强语意，加深印象，渲染气氛，突出感情，增强风格效应。这里将定语移位，以快速跨越的形式将“标语”五彩缤纷的色彩突显出来，语言生动有趣，耐人寻味，给人以风格新奇之感；转化为常式句就显得语势和缓，风格自然平实。汉语同义句风格手段的对立和互转特质是与中国传统文化中的二元对立、统一、转化的思维方式相一致的。

中国语用传统，特别是文学语体的语言风格，非常讲求曲折变化、波澜起伏。因为文学作品是以美学价值供人阅读赏识，使其受到感染、熏陶和教育的，“人的各种感官也都喜欢变化，同样地，也都讨厌千篇一律。耳朵因为听到一种同一的、连续的音调会感到不舒服”①，所以，“文似看山不喜平”。作品的语言若如平直的山势，没有高低起伏，就会平淡无奇，让人读后留不下什么印象；如果有变化起伏，似登太行，翠绕羊肠，就会迸发一种情趣，以强烈的艺术魅力，吸引读者去体会作品的深刻内容。因而，文学创作运用语言，必须如宋姜《白石诗说》所云：“波澜开阖，如在江湖中，一波未平，一波已作，如兵家之阵形，方以为正，又复是奇；方以为奇，忽复是正。进入变化，不可纪极，而法度不可乱。”语言波澜起伏是借助语言变化而形成的综合性修辞风格现象，语言的变化表现在多方面。刘大櫆说：“文者，变之谓也。一集之中篇篇变，一篇之中段段变，一段之中句句变，神变，气变，境变，音节变，字句变”②，而同义句

① 荷迦兹著，杨成寅译：《美的分析》，人民美术出版社，1984 年。

② 刘大櫆、吴德旋等：《论文偶记　初月楼方文绪论　春觉齐论文》，人民文学出版社，1959 年。

式的恰当选用是构成语言波澜起伏的重要因素。语用修辞、风格构建若能根据语体规约和表达的需要，把不同的同义句式交叉使用，或长短交错，或紧松结合，或整或散，或常或变，都能错综见意，曲折生姿，表现出奇巧新颖的语言风格。善用语言者都能自觉或不自觉地将各种同义句式错综而和谐统一在一篇文章之中，这是中国传统思维方式注重对立之间的统一、转化，以及文化审美心理注重和谐统一的语言风格体现。

不同的语气，也能给话语染上不同的风格色彩。陈述语气具有平实的修辞效果，是构成平实风格的因素，适用于各类语体风格。疑问、感叹、祈使的语气能使语言富于变化，常常与陈述语气交错运用于文学语体和政论语体，显得句式活泼多变，波澜起伏，体现优美风格。

汉语的虚词多种多样，生动传神，也可以用来构成不同的语言风格。例如文言虚词及常用于书面语的虚词，具有庄重的色彩，宜用于政论、公文事务等语体，生成庄重风格。来自方言、口语的虚词，具有通俗、亲昵的色彩，多用于文学语体，体现出通俗风格。虚词又是构成简约风格的手段，使用准确往往可以少胜多，用精简的笔墨表达丰富的内容。组段谋篇如能善用虚词，则可呈现出逻辑缜密、结构严谨、语气贯通而又波澜起伏的风格特点。

二、语法风格手段例析

①铁蛋问他爹说："爹！你怎么不去开会？"……他爹先叹了一口气说："唉！这叫我从哪里说起哩？减租清债那一年把咱的地退回来了……""好嘛！革命就是为了叫大家翻身嘛！""……有地了，又参加了互助组……""那更好！互助起来力量大！""别人的力量大，咱可不大……""怎么不大，你和弟弟两个强劳力……"

（赵树理《杨老大爷》）

②根据党的十六大和十六届四中全会精神，为进一步加强党的执政能力建设，全面推进党的建设新的伟大工程，确保党始终走在时代前列，更好地肩负起历史使命，中央决定，从二〇〇五年一月开始，用一年半左右的时间，在全党开展以实践"三个代表"重要思想为主要内容的保持共产党员先进性教育活动。

（《中共中央关于在全党开展以实践"三个代表"重要思想为主要内容的保持共产党员先进性教育活动的意见》，2004年11月7日）

③她一手提着竹篮，内中一个破碗，空的，一手拄着一枝比她更长的竹竿，下端开了裂，她分明已经纯乎是个乞丐了。

（鲁迅《祝福》）

④我在十八日早晨，才知道上午有群众向执政府请愿的事；下午便得到

噩耗，说卫队居然开枪，死伤至数百人，而刘和珍君即在受害者之列。但我对于这些传说，竟至于颇为怀疑。我向来是不惮以最坏的恶意，来推测中国人的，然而我还不料，也不信竟会下劣凶残到这地步。况且始终微笑着的和蔼的刘和珍君，更何至于无端在府门前喋血呢？

然而即日证明是事实了，作证的便是她自己的尸骸。还有一具，是杨德群君的。而且又证明着这不但是杀害，简直是虐杀，因为身体上还有棍棒的伤痕。

但段政府就有令，说她们是“暴徒”！

但接着就有流言，说他们是受人利用的。

（鲁迅《记念刘和珍君》）

⑤嵩岳无言，颍水低徊。雨像泪一样飘洒，泪如雨一般倾诉，面对每一位受访者的泪眼，记者视线模糊，无法拍照，无法笔记。

4 月 14 日 20 时 40 分，当任长霞为侦破“1·30”案件从郑州返回登封途中突遇车祸因公殉职后，登封“黑幛白花漫嵩山”“城巷尽闻号啕声”，仿佛一夜之间出了无数诗人，使整个山城涌动着诗的潮水，哀的旋律。4 月 17 日，14 万群众自发为她送行，其哀其痛，其悲其壮，撼天动地，千年历史的古城登封前所未有。

一个眉清目秀的柔弱女子，一个到任仅 3 年的公安局长，何以能在这么短时间内赢得 60 多万百姓的如此爱戴、如此尊崇！

（《百姓心中的丰碑——追记公安局长的楷模任长霞》，《人民日报》，2004 年 6 月 3 日）

例①是文学语体散言体中的对话，其突出的语法文化特点是句子短小利落，通俗易懂，陈述语气、疑问语气、感叹语气相错综，完全句、省略句相融合，话语活泼多变，波澜起伏，呈现出朴实、明快、生动的风格。例②属公文语体，其语法文化特点是一个陈述语气的常式长单句的精确运用。主干为“中央决定……开展……活动”，其中“根据……精神”“为……使命”和“从……时间”“在全党……”是由介词短语构成的多层次的限定性状语，分别从依据、目的、时间、范围等方面对“开展……活动”作限定；“以……教育”是多层次性的说明性定语，对“活动”的内容作说明。全句字词平实明晰，结构谨严缜密、表意准确、具体、周全，体现出朴实、明晰、庄重、严谨的风格。例③属文学语体散言体，用变式句将修饰语“空的”“下端开了裂”变位，移到分句来，既突出地告诉读者祥林嫂什么也没有乞讨着、无人同情了、到末路了，这是不合理的政治文化造成的恶果，又使基本结构紧凑，语气舒缓，易于上口，给人以风格新奇之感。例④属政论语体，用了好些虚词，特别是连词，但读者并不感到累赘，反而觉得语句衔接自然，逻辑严密，语气跌宕，波澜起伏。开头噩耗传来，鲁迅先生对传说颇有“怀疑”，用“但”一转，把文意引到相反一面，随之又用“然而”再转，道出“不信”当局的凶残，继续把文意引向矛盾方面，掀起一道波澜，接着再用“况且”，以刘和珍君为人不至于喋血的论断，把语势推进一层，使下文的转折更强而有力。所以第二段一开头，便又用“然而”承上启下，列出跟上文相反的事实，指出受害的不仅刘和珍君一人，她们的尸骸证实了传说，并用表示进一层关系的“而且……不但”带出事实，证明当局的凶残。这一转又掀起一个波澜，语势比前面转得重、推得深。被虐杀的尸骸本是铁证，而当局及其走狗却反加诬蔑，自然令人激愤万分，故接着两段段首都用“但”，紧扣上文一转再转，层层推进，深刻揭露了反动当局及走狗文人妄图用墨汁洗去革命者的鲜血，以流言掩盖刽子手罪行的险恶用心，对牺牲者寄以深切的同情和悼念，感人肺腑。例⑤属新闻通讯体，句式变化灵活多样。长句、短句，整句、散句，单句、复句，陈述句、感叹句、疑问句交错使用，呈现出生动活泼，形象优美的风格。

由上可见，孕育于汉语语法文化特点的风格手段十分丰富，它们是汉语风格手段系统的核心部分。

第六章　汉语言风格生成之物质文化因素（二）

——超语言要素的文化因素

人们进行言语交际，不仅选用语言要素中的表达手段，而且还使用语言要素之外的表达手段。因此，生成汉语言风格的物质因素，不仅有生于汉语言要素文化特点的，也有生于超语言要素文化特点的。超语言要素的风格手段，是指超出了语音、词汇和句式范围的风格手段，也称非语言要素的风格手段，主要包括修辞格风格手段、辞趣风格手段和组段谋篇风格手段。

第一节　基于汉语修辞格文化特点的风格手段[①]

一、修辞格风格手段的功用和文化内涵

（一）修辞格风格手段的功用

汉语中生于超语言要素的风格手段丰富多彩，其中源自修辞格文化特点的是最主要的。古罗马美学家朗加纳斯在《论崇高》中曾指出，形成崇高风格的因素之一是“修辞格的妥当运用”[②]。张寿康说：“现在政论语体存在着成系统地运用、排用修辞形式的现象。……这种成系统的排用修辞形式是构成政论语体的语言风格的一种因素。”[③] 汉语修辞格丰富多彩，富有艺术魅力，在汉语言风格的生成中具有十分重要的作用。每一种修辞格都有美学功能，都可作风格手段。有些修辞格有多种风格功能，它们既可为甲风格所用，构成某种风格手段，也可为乙风格所用，构成另一种风格手段。例如比喻、博喻可生成藻丽、繁丰、优美的风格，明喻具有通俗、平实的功用，借喻可体现含蓄蕴藉的格调。

（二）修辞格风格手段的文化内涵

汉语修辞格是中国人民在长期的言语交际过程中逐渐定型的，为了适应交际

---

① 黎运汉：《试论语言风格的形成因素》，《暨南学报》（哲学社会科学版）1987年第1期。

② 朗加纳斯：《论崇高》，人民文学出版社，1962年，第125页。

③ 张寿康：《政论语体的拟用修辞系统》，见《语言论集（第一集）》，中国人民大学出版社，1980年。

主体的审美追求和语用需要，运用具有独特形式和独特修辞风格功能的表达模式。① 它是中华文化的积淀，闪耀着中华文化的光环。

汉语修辞格无论是与其他语言相应或类似的，如比喻、借代、夸张、拟人、对照等，还是汉语特有的如拆字、镶嵌、叠字、同异、换算等，都无不植根于中华物质文化和语言文化，导引于中华制度文化和精神文化。从而印证了“修辞格就是一定的文化所编制出来的语言组合的模式”②，“语言文辞，不只是表情达意的工具，更蕴含着丰盈富美的文化内涵与人文精神”③ 这些见解的精辟性。汉语修辞格植根于中华文化，是中华文化的积淀，具有鲜明的民族性、时代性和美感，富有修辞风格功用。既是体现语言民族风格、时代风格的标志，又是生成不同语体的和不同个人的不同表现风格的手段。

二、修辞格风格手段分析

下面看能体现表现风格的修辞格：

（一）体现豪放风格的修辞格

豪放也是波澜壮阔、气势磅礴、境界广袤，表现为壮阔美、刚劲美、粗犷美。排比、层递、反复、反诘、联珠和夸张等均能呈现这种风格。例如：

①在改革开放的历史进程中，我们党把坚持马克思主义基本原理同推进马克思主义中国化结合起来，把坚持四项基本原则同坚持改革开放结合起来，把尊重人民首创精神同加强和改善党的领导结合起来，把坚持社会主义基本制度同发展市场经济结合起来，把推动经济基础变革同推动上层建筑改革结合起来，把发展社会生产力同提高全民族文明素质结合起来，把提高效率同促进社会公平结合起来，把坚持独立自主同参与经济全球化结合起来，把促进改革发展同保持社会稳定结合起来，把推进中国特色社会主义伟大事业同推进党的建设新的伟大工程结合起来，取得了我们这样一个十几亿人口的发展中大国摆脱贫困、加快实现现代化、巩固和发展社会主义的宝贵经验。

（胡锦涛《高举中国特色社会主义伟大旗帜，为夺取全面建设小康社会新胜利而奋斗》，《中国共产党第十七次全国代表大会文件汇编》，2007 年 10 月 15 日）

②啊！永别了，圆圆！永别了，佳佳！你们还会想起妈妈吗？……

---

① 黎运汉、盛永生主编：《汉语修辞学》（修订版），广东教育出版社，2010 年，第 254 页。

② 陈光磊：《修辞论稿》，北京语言文化大学出版社，2001 年，第 74 页。

③ 沈谦：《口语修辞的“拙、通、巧、朴”》，见台湾师范大学国文系编印：《第一届修辞学学术研讨会论文集》，1999 年，第 36 – 37 页。

永别了，家杰！你为我付出了一切，没有你，我的生活寸步难行……

永别了，门诊的病人，住院的病人！十八年来，我生活中最重要的部分属于你们……

永别了，我的亲人！永别了，医院！永别了，我的病人！我是舍不得离开你们的啊！

（谌容《人到中年》）

③有些青年，仅仅在嘴上大讲其信仰三民主义，或者信仰马克思主义，这是不算数的。你们看，希特勒不是也讲“信仰社会主义”吗？墨索里尼在二十年前也还是一个“社会主义者”呢！他们的“社会主义”到底是什么东西呢？原来就是法西斯主义！陈独秀不是也“信仰”过马克思主义吗？他后来干了什么呢？他跑到反革命那里去了。张国焘不是也“信仰”过马克思主义吗？他现在至哪里去了呢？他一小差就开至泥坑里去了。有些人自己对自己加封为“三民主义信徒”，而且是老牌的三民主义者，可是他们做了些什么呢？……

（毛泽东《青年的方向》）

④站在大武山的奇岩上，
高唱威武的猎歌。
…………
让我们的愤怒变成雷电，
照亮静默的部落；
让我们的眼泪变作春雨，
滋润山芋和小米田；
让我们的交臂变成彩虹，
给山地人架上一座
通往故乡的
美丽的桥梁。

（莫那能《来，干一杯！》）

例①十个“把……起来”是排比，排比可以“壮文势，广文义”[①]，其文学语体、政论语体生成豪放雄浑风格的常用手段。胡锦涛在这个政论讲话中运用排比来表述我国在改革开放的历史进程中取得伟大成就的宝贵经验，内容形式完美统一，呈现出刚劲挺拔的力量，豪迈奔放的气势，给人以深刻的启迪和巨大的鼓舞。例②是套用层递和反复，层递能使语意紧扣，气势畅达，体现一种“渐层美”；反复可以表现强烈的情思，加强语势和排比，人们称为叠句。精彩的叠

① 陈骙、李涂著，刘明晖点校：《文则　文章精义》，人民文学出版社，1962年，第30页。

句，秦牧称之为“语言艺术的尖端”①，跟递进一样常用于文学语体和政论语体以抒情和说理，呈现出雄浑格调。本例是四层递进反复，从孩子到爱人、病人、亲人和医院，范围逐层扩大，既反复突出了“永别”的意旨，又增强了语言的气势和波澜，更好地抒发了陆文婷舍不得离去的强烈感情和深切的情意。例③连用了多个反诘，反诘主要用于文学语体和政论语体，其功用是加重语气，强调感情，增强鼓动力，壮大语势，构成豪放风格。本例首先用了一个为人深思的反诘，然后用逻辑推理不断提问，并作简明有力的回答，一气呵成，语气紧凑，锐不可当，事实俱在，毋庸置疑。连用七问来说明“仅仅在口头上大讲其信仰三民主义，或者信仰马克思主义，这是不算数的”，如浩浩洪波，层层涌至，气势磅礴，令人看后不能不为之心折。例④是排比、比喻套夸张。夸张，古人称之为“激昂之言”②。文学语体常用奇特的夸张来描绘景物或抒发感情，体现语言的雄健奔放。莫那能的“让我们的愤怒变成雷电，照亮静默的部落”“让我们的眼泪变作春雨，滋润山芋和小米田”“让我们的交臂变成彩虹，给山地人架上一座通往故乡的美丽的桥梁”是三个非常奇特的夸张，使人神思飞荡、视野开阔，描述的景物如在眼前，语言呈现出奔放雄伟的气势。

（二）体现柔婉风格的修辞格

柔婉即柔和婉转、气势舒缓，表现为柔和美、清新美、纤秀美。拟人、比喻、摹拟等均体现了这种风格。例如：

①她出了篱笆门儿，……从篱笆上喇叭花枝叶间，看见她的墨染似的头发，石榴花一样的红脸。……我看着翠枝儿那被风吹起的头发，听着马儿迎风的长嘶，在风雨里，她像一只疾飞的燕子。

（从维熙《故乡散记》）

②走不多远，青纱帐后面闪出一座篱笆，脸盘子大的转日莲，探出头来，压弯了杆儿，快垂到寨篱上，寨篱上几朵喇叭花，半卷着边沿朝天开放着，一只贪食的蜜蜂，在花上打盹。

（从维熙《老莱子卖鱼》）

③灰天上透出些红色，地与远树显着更黑了；红色渐渐地与灰色融调起来，有的地方成为灰紫的，有的地方特别的红，而大部分的天色是葡萄灰的。又待了一会儿，红中透出明亮的金黄来，各种颜色都露出些光；忽然，一切东西都非常的清楚了。跟着，东方的早霞变成一片深红，头上的天显出蓝色。红霞碎开，金光一道一道地射出，横的是霞，直的是光，在天的东南角织成一部极伟大光华的蛛网；绿的田、树、野草，都由暗绿变成为发光的

---

① 秦牧：《艺海拾贝》，上海文艺出版社，1978 年，第 155 页。
② 胡仔：《苕溪渔隐丛话》，人民文学出版社，1962 年。

翡翠。老松的干上染上了金红，飞鸟的翅儿闪起金光，一切的东西带出些笑意。

（老舍《骆驼祥子》）

例①用的是比喻，美妙的譬喻"像是一朵朵色彩瑰丽的花，照耀着文学。它又像是童话中的魔术棒，碰到哪儿，哪儿就产生奇特的变化，它也像是一种什么化学药剂，把它放进浊水里面，顷刻之间，一切杂质都沉淀了，水也澄清了"①。比喻是语言艺术中的艺术，它具有奇特力量，而且形象生动、耐人寻味，文学语体常用以写人、状物、写景、抒情，语言呈现出优柔清新美。此例用两个比喻勾勒翠枝儿的美，但在不同情况下，用不同喻体作比：前者喻其静态美，用"石榴花"；后者表其动态美，用"燕子"，喻体不同，但功效一致，都表现翠枝儿形体之美，给人以柔婉、秀丽之感。例②用的是拟人，拟人是以物我交融的笔触再现现实，赋予其鲜明的感情色彩，使感情抒发得更加淋漓尽致，语言表达更具生动性和形象性。文学语体常用以描绘景物、抒发感情，作品语言呈现出柔婉、清新的风格。本例运用拟人将笔下的景物描写得既恬静柔和，又生动逼真，宛如一幅清新淡雅的水粉画，具有颇强的艺术魅力。例③用的是摹拟，郭沫若说："语言除掉意义之外，应该要追求它的色彩，声调，感触。"② 文学语体和文学科学交融语体常用摹拟，把所描写的事物绘色、绘声、绘形地告诉读者，使语言色彩绚丽，声音悦耳，形象逼真。运用各种色彩的词语摹绘事物的颜色、光泽，使其逼真地展现在读者面前，宛如一幅色彩鲜明的立体图景，表现出清新柔美的风格。

（三）体现繁丰风格的修辞格

繁丰即纵横铺叙、辞腴意丰，表现为细腻美、丰满美、华丽美。反复、排比、博喻、映衬、迭现等修辞格都有这种风格功用。例如：

①没有正确的政治思想就像没有灵魂，那样的作品，只像是一个蜡人，一朵纸花，一只琥珀里的昆虫，一个"买椟还珠"留下来的盒子。更坏的还像一块砒霜，一朵罂粟花。

（秦牧《艺海拾贝·跋》）

②在这刀削的陡岸中间，有一道豁口，下面有五十步长、五十步宽的小天地，铺着黄澄澄的鹅卵石。尽管这里天地狭小，但老海碰子却很满足，因为他的用武之地是豁口外的一铺万里大海。他还满足的是背后那陡峭的高山，隔开了那个烟雾萦绕、嚷嚷营营的世界。豁口两侧的石壁轰轰地响着，

① 秦牧：《譬喻之花》，见《艺海拾贝》，上海文艺出版社，1978 年，第 151 页。

② 郭沫若：《怎样运用文学的语言》，见路德庆主编：《作家谈创作（上）》，花城出版社，1981 年，第 154 页。

迸碎的浪花从两面齐往豁口处喷洒，透着白光，现出一闪即灭的七彩光环。老海碰子兴奋了，这才是男子汉的海，只有他才会享受这种乐趣！就是死在这里也值得！

（邓刚《迷人的海》）

③眼睛、眼睛、眼睛……

一双双眼睛纷至沓来，在陆文婷紧闭的双眸前飞掠而过。男的、女的，老的、少的，大的、小的，明亮的、浑浊的，千差万别，各不相同，在她的四周闪着、闪着……

这是一双眼底出血的病眼，

这是一双患白内障的浊眼，

这是一双眼球脱落的伤眼。

这，这……啊！这是豪杰的眼睛！……

（谌容《人到中年》）

④我则见黯黯惨惨天涯云布，万万点点潇湘夜雨。正值着窄窄狭狭沟沟堑堑路崎岖，黑黑暗暗彤云布，赤留赤律潇潇洒洒断断续续出出律律忽忽鲁鲁阴云开处，霍霍闪闪电星注。正值着飕飕摔摔风，淋淋涤涤雨。高高下下凹凹答答一水模糊，扑扑簌簌湿湿渌渌疏林人物，却便似一幅惨惨昏昏潇湘水墨图。

（佚名元杂剧《货郎旦》）

例①中把“没有正确的政治思想”的作品比作“蜡人”一样虚弱，“纸花”一样软弱，“琥珀里的昆虫”那样僵死，“‘买椟还珠’留下来的盒子”那样的空贱，“砒霜”那样剧毒，“罂粟花”那样具有麻醉性，“反复取譬，盘旋而上”，深刻揭示了缺乏正确思想的作品腐朽的本质，语言联珠结彩，逐步深入，使读者“仿佛跟着作者走螺旋梯似的走上一个奇异的境界”①。例②用的是映衬，映衬是文学语体用以描写主体事物，使之鲜明突出，体现繁丰、藻丽风格的常用手段。作者用重墨描写险恶的背景，“陡峭的高山，隔开了那个烟雾萦绕、噪噪营营的世界。……石壁轰轰地响着，迸碎的浪花……喷洒，透着白光”，反衬本体老海碰子，感到能从险峻处冒险入海而兴奋和骄傲的英雄本色，给读者以深刻的印象。例③用的是迭现，迭现是以长串的并列语句连续说出一连串事物或绘出一系列画面的修辞格。富有描绘作用，文学语体常用以铺陈排比，集中而细腻地描绘事物，增强艺术魅力，呈现出繁丰绚丽风格。例④用的是叠词，叠词是将单音节词或双音节词的词素连续地使用，以造成结构匀称、音韵和谐或加强语气、增强情感，或加强摹拟性描写，使语言更加形象化的辞格。它能使读者获得如临

① 秦牧：《艺海拾贝》，上海文艺出版社，1978 年，第 155 页。

其境、如睹其状、如闻其声的审美享受，是文学语体常用以状物、写景、抒情，体现繁丰优美风格的手段。

（四）体现简约风格的修辞格

简约是言简意丰、以少胜多，表现为纯净美、精粹美。比喻、比拟、对照等能显示这种风格。例如：

①……怀古思今，想起了我们这个时代的农民是几千年历史中第一次真正挣脱了枷锁，逐渐离开了鬼神天命的羁绊的农民，我们又仿佛走出了黑暗的历史的隧洞，突然见到耀眼的阳光了。

（秦牧《社稷坛抒情》）

②种种困难，遇到共产党人，它们就只好退却，真是“高山也要低头，河水也要让路”。

（毛泽东《在中国共产党全国代表会议上的讲话》）

③朱门酒肉臭，路有冻死骨。

（杜甫《自京赴奉先县咏怀五百字》）

例①用的是比喻，比喻可用简单的事物作比说明复杂的事物，或复杂的社会现象和复杂的科学事理，使其简单易明，是文学语体、政论语体寓繁于简的常用风格手段。秦牧把数千年来封建统治阶级对劳动人民的剥削统治喻为“枷锁”，把封建主义对劳动人民思想的束缚比作“羁绊”，复杂的社会现象于是显得简单易晓了。接着又把几千年的封建社会比作“黑暗的历史的隧洞”，把漫长复杂的社会变革过程也写得简单明白。例②用的是比拟，突出显示了共产党人向困难作斗争，向大自然开战的决心与大无畏的精神，险峻的高山，汹涌的大河，在人的巨大威力下，表现得十分驯服，任人摆布，这样的比拟可谓“文约而事丰”。例③十个字勾勒了两幅鲜明的对比图：封建贵族的豪奢生活和劳苦大众的悲惨遭遇，深刻地揭露了封建社会贫富悬殊、阶级对立的现实，表现了诗人对权贵阶层穷奢极欲的愤怒，对人民悲惨遭遇的同情，寓意深刻，精粹极了。

（五）体现含蓄风格的修辞格

含蓄即蕴含曲折、意在言外，表现为委婉美、曲折美。借喻、借代、双关、反语、象征、镶嵌、折字、烘托、讳饰、婉转等修辞格很能体现这种风格。例如：

①澳门文学家彼此要求同存异，互谅互让，同心协力，加强沟通，将分散的川流汇成奔腾的大江，冲破暗礁险滩，直达浩瀚的成功海洋。

（李鹏翥《澳门文学的过去、现在和将来》）

②夜正长，路也正长，我不如忘却，不说的好吧。

（鲁迅《为了忘却的记念》）

③老年人心里嘀咕的莫过于什么时候福寿全归，因为眼看着大限将至而

不能预测究竟在哪一天呼出最后一口气，以致许多事情都不能做适当的安排，这是最尴尬的事。"死生有命"，正好请先生算一算命。先生干咳一声，清一清喉咙，眨一眨眼睛，按照出生的年月日时的干支八字，配合阴阳五行相生相克之理，掐指一算，口中念念有词，然后不怕泄露天机说明你的寿数。"六十六，不死脱块肉，过了这一关口，就要到七十三。七十三，过一关。这一关若是过得去，无病无灾，一路往西走。"这几句话说得好，老人听得入耳。

（梁实秋《算命》）

④贺运汉老七十大寿

修书立说赋声碑，
辞藻刚柔揭旨时，
公事不分流和派，
关情遑论汝和伊，
语长意重悠悠爱，
体教身传款款慈，
风范垂存堪模楷，
格同老骥奋奔蹄。

（刘才秀）

例①用的是暗喻，以"分散的川流汇成奔腾的大江"比喻个别作家和流派团结起来的力量和气势，以"冲破暗礁险滩"比喻战胜前进路上的困难，以"直达浩瀚的成功海洋"比喻澳门文学事业的巨大发展。言此意彼，含蓄隽永。例②用的是双关，"路"表面上指水路、陆路，实际上指人生道路，"情在辞外"，耐人寻味。例③"福寿全归""大限将至""呼出最后一口气""无病无灾，一路往西走"，都是"死"的意思，但不照直说出，而用迂回曲折的美化说法，所以显得含蓄蕴藉。例④用镶嵌手法将"修辞""公关""语体""风格"分别暗嵌在每句诗的开头，辞面和辞里水乳交融，情趣盎然，意味无穷。

（六）体现明快风格的修辞格

明快就是明朗爽快、显豁、直率，辞直义畅，言明意显，表现为坦诚美、爽直美、清晰美。显浅易明的比喻、借代、排比、层递、对照、拆字、换算等修辞格有这种功用。例如：

①这种作风，拿了律己，则害了自己；拿了教人，则害了别人；拿了指导革命，则害了革命。总之，这种反科学的反马克思主义的主观主义的方法，是共产党的大敌，是工人阶级的大敌，是人民的大敌，是民族的大敌，是党性不纯的一种表现。

（毛泽东《改造我们的学习》）

②地球内部大致分为地壳、地幔和地核三大部分。整个地球，打个比方，它就像一只鸡蛋，地壳好比是鸡蛋壳，地幔好比是蛋白，地核好比是蛋黄。

（益繁兴《地震与地震考古》）

③模范不模范，从西往东看，
　西头吃烙饼，东头喝稀饭。

（赵树理《老杨同志》）

④社区听众：现在，党中央提出构建和谐社会，究竟什么样子才是“和谐”？

方永刚：和，左边是“禾”，右边是“口”，有粮食入口，意思就是人人有饭吃。谐，左边是“言”，右边是“皆”，人皆能言，意思就是人人开口有话讲。经济充分发达，人人丰衣足食；政治充分民主，人人畅所欲言。这就是和谐社会。大家说，这样的好日子谁不想过呢？

（《演讲与口才》2007 年第 6 期）

例①属政论语体，前句用层递，后句用排比套层递和比喻，直陈已见，观点鲜明，浅显易懂而说服力强。例②属科学语体，通俗的比喻说明地球内部三大部分，言明意显。例③属文学语体，用通俗的借代“烙饼”和“稀饭”构成对照，说明西头与东头的不同生活水平，易明好懂。例④用拆字修辞格，分别对“和谐”二字进行字体的拆分解释，由此入手阐明了一个比较深奥的概念，听众一下子就明白了。

（七）体现绚丽风格的修辞格

绚丽即辞彩缤纷、生动形象，表现为华丽美、新奇美。比喻、比拟、夸张、摹拟、通感、衬托等富有描绘性的修辞格都有这种风格作用。如果综合使用，尤其显得艳丽绚烂，光彩夺目。例如：

①我攀登过峰峦雄伟的泰山，浏览过红叶似火的香山，却从没看见过桂林这一带的山。桂林的山真奇啊，一座座拔地而起，各不相连，像老人、像巨象、像骆驼，奇峰罗列，形态万千；桂林的山真秀啊，像翠绿的屏障，像新生的竹笋，色彩明丽，倒映水中；桂林的山真险啊，危峰兀立，怪石嶙峋，好像一不小心就会栽倒下来。

（峻青《桂林山水》）

②走向讲台，我骄傲，我有一片肥沃的土地。每天，我迎着黎明的曙光，踏着晶莹的露珠，满怀耕耘的欢乐，打开蓓蕾的希冀！

走向讲台，我骄傲，我是一个伟大的诗人，每个学生都是我精致的小诗。我把幼稚酿成成熟，我把胆怯炼成勇敢，我把愚昧与无知铸成文明与智慧！

走向讲台，我骄傲，我是一个人类灵魂的工程师。我用正直的笔描绘出人间难得的丰盈与神奇，在春潮初起的大海里，在通往成功殿堂的旅途上，帮助学生绕过曲折崎岖、激流险滩，携一路人的啼鸣，展翅腾飞！

走向讲台，走向人间最温暖的春风和雨露；走向讲台，走向世上最珍贵的情谊和友爱；走向讲台，走进我熊熊燃烧的事业、不灭的精神之光！

（文明《走向讲台》，见孙立湘主编《凡人演讲辞》，机械工业出版社，2005年，第168页）

③我站在澜沧江畔，久久凝望着那浑浊的、奔腾不息的江流，江南笼罩着乳白色的朝雾，对岸的青山只能依稀辨出模糊的轮廓。我的右边，是沿着江岸伸展的一眼望不到边的香蕉林，那嫩绿的蕉叶上滚动着珍珠般的颗颗露珠。再往远处眺望，除了朦胧的淡绿色，一切都消融在浓密如幕的雾障里，难以分辨了……

好大的雾！在西双版纳，每天清晨几乎无一例外都出现漫天大雾，它像一幅铺天盖地的帷幕，包围了莽莽苍苍的深山老林，遮了平展展的坝子上金黄待收的稻谷；又如一缕轻烟掠过掩映在绿叶丛中的傣家村寨和缅寺的瓦顶。透过迷蒙的晨雾，可以看见傣族姑娘挑着水桶，三三两两来到澜沧江边汲水；也可以看见成群结队的自行车，载着新鲜的蔬菜和土特产，从四面八方拥向允景洪。雾愈来愈大了，我的衣衫上已经沾上了一层茸毛似的水珠，但我却贪婪地注视着澜沧江上变幻不定的茫茫的雾，我的心似乎在这浓如乳汁的雾海中了……

（金涛《雾啊，西双版纳的大雾》，见饶忠华主编《中国科普佳作百年选》，上海科技教育出版社）

例①属文学语体，综合运用优美形象的映衬、排比、套比喻描写桂林的山，显示出绚丽的风格。例②是在教师节上的演讲辞，用诗化的语言描述充盈着激情燃烧的教师事业。四个自然段两百来字，蕴含激越感情和深切情意的反复，如“走向讲台，我骄傲”“走向讲台”等；生动形象的比喻，如“我有一片肥沃的土地”“每个学生都是我精致的小诗”“我是一个人类灵魂的工程师”“曲折崎岖”“激流险滩”“温暖的春风和雨露”；拟人如“携一路人的啼鸣，展翅腾飞”等穿插其中；诱人联想的借代，如“把幼稚酿成成熟”“把胆怯铸成勇敢”“把愚昧与无知铸成文明与智慧”等一串连一串；既有描绘和铺陈的排比，如“迎着黎明的曙光，踏着晶莹的露珠，满怀耕耘的欢乐，打开蓓蕾的希冀”，也有摹拟性的叠词，如“熊熊燃烧”，使话语充满诗情画意，体现出多姿华美和铿锵有力的风格。例③属科学文学语体，作者运用多种艳丽的修辞格如摹拟、叠词和比喻，如“乳白色”“嫩绿”“颗颗露珠”“如幕的雾障”“像一幅铺天盖地的帷幕”“如一缕轻烟”“茸毛似的水珠”“如乳汁的雾海”等细致入微地描绘了一幅清闲秀丽、诗意盎然的画面，将读者带进一个美丽的西双版纳的大雾境界之中，表现出华美绚丽的风格。

（八）体现朴实风格的修辞格

朴实是朴素平实，显示出一种自然美、质朴美。通俗平实的明喻、借代和排比、对偶、对照等能体现这种风格。例如：

①（青盲）主症：初起自觉视物不清，眼前似有烟雾或黑影，如薄纱遮挡，或自觉眼前出现青绿蓝碧或赤黄等异色，视力逐渐昏蒙，不辨人物，甚至难睹三光。外观目珠及瞳神完好无损，亦无翳膜发生，如常人，但眼底可见病变。

（石学敏主编《针灸学》，中国中医药出版社，2004 年）

②全会强调，构建社会主义和谐社会，要遵循以下原则：必须坚持以人为本，必须坚持科学发展，必须坚持改革开放，必须坚持民主法治，必须坚持正确处理改革发展稳定的关系，必须坚持在党的领导下全社会共同建设。

（《中共产党第十六届中央委员会第六次全体会议公报》，2006 年 10 月 11 日）

③靠屋的西南角，有一张床，床中间放着一盏灯，床上躺着两个人，一个是小个子，尖嘴猴，一个是塌眼窝，床边坐着一个人，伸着脖子好像个鸭子，一个肘靠着尖嘴猴的腿，眼睛望着塌眼窝。

（赵树理《李家庄的变迁》）

例①是科学语体，用了明喻："眼前似有烟雾或黑影，如薄纱遮挡"，旨在说明现象，使之明白易懂，不追求形象和生动，喻体显浅平实。例②是公文语体，用了排比，目的是准确、周密地说明构建社会主义和谐社会必须遵循的原则，不追求语言艺术化。例③是文学语体，用的喻体"鸭子"是常见的事物，借体"尖嘴猴""塌眼窝"是人的生理特征，都很朴实自然，又幽默风趣。

（九）体现幽默风格的修辞格

幽默即轻松活泼、妙趣横生，表现为新奇美、异趣美。反语、比拟、夸张、比喻、仿拟、双关、拆词、飞白、曲解等修辞格很能体现这种风格。例如：

①直到前几年搬家，妻子看到我"侵略"成性，慷慨地把客厅"割让"了一百尺给我作书房，但约法三章，不准我在睡房放书柜，后来我还是"江山易改，禀性难移"，慢慢地"片面撕毁了合约"。

（李鹏翥《书似青山常乱叠》）

②主观主义、宗派主义、党八股，现在已不是占统治地位的作风了，这不过是一股逆风，一股歪风，是从防空洞里跑出来的。

（毛泽东《整顿党的作风》）

③妻：俺说生儿子就能生儿子了吗？俺要是自己说了算，就不要海南岛、吐鲁番和少林寺了，何必受这个洋罪？自从有了她们这几个丫头，你看你娘那个样，成天嘟噜着个脸，像长白山似的。

（喜剧小品《超生游击队》）

④赵本山在2009年春晚上和他的两个徒弟主演的喜剧小品《不差钱》用得最多的幽默技巧是飞白手法。如词语上的错用，故意将几个具有相同语素的合成词张冠李戴：

这孩子从小就报复心强……哦，不对，报恩报恩。

这孩子啊，一身的艺术细菌。

鱼翅不能吃，我前几天吃卡上了，回去喝醋啥的。

我名字叫丫蛋，我今天心情非常的冲动，阳光明媚，今夜多云转晴。

心情从多云转晴了，这是为什么呢？因为我找到我姥爷了，我姥爷太好了，能带我上溜光大道。

（谢旭慧《喜剧小品语言幽默艺术》，暨南大学出版社，2009年）

例①写作者和妻子对居室空间的分配。文章巧用反语，将爱书成性说成“侵略”成性，将妻子的支持、关切、慷慨说成“割让”，又将自己因书渐渐增多而不断扩大空间说成“江山易改，禀性难移”，将改变了自己和妻子的“约法三章”说成“片面撕毁了合约”，语言诙谐生动，妙趣横生，字里行间流溢着妻子的宽容和眷顾，自己的幸福和自得，读书、生活的温馨和自在，充满亲昵感。例②用了比拟，比作抽象的“逆风”“歪风”，“主观主义、宗派主义、党八股”当作有思想感情的人来描写，说它们是“从防空洞里跑出来的”，化静为动、寓理于情，幽默有趣，引发了一阵“笑声”。例③既是比喻又是夸张，把重男轻女的婆婆因为媳妇没能生下男孙而拉长了的脸形放大，摹拟为长白山脉，营造了浓厚的喜剧氛围，体现了人物语言的情趣和幽默。例④用了五个飞白式，故意将“报恩”说成“报复”，将“细胞”说成“细菌”，将“鱼刺”说成“鱼翅”，将“激动”说成“冲动”，将“星光大道”说成“溜光大道”，造成错误和正确的抬头，打破了正常的语用模式，产生了幽默诙谐的艺术情趣，是文学语体常用以生成幽默风格的手段。

（十）体现庄重风格的修辞格

庄重即庄严稳重、文明雅致，表现为庄重美、典雅美。对偶、排比、层递、对照、讳饰等修辞格有这种风格功用。例如：

①健全工作机制，维护社会稳定。

（《中共中央关于加强党的执政能力建设的决定》，2004年9月19日）

②全国同胞们，同志们，朋友们：

今天，我们隆重集会，庆祝中华人民共和国成立60周年。在这个喜庆而又庄严的时刻，全国各族人民都为伟大祖国的发展进步感到无比自豪，都对实现中华民族伟大复兴的光明前景充满信心。

在这里，我代表党中央、全国人大、国务院、全国政协和中央军委，向一切为民族独立和人民解放、国家富强和人民幸福建立了不朽功勋的革命先辈和烈士们，表示深切的怀念！向全国各族人民和海内外爱国同胞，致以热烈的祝贺！向关心和支持中国发展的各国朋友表示衷心的感谢！

…………

我们将坚定不移坚持中国特色社会主义道路，全面贯彻执行党的基本理论、基本路线、基本纲领、基本经验，继续解放思想，坚持改革开放，推动科学发展，促进社会和谐，推进全面建设小康社会进程，不断开创中国特色社会主义事业新局面、谱写人民美好生活新篇章。

我们将坚定不移坚持“和平统一、一国两制”的方针……

我们将坚定不移坚持独立自主的和平外交政策……

伟大的中华人民共和国万岁！

伟大的中国共产党万岁！

伟大的中国人民万岁！

（胡锦涛《在庆祝中华人民共和国成立60周年大会上的讲话》，2009年10月1日）

③闻韶，是一个世界，口渴，是一个世界。食肉而不知味，是一个世界，口渴而争水，又是一个世界。

（鲁迅《且介亭杂文·不知肉味和不知水味》）

④粤剧界“花木兰”郎筠玉仙逝。

（《羊城晚报》，2010年8月14日）

例①是对偶，例②是排比，例③是对照，例④是讳饰。这些修辞格的使用是为了说明、叙事，而不是为了描绘、渲染，而且言辞朴实，结构匀称、严整，从而呈现出庄重美、典雅美。

汉语修辞格丰富多彩，它在风格生成中具有非常重要的物质作用。除了有上述的表现风格功用外，汉语特有的修辞格还有诸如镶嵌、仿词、对偶、回环、回文、藏词、互文、飞白、析字、拆词等，是汉语言民族风格鲜明的物质标志。新生的修辞格，例如换算、别解、新典、迭现等可以体现汉语言时代风格。各种语体可用什么修辞格，不用什么修辞格，体现出不同的语体风格。话语中不用或者少用修辞格，语言就显得质朴、平实，多用就显得绚烂、藻丽。有些作家喜欢大量运用修辞格，有些不大爱用修辞格，有些作家由于偏爱某些修辞格所表现出的特点而形成了自己的独特风格，下面将有所论述。

第二节　基于汉语辞趣文化特点的风格手段

一、辞趣风格手段的含义和类型

辞趣是有别于修辞格而富有表现力的言语情趣，这种情趣是利用词语的声音和意味、文字的形貌和书写款式以及标点、图符等生成的。辞趣是一种亚辞格[①]，也是一种非语言要素中的风格手段。辞趣可分为三类：一是利用语音手段生成的音趣。音趣或通过同形异音词的反复交替，使语意延伸，造成一种广阔的联想意境，从而表现出风格色彩；或利用词的异形同音特点，生成谐音手段，巧换概念生发情趣；或有意将声、韵、调容易混同的字交叉重叠组合使用，造成一种佶屈聱牙、拗口不顺畅的语音修辞现象，呈现出一种娱乐性和趣味性的言语气氛。二是由词语的“意味之外”引发的意趣。意趣或利用代词既可确指，又可不定指的特点，造成一种使被指代信息模糊、多义的指代趣，呈现出表意丰富、含蓄蕴藉和幽默风趣、耐人寻味的风格特点；或将相关的物名与不同的词语组合成文和通过变换语序造成特殊的组合趣，显现出繁丰、藻丽、含蓄等风格色彩。三是利用汉字形体书写款式和图符上附着的风致而生成形趣。形趣或利用偏旁部首相同的字连缀成句和利用字的变形、排列、颠倒方式行文，构成字形趣，传递意蕴和情趣，体现出豪放、柔婉、简约、含蓄的风格色彩；或在语句中穿插能够代替文字意义的相关图形和符号（包括标点符号）而形成图符趣。图符趣与文字相互配合、融合，可以作为文字的辅助工具去描写事物，所包含的信息往往超过纯文字的表达，并且具有较强的“视觉效果”，可以增添语言的情趣和美妙的意味，有助于构成简约、蕴藉、优美的语言风格。

二、辞趣风格手段的功用和文化内涵

（一）辞趣风格手段的功用

辞趣是一种富有修辞风格功能和审美情趣的修辞风格手段，既可用来示意，也可用于描绘和抒情，使语言含义丰富又形象、生动、有趣。它为文学语体、广告语体常用，有时也为新闻语体和网络语体及楹联所用，表现出含蓄、简洁、幽默、繁丰、优美的语言风格。由于它是利用汉语词语和汉字的文化特点生成的，富有民族色彩，所以又是体现语言民族风格的独特手段。下面来看有代表性的语例：

---

① 谭永祥：《汉语修辞美学》，北京语言学院出版社，1992 年，第 477 页。

①蒲叶桃叶葡萄叶，草本木本；
梅花桂花玫瑰花，春香秋香。

②钟锐耐着性子："你没有什么需要更改的，改，就不是你了。"

"你的意思是，我压根里就不是你需要的那类人？"

"你是好人，我也是，可好人和好人未必是好夫妻。"

"那你当初为什么非要找我？"

"当初的我和现在的我是两个人，当初的你和现在的你也是两个人。人是变化的，同一个人在不同时间里完全可以是不同的人，这你难道不明白？"

"我还是我。"

"你不是你了。"

"怎么？"

"当初你给我的最强烈的印象是聪明自信，还有，清高……"

（《牵手》，转引自刘凤玲、戴仲平《社会语用艺术》）

③不怕辣——怕不辣——辣不怕

（广东虎门的一副对联）

④圆日山高路口长，横云细雨断斜阳。
扁舟大海无心过，风卷残花瓣瓣香。

（陈淼星《辞趣与表现风格》）

⑤1949 年 4 月 1 日南京大专院校学生举行"反饥饿、反压迫、反内战"的示威游行，遭到国民党反动派军警及特务的血腥镇压，学生伤亡多人，形成了震惊全国的"四·一"事件。几天后，在南京各界为死难学生举行的追悼会上，贴出了一副无字对联：

？　？？　？？？
！　！！　！！！

（黎运汉、盛永生《汉语修辞学》）

⑥国庆标志亮相

（《广州日报》，2009 年 9 月 25 日）

例①是明代大才子解缙写的一副春联，他用“蒲”“桃”谐音“葡萄”，“梅”“桂”谐音“玫瑰”，异形同音，巧思妙对，贴切自然，新颖奇特，情趣横生，耐人寻味。例②是小说主人公钟锐和晓雪夫妇的一段对话。利用人称代词既可确指，又可不定指的特点造成指代趣。在钟锐说的“当初的我和现在的我”“当初的你和现在的你”里，“我”指以前爱你的我和现在不像以前那样爱你的我；“你”指以前值得我爱的你和现在不像以前那样值得我去爱的你。话里的含义是我们现在都变了，我不像以前那样爱你了，你也不像以前那样值得我去爱了。在晓雪说的“我还是我”里的第一个“我”指称现在的我，第二个“我”指称当初的我，内蕴是我还像以前那样爱着你啊，我对你的心一点都没有变。在钟锐说的“你不是你了”，第一个“你”指称现在的晓雪，第二个“你”指称以前的晓雪，寓意是晓雪没有以前那样可爱和值得他去爱了。主人公所要表达的意思不好直白地表达出来，于是巧妙地利用指代趣来暗示本意，将自己的真实思想委婉曲折地表达出来。例③是将民间关于爱吃辣椒的俗语：“四川人不怕辣，湖南人辣不怕，江西人怕不辣”变换语序而生成短语组合趣。它显示出一个比一个更能吃辣的意味，夸张中透露出强烈的地方色彩，体现出语言的地域风格。例④用的是变形趣，通过改变汉字的形状、笔画、间架、粗细、长短、大小等将寓意隐藏其中，乍一看不知所云，仔细琢磨却如吃橄榄，越嚼越有味。将日字变成圆形就成为“圆日”了；将山字的中间一竖写得老高，表示“高山”；将路字的口写得很长，表示“路口长”；将云横写着，表示“横云”；将“雨”写得很细，表示“细雨”；将“阳”的两部分开倾斜写，表示“斜阳”；将舟字写得很扁，表示“扁舟”；将“海”字写得粗大，表示“大海”；将过字的口去掉，表示“无心过”；将“风”字外形卷起来，表示“风卷”；将“花”字漏写一部分，表示“残花”；将“香”字的一撇一捺卷起来，表示“瓣瓣香”。再将变形的字连缀成诗，如例文所示。

寓意含蓄蕴藉，趣味盎然。例⑤是用标点符号生成的图符趣构织成对联。上联先用一个“?”，再用“??”，又用“???”质问反动当局，层层递进，表达了群众无比愤怒的心情；下联也用了三个层次的感叹号代指强烈的抗议，语气步步加强，充分表达了广大群众的满腔怒火，“无声胜有声”，表意含蓄丰富，又气势逼人。例⑥是中华人民共和国60周年庆祝活动标志，是用能够替代文字意义的图形而形成的图符趣构成的。标志以数字“60”为主体，采用国旗的红黄两色。活动标志中的“6”字圆润饱满，寓意祖国和谐发展，彰显民族奋发向上；“0”字突出喜庆祥和，象征各族人民大团结；其中嵌有的五星、天安门造型以及“1949—2009”字样则代表着中华人民共和国60年的光辉历程。整个标志

"不着一字，尽得风流"[①]，色彩鲜明，形式简洁，寓意丰腴，具有浓厚的中华文化内涵，充分体现出图符趣在语言民族风格、时代风格和简约、含蓄表现风格中的功用。

（二）辞趣风格手段的文化内涵

辞趣是汉语特有的一种风格手段，蕴含着丰富的中华文化内涵。它的产生与发展，一方面植根于汉语言文化的沃土，另一方面受中华精神文化的影响与制约，是汉语言文化与中华精神文化互相适应、共同作用的产物。

语言文化包括语音文化、词汇文化、语法文化和文字文化等，根据这些文化特点可以生成诸多辞趣。例如，利用汉语谐音文化和同形异音的特点生成音趣，如例①；利用汉语词语指代模糊或一形多义或语义相关的特点生成意趣，如例②；利用语序排列灵活的特点，变换语序生成特殊的组合趣，如例③；利用方块汉字偏旁部首的构件或形体书写款式的特点生成的形趣，如例④等。语言文化是辞趣风格手段赖以生成的母体，离开了语言文化，辞趣就失去了生成和发展的根基。

精神文化是辞趣生成的导引因素，诸多辞趣的产生和发展都受精神文化的影响和制约。中华民族思维很早就很注重事理的正反两面及其互存互补、相互生发、引同协异、相互转化的关系，例②的内涵就是这种思维方式的展现。中华传统的美学观和艺术审美情趣的一大主流是崇尚含蓄美，而辞趣的一大特点是寓意含蓄蕴藉，这是中华文化崇尚审美情趣的外现。

此外，辞趣的产生与发展也受到制度文化的影响与制约，如例⑤⑥生成的外在动因就是政治文化。

第三节　基于汉语组段谋篇文化特点的风格手段

一、组段谋篇风格手段的含义及其文化成因

组段谋篇风格手段即连句成段和缀段成篇的风格手段，亦即通常所说的篇章结构风格手段。文章的篇章结构，我国传统的辞章学称为"章法"。"所谓'章法'讲的就是篇章之修饰。它是连句成节、连节成段、连段成篇的一种组织方式；通常也称作'谋篇布局的技巧'。"[②] 章法有基本规律和文化成因，对其研究

① 司空图：《二十四诗品》，见郑奠、谭全基编：《古汉语修辞学资料汇编》，商务印书馆，1980 年，第 144 页。

② 仇小屏：《文章章法论·陈（满铭）序》，台湾万卷楼图书有限公司，1998 年，第 1 页。

有优良文化传统。梁刘勰说："夫人之立言，因字而生句，积句而成章，积章而成篇。"① 金元好问云："文章要有曲折，不可作直头布袋；然曲折太多，则语意烦琐，整理不下，反不若直头布袋之为愈也。"② 明王世贞认为："首尾开合，繁简奇正，各极其度，篇法也。""篇法，有起，有束，有放，有敛，有唤，有应。"清刘大櫆指出："文者，变之谓也。一集之中篇篇变，一篇之中段段变，一段之中句句变，神变，气变，境变，音节变，字句变。"③ 现代徐芹庭也指出："布局定篇……务使首尾周密，文意一贯，文情俊永，有千岩万壑，重峦复嶂之变。"④

清人张裕钊说："古之论文者曰：文以意为主，而辞欲能副其意，气欲能举其辞。譬之车然，意为之御，辞为之载，而气则所以行也。"（《答吴挚甫书》）"'意'为主，'辞'为副。曲意在笔先，曲辞随意生。如无曲折的内容作基础，只在语言上追波逐澜，搞形式主义，势必影响表达效果。"⑤ 拙文《论文学作品的语言波澜》在揭示篇章波澜变化的抑扬法、转折法、层叠法、对比法等修辞手段之后，强调："作品的语言波澜起伏，不纯是语言技巧问题。作品的语言能不能有波澜，主要决定于作品的思想内容。"

"章法"文化传统昭示我们，组段谋篇法也是一种修辞现象，其中有各种各样的风格手段，风格手段不同，风格特点的表现也就不同。例如，诗歌在章法中很讲究分行排列美，而采用什么方式排列，就体现出什么风格特点。又如，中国古诗词有各种各样的排列图形，丰富多样。排成方块的叫方块诗，排成环形的叫环诗，排成山形的叫山诗，排成圆形的叫盘诗。现代诗歌也有不同的排列图形，如鲁迅曾写宝塔诗，贺敬之常用楼梯式，郭小川则喜用自由体。

二、几种组段谋篇风格手段的运用

不同语体，对篇章组织有不同要求，采用不同的表达手段，构成不同的风格。

例如：标题。公文语体要求直言其事，简明概括公文内容、发文机关、公文种类，因而主要用规范性风格手段，不用描绘类和具有含蓄色彩的风格手段。例如，《中华人民共和国公务员法》（2005 年 4 月 27 日）、《中国共产党第十六届中央委员会第六次全体会议公报》（2006 年 10 月 11 日）、《广东省委省政府向全

① 刘勰著，赵仲邑译注：《文心雕龙译注》，漓江出版社，1982 年，第 194 页。

② 吴讷：《文章辨体序说》，人民文学出版社，1998 年。

③ 郑奠、谭全基编：《古汉语修辞学资料汇编》，商务印书馆，1980 年，第 449 页。

④ 徐芹庭：《修辞学发微》，台湾中华书局，1974 年。

⑤ 黎运汉：《论文学作品语言波澜》，见中国修辞学会编：《修辞学论文集（四）》，福建人民出版社，1994 年。

省教师发慰问信》（2008 年 9 月 6 日）等均体现出平实明晰的语言风格。对于文学语体，要求其具有艺术性、美感性、多彩性，因而常用艺术性风格手段。例如，秦牧《长街灯语》（比拟）、鲁迅《药》（双关）、周立波《暴风骤雨》（比喻）、曹禺《雷雨》（象征）、闻一多《红烛颂》（比拟兼象征）、李英儒《野火春风斗古城》（比喻兼拟人）、莫那能《来，干一杯!》（呼告）、王鼎钧《红头绳儿》（借代）等都体现出优美、含蓄风格。政论语体和新闻语体介于公文、科技与文学语体之间：政论语体要求鲜明、醒目，主要用规范性风格手段来揭示中心论点或概括论述的范围，明确论题，如《为建构社会主义和谐社会努力奋斗》（《人民日报》社论，2006 年 10 月 12 日）、胡锦涛《深入学习贯彻党的十七大精神，推动经济社会又好又快发展》（2007 年 11 月 19 日）体现出庄重、谨严的风格；也有少数用修辞格风格手段来揭示文章的中心论点或内容范围，如《物价涨如刀割，工资涨没感觉》（《广州日报》社评标题，2007 年 6 月 8 日）（对照比喻）、毛泽东《一切反动派都是纸老虎》（《毛泽东选集第五卷》）（比喻）都显得格调优雅；新闻语体要求简洁、明了，具有较强的可读性、可视性，主要用平实的句式风格手段来揭示新闻内容，如《香港特区第四届政府官员宣誓就职》（《广州日报》，2012 年 2 月 23 日）。有时也运用简洁通俗、鲜明的修辞格风格手段来传递新闻信息，如《生命有限　笑声永恒》（《光明日报》，2002 年 9 月 4 日）（对偶）、《龙年新春楼市如同冬眠蛇》（《羊城晚报》，2012 年 1 月 27 日）（比喻）、《“鹦鹉”携狂风暴雨袭粤》（《广州日报》，2008 年 8 月 22 日）（比拟），都显得优美、简洁、易懂。

开头是语篇结构布局中的一个重要组成部分，在语篇组织中有着至关重要的作用，犹如唱歌定调子，第一句调子没定好，这支歌就唱不好了。语篇开头为语篇风格定基调，基调定不稳，下文难以处理，前后格调不一，必成败局。因此，语篇开头，用什么样的笔法定调，关系着奠定整个语篇风格基调。一般说来，开头格调豪放，那么整个语篇就会尽量运用洪亮的声律、雄劲的词句、豪壮的辞式；开头格调柔婉，那么整个语篇就会尽量运用柔和的音律、优美的语句、新颖的辞格；开头格调朴实，那么整个语篇就会是词语平实，多用口语、少用辞格；开头格调藻丽，那么整个语篇就会选用和谐悦耳的节奏、艳丽多姿的词语、繁丰多变的句式、多样而奇巧的辞格；开头格调明快，那么整个语篇就是词语明白易懂、句子简短意明、辞格易懂易明；开头格调蕴藉，那么整个语篇就是词语寓意深广、言短意长，常用言此意彼的辞格；开头格调幽默，那么整个语篇就倾向于故意偏离语音规范、巧用词句变异、妙用修辞格，造成笑话连篇、轻松活泼的效果；开头格调庄重，那么整个语篇就倾向于词语庄重文雅、句式严谨缜密、辞格平实而少用。

语篇的开头受语体制约。语体不同，开头的笔法就常不同，就体现出不同的风格。例如，公文语体、科技语体的常规开头是开门见山，直接表明主旨或目的、原因。文学语体的开头有时也开门见山，但这不是常规，文学语体的开头笔法多姿多彩。如“凤头”（陶宗仪《南村辍耕录》）——像凤凰的漂亮的头冠，美丽动人；或“起句当如爆竹骤响易彻”（谢榛《四溟诗话》）；或“起笔飞舞，墨势淋漓”（李渔《闲情偶记》）；或“开卷之初，以奇句夺目，使之一见而惊，不敢弃去”（李渔《闲情偶记》）；或“直疑高山坠时，不知其来，令人惊艳“（沈德潜《说诗晬语》）；或高唱而入，有“黄河落天走东海之势”（沈德潜《说诗晬语》）等，令人眼花缭乱，应接不暇。政论语体的开头常常是先提出问题，引起注意，阐明意旨，交代因由。新闻语体的开头多种多样，或概括内容，或提示亮点，或引人思考，或设置悬念，或引起兴趣，或描写情景，或交代背景，其意涵往往是新闻事实的精华。不同的语体的开头大都有异，语言风格大多有别，各自奠定整个语篇的气氛和格调。例如：

①我们谴责战争贩子丘吉尔的狂妄声明。

[《中国人民解放军总部发言人为英国军舰暴行发表的声明》，《毛泽东选集（第四卷）》，第1349页]

②暨南大学黎运汉、盛永生先生寄来了他们主编的《汉语修辞学》（广东教育出版社，2006年），封面上清晰的印刷体“21世纪高校文科教材”非常醒目。笔者即想：敢于在封面上标出21世纪字样，想必与20世纪的修辞学会有所不同。读毕全书，一股清新气息扑面而来。作者所言非虚，这确是一本时代感浓烈、新意盎然的新世纪高校修辞学教材，很值得向莘莘学子推荐。

[宗廷虎《新意盎然的新世纪修辞学著作——读黎运汉、盛永生〈汉语修辞学〉》，《暨南学报》（哲学社会科学版）2007年]

③昨晚一声风雨，出了些小事：建筑设计所的围墙倒塌了。

（陆文夫《围墙》）

④盼望着，盼望着，东风来了，春天的脚步近了。

（朱自清《春》）

⑤时间：1950年夏末。龙须沟的新沟落成了，修了马路。

（老舍《龙须沟》）

⑥当前，全党一项重大而紧迫的政治任务，就是开展深入学习实践科学发展观活动。9月19日，胡锦涛总书记发表重要讲话，对学习实践活动进行了全面部署。这标志着在全党开展深入学习实践科学发展观活动正式启动。

（《重大而紧迫的政治任务——论深入学习贯彻胡锦涛总书记九月十九日重要讲话》，《人民日报》，2008年9月26日）

⑦据新华社上海10月2日电　浦江两岸，华灯竞放；东方明珠，熠熠生辉。2007年世界夏季特殊奥林匹克运动会2日晚在上海体育场隆重开幕。国家主席胡锦涛出席开幕式并宣布运动会开幕。

（《胡锦涛宣布上海特奥会开幕》，《广州日报》，2007年10月3日）

⑧高墙、电网、哨楼、铁窗，构成一座座监狱。

（甄晓岚《广东监狱探询：解读六十年历史的沧桑阳路》，《秋光》2007年）

例①属公文语体，例②属科技语体，其开头平实起笔，语音、词语、句式都是规范的风格手段，没有修辞格，体现出质朴、谨严、庄重的风格。例③④⑤是文学语体的开头，但风格手段不同，表现风格各异。例③总领全文，紧扣主题，开宗明义，语言简洁，风格平实。例④用反复手法启句，表现出人们对美好春天的向往，接着把春天人格化，整个开头新异奇巧，生动形象，抒情感人，魅力无穷。例⑤是剧本开头，以舞台提示语的形式，交代时代背景，体现出简洁、朴实的语言风格。例⑥是政论语体的开头，以规范的风格手段、简洁的语言揭示主旨、概述内容，风格平实明快。例⑦属新闻消息体，先用优雅匀称的语辞铺垫渲染，再用平实的词句展示要义。例⑧属新闻通讯体，用简洁的排比总领全文，开宗明义，揭示中心论点，体现出简洁、刚劲、明晰的风格。

文学语体组段谋篇讲究波澜起伏，变化多姿。因而常用抑扬、转折、层叠、对照、烘托、设问、呼告等修辞格风格手段，使语言一波三折，摇曳多姿，变幻无穷，优美动人。公文、科技语体重视语篇的严整性，要求平实、明晰而周密地表达事理，因而侧重选用造成段落连贯、结构严密的风格手段。政论语体讲求组段谋篇结构严谨完整、论证缜密、条理清晰、雄浑有力，因而常用使论语接榫自然、显示层次、气势畅达、逻辑力强的风格手段。新闻语体谋篇简短，层次分明、条理清晰，因而常用表示顺序、使话语眉目清楚的风格手段。下面看语例：

①你是人，你的地位并没有剥夺你的爱的权利，更不能剥夺你回答一个少女的爱的召唤的权利。

然而我更成熟，我应该理智一些，我应该负起责任。我不应该闯入一个如此纯洁而幼小的灵魂。

在一九四九年，你就不纯洁吗？你就不幼小吗？那是我们的共和国的童年，也是我们大家的童年。

但我为什么竟没有想到去保护她？豁出生命我也应该在她身边。

然而后来是她不爱你了，她太轻浮，她有毛病。在大学，她有了自己的情人，该责备的只能是她而不是你。

（王蒙《蝴蝶》）

②春种一粒粟，秋收万颗子。四海无闲田，农民犹饿死。

（李绅《古风》）

③小草啊小草，你本来是长在中国的土地上，这块山坡让越南占去了，今天你才又回到祖国的怀抱，叫你受委屈了！小草啊，你要记住我侯方，我可能牺牲，在你身上洒下鲜血……可你看人家，多么严肃，多么认真，伏在那儿一动不动。你呢？呸！你跟小草瞎嘀咕！侯方啊侯方，你说咱能像班长那样成熟？

（张天民《战士通过雷区》）

④第三十七条　文物收藏单位可以通过下列方式取得文物：

一，购买；

二，接受捐赠；

三，依法交换；

四，法律、行政法规规定的其他方式。

（《中华人民共和国文物保护法》）

⑤电子束 CT（FBCT）又称超高速 CT，每层扫描速度可达 50m/s，且可在两个或更多心脏搏动之间进行连续扫描。由于扫描速度快，成像时间短，极大地消除了心脏大血管搏动和呼吸运动伪影的影响，故可适用于心脏大血管形态、功能及血流动态的 CT 检查。同时，亦提高了微小病灶的检出率。

（张雪林主编：《医学影像学》，人民卫生出版社，2001 年，第 178 页）

⑥关于规律的客观性这个问题有三种互相联系，又互相区别的意义：其一，规律是事物或过程自身所固有的，不是人们或其他外在力量加于事物或过程的；其二，规律的作用是必然的，不以人们的意志为转移；其三，规律随着事物的变化而变化，是不能由人创造、消灭和改变的。

下面，我们就依次研究规律的客观性的诸种意义。

…………

综上所述，对于规律的客观性是丝毫不容怀疑、丝毫不容动摇、丝毫不容否定的……在规律的客观性中，这三种意义的地位是不同的。其中，第一种意义是根本的，具有决定性的……

我们只有牢牢地把握了规律的第一种意义的客观性，才能更好地把握规律的第二种和第三种意义的客观性，也才能更好地把握整个意义上的规律的客观性。

（赵星培《论规律》）

⑦金砖国家是新兴市场国家和发展中国家大家庭的重要组成部分，是维护世界和平、促进共同发展的积极力量。金砖国家合作起步时间不长，但已

经形成多层次、宽领域的合作架构，使金砖国家人民得到实实在在的好处。当前，金砖国家合作正处在新的起点。我们应该认真思考和探索如何继往开来、开拓进取，推动金砖国家合作迈向新的台阶。为此，我愿提出以下建议：

第一，坚持共同发展，促进共同繁荣。……

第二，坚持平等协商，深化政治互信。……

第三，坚持务实合作，夯实合作基础。……

第四，坚持国际合作，促进世界发展。……

我相信，一个合作架构不断完善、合作成果更加丰富的金砖国家合作机制，有利于增进各成员人民福祉，也必将为世界和平、稳定、繁荣做出更大贡献。

（胡锦涛《加强互利合作共创美好未来——在金砖国家领导人第四次会晤大范围会谈时的讲话》，2012 年 3 月 29 日）

⑧神九成功奔天宫

据新华社电（记者霍小光）6 月 16 日 18 时 56 分，执行我国首次载人交会对接任务的神舟九号载人飞船，在酒泉卫星发射中心发射升空后准确进入预定轨道，顺利将 3 名航天员送上太空。正在丹麦进行国事访问的中共中央总书记、国家主席、中央军委主席胡锦涛闻讯后，第一时间发来贺电。中共中央政治局常委、全国人大常委会委员长吴邦国等前往酒泉卫星发射中心观看发射。

16 日 15 时 40 分，航天员出征仪式在酒泉卫星发射中心航天员公寓问天阁举行。吴邦国等领导同志来到这里，亲切看望执行这次载人交会对接任务的航天员景海鹏、刘旺和我国出征太空的首位女航天员刘洋。吴邦国说："我代表党中央、国务院、中央军委和胡锦涛总书记，代表全国各族人民，来为你们壮行，预祝你们成功。祖国和人民期待着你们胜利归来。"

景海鹏代表 3 名航天员郑重表示："我们一定服从命令，听从指挥，沉着冷静，精心操作，圆满完成我国首次载人交会对接任务，请祖国和人民放心。"

随后，3 名航天员在送行人群的鼓掌欢呼声中乘车前往发射场。

18 时 37 分，随着一声"点火"口令，火箭在震天的轰鸣声中腾空而起，承载着神舟九号载人飞船和 3 名航天员飞向苍穹。

18 时 56 分，载人航天工程总指挥常万全宣布，神舟九号载人飞船发射圆满成功。

…………

（《广州日报》，2012 年 6 月 17 日）

例①②③属文学语体。例①用的是转折法。转折就是在上文意思将尽时，下文忽然转向另一事。这样前后意思相连，后文意思有转折，语言就有了波澜。唐彪《读书作文谱》说："文章说到此理已尽，似难再说，拙笔到此技穷矣；巧人一转弯，便反别是一番境界，可以生出许多议论，理境无穷。若欲更进，未尝不可再转也。"文学语体的散言体组段谋篇，广泛运用转折法，每遇意思将尽时，即在下文开头用"然而""但""可是""即使""若"等关联词语来转折，引出另一意思来。此例第二段以"然而"领起，突然转笔，由写有爱的权利，逆其意而写不应该爱，文意有了曲折，语言也就有了波澜。第四段和第五段紧扣上文，再一转二转，纵横铺陈，曲折自然，文笔畅达而有变化。例②用的是反衬法。反衬是一种相反相成的修辞方式，反映了事物的矛盾关系和相互作用。文学语体广泛使用反衬，或以哀衬乐，以乐衬哀；或以静衬动，以动衬静；或以幽衬闹，以闹衬幽；或以丑衬美，以美衬丑；或以贫衬富，以富衬贫，使作品有虚有实，显示出语言波澜。《古风》以四海无闲田、粒换万颗粟的耕耘成果，反衬农民被饿死的悲惨命运，欲抑先扬，由虚到实，鲜明地展现了封建社会的阶级对立。例③用了呼告法。文学语体的作品在抒发强烈的感情时，往往使用呼告法，在叙述中忽然直呼人或物来说话。一个呼告表现出说话口气的一次转换，显示出一个波澜。这里侯方在班长带领下，潜伏在出击阵地，等待扫雷信号，浮想联翩，心潮起伏。作者让他忽而对小草呼名说话，忽而自呼自应，这就以起伏的风格手段表达了英雄战士心底的波澜，体现出语篇的优美风格。例④属公文语体，使用复杂同位式，将取得文物方式的四列项排出，很有条理，体现出平实、明晰的语言风格。例⑤属科技语体的一个自然段。各个语句之间分别使用"且""由于""故""同时""亦"等关联词语衔接，使整个语段连成一个整体。关联词语能显示上下语句或上下文的语意关系或逻辑关联，是体现科技语体篇章结构严密的重要手段之一。例⑥是科技语体章节组织的语例。作者采用了列举分承的谋篇法。全文共三大段，第一大段用总分复句概述论述对象，其中第一分句总提，第二、三分句列举三种意义。接着用一独立句作媒介，引出第二大段进行分承，依次论述前边提起的三种意义。第三大段用独立语"综上所述"开头，承上启下，引出结论。全文彼此配合，相互照应，段落之间过渡自然，衔接紧密，而且首尾呼应，结构十分缜密，体现出谨严、平实的语言风格。例⑦属政论语体的论证体的正文部分。这部分共六个自然段。首先概述中心论点，接着提出分论点，最后揭示实现后的重大价值。话语条理清晰，层次分明，结构严谨，鲜明有力，具有很强的说服力，起到了宣传我国政治观点和主张的重要作用。例⑧属新闻语体的消息体。消息体通常采用"倒金字塔式"结构，此例导语即开头部分，把最重要的、读者最关心的信息放在前面，次要信息依其重要性逐次放在导语之后的主体部分。主体是消息的发展，对导语所陈述的新闻事实展开、补充、解释，或者对导语所提问题、所设悬念作解答，以满足读者了解新闻事实详情的需要。

本例的二、三、四、五、六段即主体部分，以时序式沿着“神九”发射的开始—发展—结局的路线行文，层次分明，眉目清楚，语言平实，体现出新闻消息体质朴、明快、简洁的语言风格。

结尾也是篇章结构的重要内容。结尾的要求和技艺在我国有着优良的文化传统。宋代姜夔在《白石道人诗说》中说：“作大篇尤当布置，首位匀停，腰腹肥满。多见人前面有余，后面不足；前面极工，后面草草，不可不知也。”叶圣陶《文章讲话》认为：“找到适当的结尾好像行路人遇到了一处适合休息的场所，在这里它可以安心歇脚，舒舒服服地停止它的进程。若是找不到适当的结尾而勉强作结，就好像行路人歇脚在日晒风吹的路旁边，总觉得不是个妥当办法。”翻译家、文章家林纾说过：“为人重晚节，行文看结穴。”[①] 古今文章学家、修辞学家都十分强调结尾的重要性。结尾结得好，有助于深化主题，使读者对整个语篇留下清晰的印象；有助于打动读者，使读者产生积极的行动。对于结尾有哪些要求，应该如何结尾，古今都有精当的论述。唐代白居易《新乐府序》说：“卒章显其志。”宋代姜夔《白石道人诗说》云：“一篇全在尾句，如截奔马。”元代陶宗仪《南村辍耕录》说：“作乐府亦有法，曰凤头，曰猪肚，曰豹尾。……结要响亮。尤贵在首尾贯穿，意思清新。”明代谢榛《四溟诗话》说：“结句当如撞钟，清音有余。”叶圣陶《文章讲话》认为：“文章的结尾需要文字完了而意义还没有尽，使读者好像嚼橄榄，已经咽了下去而嘴里还有余味，又好像听音乐，已经到了末拍而耳朵里还有余音。”这些论断都从不同角度说明了结尾应该坚持怎样的原则，应该如何结尾，怎样的结尾才能达到更理想的效果。[②]

语篇的结尾受语体制约。不同的语体对语篇的结尾有着不完全相同的要求，要求不同，所用的风格手段就不同；风格手段不同，所呈现的格调气氛也就不同。语篇的建构必须根据不同语体的要求对结尾做出适宜的选择，使结尾的风格与整个语篇的风格相应。大体说来，公文语体的结尾常是揭示主题，或概括全文，或提出希望和努力的方向，或提出补充和修改意见，或表示祝愿和问候等；主要用常规风格手段，体现简约、朴实、庄重的风格。科技语体的结尾通常是总结全文，点出全文中心，说明事物的性质、成因、作用或事物的现状、发展趋势和价值；主要用常规风格手段，体现出平实、谨严、简约的风格。文学语体结尾的表达形式千变万化、纷繁复杂，或赞誉，或抒情，或述说事物近况，或表心愿，或引用名文名句，或照应题目、开头，或设问，或描写景物等；既用常规风格手段，更用变异风格手段，体现出或平实或繁丰或藻丽或含蓄等风格。政论语体的结尾大都是重申中心论点，重申坚持某论点的重要性，并进一步提出希望和号召，主要用常规风格手段，有时也用变异风格手段，体现出谨严、雄健、庄

① 林立：《开头与结尾》，华东理工大学出版社，1993 年，第 45 页。

② 黎运汉、盛永生主编：《汉语修辞学》（修订版），广东教育出版社，2010 年，第 391 – 392 页。

重、优雅的格调。新闻语体结尾的方式也多种多样，或卒章显志，或引发联想，或言尽意止，或概括全篇，或号召展望，或引入背景资料，或发表议论，或激励意志等；既用常规风格手段，也用变异风格手段，但都简洁、明晰。下面看语例：

①第二十章附则

第五十七条　省、自治区、直辖市的人民代表大会及其常务委员会根据本法可以制定选举实施细则，报全国人民代表大会常务委员会备案。

（《全国人民代表大会关于修改全国人民代表大会和地方各级人民代表大会选举法的决定》，2010 年 3 月 14 日第十一届全国人民代表大会第三次会议通过）

②希望你们发扬优良传统，认真总结经验，戒骄戒躁，再接再厉，不断为祖国和人民赢得更大荣耀，为推动我国体育事业向前发展，为弘扬奥林匹克精神和促进国际奥林匹克运动，为夺取全面建设小康社会新胜利、开创中国特色社会主义事业新局面再立功！

中共中央国务院

二〇〇八年八月二十四日

（《中共中央国务院致中国代表团的贺信》）

③结论

本文通过对一个可以精确求解的锂 6 原子系统的研究，揭示该系统中量子相变和量子纠缠之间的关系。运用冯诺依曼计算的纠缠度可以清楚展示磁场中锂 6 原子系统的量子相变情况，锂 6 原子系统中量子相变一旦出现，则量子纠缠现象随即消失。对于一个曾经存在纠缠的锂 6 原子系统，如果纠缠现象消失，则该系统一定发生了相变。本文结果说明了研究量子系统的纠缠度是判断量子相变是否发生的一个有效手段。

［司黎明、侯古旋：《锂原子系统的量子相变与量子纠缠》，《中国科学》（G 辑：物理学、力学、天文学）2008 年第 38 卷第 11 期］

④夜，静静的夜，少女出浴般的恬静，少女晚妆时的淡雅，少女幽会时的甜蜜。月光如水，泻在花生的叶子上，地上印出一个个月亮，露水点点，是珍珠？是宝石？是玛瑙？

（仪洪生《故乡月溶溶》）

⑤我们的目标催人奋进，我们的使命神圣光荣。让我们紧密团结在以胡锦涛同志为总书记的党中央周围，高举中国特色社会主义伟大旗帜，深入贯彻落实科学发展观，团结进取，奋发有为，扎实工作，夺取全面建设小康社会新胜利，开创中国特色社会主义事业新局面，奏响中华民族伟大复兴新乐章。

（《团结奋发进取　不负人民重托——热烈祝贺十一届全国人大三次会

议胜利闭幕》，《人民日报》社论，2010年3月15日）

⑥路透社评论说，即将到来的大规模示威、谢里夫与政府矛盾公开化、武装组织活动频繁……多种迹象为巴基斯坦局势可能恶化敲响警钟。

（《涉嫌“煽动叛乱”，谢里夫或遭起诉》，《广州日报》，2009年3月11日）

例①属公文语体的通报体，用规范、简洁的语言提出补充意见，体现了平实简约的语言风格。例②属公文语体的函电体，用庄重褒扬语辞和排比辞式提出希望和努力的方向，体现出庄重、文雅、雄劲的语言风格。例③属科技语体的论著体，用科学术语和论证性的语言总结全文，说明研究成果的价值，体现出平实、谨严的语言格调。例④属文学语体的散文体，以优美的词句、华美的比喻和拟人，以及连续问而不答而引人联想体味的设问，构织结尾，描写故乡的溶溶月光，抒发作者怀念故乡的无比深厚的感情，体现出绚丽优美而又意蕴深沉的风格。例⑤属政论语体，用对偶辞式、祈使语气提出希望和号召，体现出雄健、优雅的风格。例⑥为新闻语体的消息体，引用评论结尾，格调平实、简短、意明，传递出重要的新闻信息。

第七章　汉语言风格手段生成之文化导因透视

上面论述的生于汉语言文化的风格手段，无论是孕育于汉语言要素文化特点的，还是出自超语言要素文化特点的，其导因都是中华民族的物质文化、制度文化和精神文化。所谓导因即由于反映和承传某种文化现象的需要，而在某种物质文化或制度文化或精神文化的导引下，根据语言文化的某种特点创造某种风格手段。

第一节　导因于物质文化

一、物质文化的内涵

物质文化是指人类创造的物质财富的总和，它“是针对自然界而创造的，是经过改造了的自然存在物，它包括由劳动者、生产资料和生产对象所构成的现实生产力和生产成果”①。物质文化“不是指原本的自然，而是人创造的‘第二自然’，或者说是对象化的劳动的成果”②。它既包括人类利用自然条件而创造出的为人们生活所需要的各种有形实物所表现出来的文化，如服饰、日用器具、食品、饮料、建筑物、劳动工具、交通运输工具、科学技术、医药卫生、文娱活动中表现出来的文化，也包括与特定地区的人们生活十分密切而使人们对之产生各种不同感情和认知的自然物与自然现象中表现出来的文化，如园林、山川河流、动植物、矿物质等被人们融入感情后所表现出来的文化。物质文化所反映的是人与自然的关系，具有获取与创造的功能，它是整个文化系统不断发展的基础和动力。③

物质文化与人们的社会生活息息相关，是人类赖以生存和发展的物质基础，人要生活、要生存、要发展，离不开衣、食、住、行的事物；人要交际、交流思想，也少不了衣、食、住、行的语言。衣、食、住、行语言的产生以及对其运用所生成的语言风格是受物质文化制约的。

---

① 何云波、彭亚静主编：《中西文化导论》，中国铁道出版社，2000年，第11页。

② 童庆炳主编：《文化概论》，武汉大学出版社，2000年，第46页。

③ 邢福义主编：《文化语言学》，湖北教育出版社，1990年，第79页。

二、物质文化的标志

物质文化成果被创造出来，都会用命名手段给它一个标志——名字。命名是反映客观事物的本质和特征的一种艺术性的语言创造，这种创造历来为汉人所重视，有着悠久的文化传统。据《左传》记载，春秋时就有了“命名之道”，即“名有五：有信，有义，有象，有假，有类”，“以名生为信，以德命为义，以类名为象，取于物为假，取于父为类”。汉民族的先人早已懂得为事物命名的重要性，非常重视和讲究命名，无论是对一般事物、人物的命名，还是赋予创造的物质文化成果以名都是如此。例如，北宋著名画家张择在创造了以当时汴京（河南开封）大街上近百家商店各有特色的招牌为内容的一幅画之后，定名为《清明上河图》。这个名字是汉文化的结晶，富含汉民族风格色彩，具有巨大的宣传效力，极大地提高了这幅物质珍品的价值。中华民族承传、发扬了这一命名文化传统，非常善于给自己创造的物质文明赋予名实相符的名字，以提高其声誉与价值。例如，在现代的经济领域里，很多厂家、商人都很讲究给自己创造的物品赋予具有汉文化意蕴、适合公众文化心理的名字。据《广州日报》一篇题为《小糊涂仙酒品位非凡，酒名独具文化内涵》的“购买指南”称：“产自贵州的小糊涂仙酒之所以能突破地域观念，热销北京、广州、武汉、兰州、长沙等市场，就因为其独具文化内涵的品牌形象，引起了广大消费者的浓厚兴趣。许多消费者认为饮小糊涂仙酒，不仅仅是其品位上乘的酒质和独具的口味，更令人感到一种文化的行业熏陶和哲理的启迪。”的确，郑板桥的名言“难得糊涂”讲的就是“小糊涂，大智慧”“小事糊涂，大事不糊涂”，这样才能健康长寿，家庭幸福，和谐人际关系，事业有成。江苏无锡红豆针织集团公司始初是一家以旧祠堂为厂房，只有八台棉纺车的乡镇企业，如今已成为明星企业，名列中国内地十大名牌服装之列，市场占有率一直居全国前茅，光出口创汇就有过亿美元。红豆集团总经理在总结其成功秘诀时意味深长地说：“这得益于红豆商标文化！”“红豆”引自唐代诗人王维《相思》：“红豆生南国，春来发几枝。愿君多采撷，此物最相思。”这些诗句不仅在我国脍炙人口，在日本、朝鲜、东南亚及欧美华人圈也广为传诵。“红豆”是相思之物，红豆集团赋予它丰富的感情价值，用作企业及其产品名称，如“红豆衬衣”等，融情感因素于商品交换之中，既表达了厂家把件件衬衣看作献给消费者的爱心，以情招客，又能引起消费者“此物最相思”的共鸣。因而“红豆”产品一问世，便以其品牌积淀、文化内蕴、寓意美好、符合消费者的品位，而迅速在海内外广大消费者中盛享美誉，取得了轰动的经济效应，许多华侨和日本的男女把“红豆衬衣”作为互相馈赠和珍藏的佳品。由于日本人对“红豆”情有独钟，日本客商竟愿意提价20%前来订货，产品一时供不应求，于是红豆集团走出国门在日本办了分厂。这个产品的名字中丰富的精神内涵和高品位的文化积淀，是提高商品知名度、美誉度，并在竞争中取胜的重要因素之一。[①]“小糊涂仙酒”“红豆衬衣”“梅鹊枕巾”“金利来领带”“长城空调”“中华灵珠宝”等都是富有文化意蕴的商品名，都是生长于中华文化土壤的物质文明成果。

三、导因于物质文化的风格手段丰富多彩

中华民族的物质文化非常发达，反映物质文化的语言手段丰富多彩，它们都有这样或那样的风格色彩，可作各种语言风格手段。例如：

①口中问饮食，腰间索孔方。

（邱哄《投笔记》）

②光阴流逝如箭，科技迅猛发展，计算机技术跨入时代的 1993 年。我们未曾忘记对广大用户的承诺，更无法割舍对老朋友如丝如缕的挂念。

（计算机软件广告）

③而于狗，却不能引此为例，与对等敌手齐观，因为它无论怎样狂嗥，其实并不解什么“道义”，况且狗是能浮水的，一定仍要爬到岸上，倘不注意，它先就耸身一摇，将水点洒得人们一身一脸，于是夹着尾巴逃走了。但后来性情还是如此。

…………

叭儿狗一名哈巴狗，南方却称为西洋狗了，……它却虽然是狗，又很像猫，折中，公允，调和，平正之状可掬，悠悠然摆出别个无不偏激，唯独自己得了“中庸之道”似的脸来。

（鲁迅《论“费厄泼赖”应该缓行》）

④梅花荷花耐寒凌霜

梅花“禀天质之至美，凌岁寒而独开”，是花中四君子之一，也是中国文人的人格最高理想的象征。另外，梅花的五个花瓣象征着五福，故有“梅花开五福”之说。荷花也是花中四君子之一，它秋季开放，耐寒凌霜，象征高尚的品格，古人以梅花洗菊瓣洗作文具，就是提醒读书人要洗去俗气和心中的污垢，做经得起考验的君子。

（钏葵《梅花荷叶笔洗象征君子品德》，《广州日报》，2012 年 5 月 20 日）

例①“孔方”原指铜钱中的方孔，以“孔方”指钱是借代，是导因于古代钱文化的物质成果。它言此意彼，既是汉语言民族风格的标志，又是生成含蓄、典雅表现风格的手段。例②弓箭是古代人们发明的一种常用狩猎、作战的工具。人们在制造、使用箭的过程中，对箭有着深刻的认识，并赋予它多种文化含义。

---

① 黎运汉：《商务语言教程》，暨南大学出版社，2005 年，第 71 页。

中国古代，人们认为箭是速度最快的，常用箭来比喻速度快，成语“光阴似箭”、谚语“光阴似箭，日月如梭”就是这样认识的反映。例③“狗”包括在自然环境里生长的野狗和由人饲养的家狗，前者是原本的自然物，后者是经过人改造了的自然存在物，鲁迅这里刻画的落水狗和叭儿狗，是指同咬人之狗性情一致的国民党反动派的走狗文人。作者运用比拟、比喻的手法，抓住其最本质的特征，作粗线条的勾勒，深刻地揭示和尖锐地抨击了他们表里不一的丑恶嘴脸和阴险毒辣的如同落水狗、叭儿狗的本相，既生动形象又幽默含蓄，是鲁迅先生创造的对象化了的物质文明，它是优美、幽默、含蓄的风格手段和民族风格的标志。例④“梅花、菊花”是自然植物，梅花独自盛开于严寒风雪的季节，它色淡清香，枝干无叶如铁；菊花在秋末冬初开放，它凌霜耐寒，清香飘逸，皆为中国民俗赞誉的“四君子”之属，着眼于其形态习性与人的社会性相似点，注入中华民族的哲学思想和审美意味，以之象征“高雅、纯洁、坚毅、淡泊”的道德品质，蕴含着丰富而深厚的中华民族文化意涵，成了汉人创造的物质文明，具有深厚的汉语言民族风格色彩和优美、蕴藉、简洁的语言表现风格情味。

“茶”是汉人改造原本自然物“野茶”而创造的物质财富。中国被世界公认为是茶叶的故乡。英文“中国”一词“China”就是“茶”的音译。茶是一种有益的饮料，中国人很早就有饮茶的习惯，所以饮茶就成为我们的“国饮”。我国人民凭着优越的自然条件和自身的勤劳智慧，经历数千年的生产实践，改造野茶，创造品质优异、制作精良、风味佳美、有益身心的各类名茶，并且在饮用茶叶的过程中，创造和发展了历史悠久、辉煌灿烂的中国茶文化。记载和传承茶文化的语言手段，诸如与茶有关的茶树、茶叶、制茶、喝茶、品茶、茶楼、茶壶、茶杯、泡茶、茶味、茶质、浓茶、淡茶、茶类、绿茶、黄茶、黑茶、砖形茶、团块茶、普洱茶、红茶、苦丁茶、乌龙茶、武夷名茶大红袍等词语，以及：

①龙井泉多奇味　武夷茶发异香
鸡毛蒜皮也财宝　荷花茶叶皆文章
廉江鹤地水库水清冽　云角山冈香茶香味甘

（卢永儒《茶联与名茶相得益彰》，《老人报》，2009 年 11 月 25 日）

②珍宝紫砂高档茶礼，打造紫砂茶礼第一品牌。一杯茶，一段历史，一种文化！茶融入了当地的文化，并形成了一种独到的艺术，也最能于细微处见精神。爱喝茶一族，注重的不仅仅是茶的品种，茶的年份，更注重品茶是否能喝出健康来！

（宜兴市珍宝阁紫砂礼品有限公司作品证书）

③“茶”字，它有使人回归自然之意。“人”在草字头之下，“木”字之上，意为在草木之间，表示人类本是自然中的一部分，应回归自然。……茶使人健康，茶使人长寿。国人因而一直以“茶”字作为长寿的象征。巧

合的是茶字以草字头，与“廿”相似，中间的“人”字与“八”相似，下部“木”可分解为“八十”。“廿”加“八”再加“八十”等于一百零八岁。所以把一百零八岁的老人称为“茶寿老人”。久而久之，许多人便将“茶”字代表长寿。

（甘章成《茶字代表长寿》，《老人报》，2009年11月25日）

这些茶联、茶诗、茶文中关于“茶”的语辞，都是导因于茶文化的物质成果。它们或质朴自然，或优美、形象、有趣，都蕴含着明确的中国茶文化信息，很能体现汉语言民族风格和朴实、优雅的表现风格。

俗话说：“民以食为天。”我们汉人素来崇尚“吃”，“吃”文化源远流长，非常发达，反映“吃”的物质的语言十分丰富，这些语言含有特定的文化意蕴，鲜明体现汉语言民族风格。

台湾著名的修辞学家、文学评论家沈谦教授曾经说过：“中华民族有两样绝活——美食和美辞。”（《修辞学·自序》，空中大学印行）美食的美辞是在美食文化背景制导下产生的，它富有民族色彩和美学特质，透过文化视角对其品味和欣赏，能联想到佳肴的美质，获得精神的愉悦享受。

第二节　导因于制度文化

制度文化是指人们改造社会的活动方式及其产物。它是人们在处理人与人、个体与群体在物质财富创造过程关系中所形成的种种制度，以及与之相关的理论、规范等，它包括如第一章第一节所说政治制度、经济制度文化。而语言作为个人与他人、个体与群体之间进行社会交际活动的工具，正如英国学者布赖思·福斯特所说：“并非存在于真空之中，社会、政治、宗教和技术等各个方面的变动均对语言产生很大影响。”（《变化中的英语》）语言风格手段作为运用语言的产物，它的生成和发展，必然导因于制度文化，这在词语风格手段和辞格风格手段方面的表现尤为明显。下面从主要的四个方面进行论释：

一、导因于政治文化

在制度文化诸因素中，政治文化是处于核心地位的因素，它具有制导性功能。影响和制约语言与语言风格手段产生和发展变化的政治文化因素很多，而国家的社会制度、政治路线、方针政策和法律法规等则是最主要的。汉语里很多风格手段都是导因于这些政治文化因素的。例如：

①天子之妃曰后，诸侯曰夫人，大夫曰孺人，士曰妇人，庶人曰妻。

（《礼记·曲礼》）

②赤日炎炎似火烧，野田禾稻半枯焦。农夫心内如汤煮，公子王孙把扇摇。

（施耐庵《水浒传》第十六回）

例①的“妃”“夫人”“孺人”“妇人”“妻”是同义词语，丈夫的官爵地位不同，妻子的别称也就不同。例②通过农夫与公子王孙的对比，揭露封建社会尖锐的阶级对立。这些同义手段和修辞格的内涵都源于封建社会的政治制度文化。它们都有风格色彩，既是汉语言民族风格的标志，也是汉语言时代风格、典雅表现风格的生成手段。

1949 年 10 月 1 日，中华人民共和国宣布成立，中国的社会制度发生了质的变化。随着中共中央和人民政府不同时期的政治路线、方针政策、法令法规的颁布和贯彻执行汉语里产生了许多新的交往形式、新的语言现象、新的风格手段。下面先看社会主义建设初期的语例：

全国同胞们：

中国人民政治协商会议第一届全体会议已胜利地完成了自己的任务。

…………

同胞们，中华人民共和国已经宣布成立，中国人民已有了自己的中央政府。这个政府将遵照共同纲领在全国境内实施人民民主专政。

（毛泽东《中国人民大团结万岁》，1949 年 9 月 30 日）

上例中带点的新语言现象都是在特定政治文化背景下产生的，它们都有特定的文化内涵，都有一定的风格色彩，都可体现汉语言民族风格、时代风格，有的常用于政论语体、新闻语体，有的见于文学语体，为生成各自的语体风格的手段。

十一届三中全会以后，我国进入了以经济建设为中心的社会主义建设新时期，特别是改革开放以来，实行对外开放、对内搞活经济的政策，政治稳定，社会安定，民主和法制建设也逐步走上轨道，各方面都出现了欣欣向荣的新局面，尤其是进入 21 世纪以来，我国社会主义现代化建设全面稳定发展，各条战线都取得了新的重大成就：经济实力大幅度提升；改革开放取得重大突破；人民生活显著改善；民主法制建设取得新进步；文化建设开创新局面；社会建设全面展开；国际和军队建设取得历史性成就；港澳工作和对台工作进一步加强；全方位外交取得重大进展；党的建设新的伟大工程扎实推进。① 在这个时期，各种新事物、新现象、新概念层出不穷，各种观念、各种思想全面涌现和碰撞，社会发生急剧转变，大量的新的言语现象、新的语言风格手段以“爆炸”的形式进入汉语语用系统中。下面看这一时期的语例：

①要坚持党的十一届三中全会以来的路线、方针、政策，关键是坚持“一个中心，两个基本点”。不坚持社会主义，不改革开放，不发展经济，不改善人民生活，只能是死路一条。基本路线要管一百年，动摇不得。……

改革开放迈不开步子，不敢闯，说来说去就是怕资本主义的东西，走了资本主义道路，要害是姓“资”还是姓“社”的问题。……特区姓“社”不姓“资”……

（邓小平《在武昌、深圳、珠海、上海等地的谈话要点》，1992 年 1 月 18 日—2 月 21 日，《邓小平文选》第三卷，人民出版社，1993 年，第 370—380 页）

②一批 20 世纪 70 年代，现在 30 岁上下的年轻人，……成了社会的“白骨精”（白领、骨干、精英分子），在承担责任的同时，他们也成为时下消费的中流砥柱。

（《北京青年报》，2004 年 2 月 6 日）

③杭州：“网上政府”与市民“亲密接触”。

（《人民日报》，2004 年 8 月 14 日）

④胡锦涛指出，当前和今后一个时期，要重点抓好以下几项工作。一是要加快文化体制机制改革创新，按照创新体制、转换机制、面向市场、增强活力的要求，加快经营性文化单位转企改制，稳步推进公益性文化事业单位改革，构建统一开放竞争有序的现代文化市场体系，加快推进文化管理体制改革。二是要加快构建公共文化服务体系，按照体现公益性、基本性、均等性、便利性的要求，坚持政府主导，加大投入力度，推进重点文化惠民工程，加强公共文化基础设施建设，促进基本公共文化服务均等化。三是要加快发展文化产业，认真落实文化产业振兴规划，精心实施重大文化产业项目带动战略，推进文化产业结构调整……

（《胡锦涛在中央政治局第二十二次集体学习时强调精心打造中华民族文化品牌》，《广州日报》，2010 年 7 月 24 日）

以上各例中带点的言语现象都富有中华文化内涵，都是在“文革”结束至今的政治文化制导下产生的。丰富多彩，既有规范修辞，辞里辞表一致的语句手

① 胡锦涛：《高举中国特色社会主义伟大旗帜，为夺取全面建设小康社会新胜利而奋斗——在中国共产党第十七次全国代表大会上的报告》，人民出版社，2007 年。

段，也有变异修辞，辞里辞表不一的词语手段和辞格，它们都有一定的风格色彩，都可作汉语言民族风格手段、时代风格手段和政论语体、新闻语体的表现风格手段。

二、导因于经济文化

经济与政治密不可分，政治路线、方针政策决定经济发展的走向和前景，而经济是体现政治的一个重要方面。经济又是社会制度的基础，它决定人的思想意识，并使人们形成一种社会价值观，这种价值观直接影响着人们对事物的态度，并支配着人们的言行举止。因而，语言风格手段的产生与发展不仅与政治文化背景密切相关，而且也必然导因于经济文化。下面看语例：

①帝国主义列强从中国的通商都市直至穷乡僻壤，造成了一个买办的和商业高利贷的剥削网，造成了为帝国主义服务的买办阶级和商业高利贷阶级，以便利其剥削广大的中国农民和其他人民大众。

（毛泽东《中国革命与中国共产党》，见《毛泽东选集》第二卷，人民出版社，1954 年）

②1953 年开始，中国进入了大规模的社会主义改造和有计划的社会主义建设时期，制定了发展国民经济的第一个五年计划，确定了商业工作的基本任务是："积极发展城乡的物资交流，促进工农业生产发展，保持市场物价稳定，以保证国家社会主义工业化建设，逐步保证人民需要，发展工农联盟，并稳定地对私营商业进行社会主义改造。" 在这个经济文化因素促进下产生了许多新的商业语言，例如"商业部""对私营商业进行社会主义改造""国营商业企业全面实行经济核算制""金库回笼制""泻肚子"（压缩库存、挤出资金）、"统购""统销""预购""商业资本家""公进私退""私营批发商""私营粮商""对资本主义商业的改造""帝国主义商业""官僚资本主义商业""民族资本主义商业""工不如商、商不如囤（积）、囤不如投（机）、"赎买政策""大批发商""小批发商""国家资本主义商业""民间商业""专业代销"等。

…………

"文革"结束后，我国进入了新的发展时期，特别是改革开放以后，实行对外开放、对内搞活经济的政策。在这样的经济文化土壤里生长出丰富多彩的商务语言。诸如经济特区、外向型、合资企业、名牌产品、承包商、三包、一口价、泡沫经济、绿色食品、个人承包、乡镇企业、第四产业、倒爷、大款、富姐、微笑服务月、礼仪先生、礼仪小姐、下海、私人海城、中华灵芝宝、太阳神口服液礼仪等如雨后春笋，不断涌现。

③完善基本经济制度，健全现代市场体系。坚持和完善公有制为主体、

多种所有制经济，毫不动摇地鼓励、支持、引导非公有制经济发展，坚持平等保护物权，形成各种所有制经济平等竞争、相互促进新格局。深化国有企业公司制股份制改革，健全现代企业制度，优化国有经济布局和结构，增强国有经济活动力、控制力、影响力。深化垄断行业改革，引入竞争机制，加强政府监管和社会监督。加快建设国有资本经营预算制度。完善各类国有资产管理体制和制度。推进集体企业改革，发展多种形式的集体经济、合作经济。推进公平准入，改善融资条件，破除体制障碍，促进个体、私营经济和中小企业发展。以现代产权制度为基础，发展混合所有制经济。加快形成统一开放竞争有序的现代市场体系，发展各类生产要素市场，完善反映市场供求关系、资源稀缺程度、环境损害成本的生产要素和资源价格形成机制，规范发展行业协会和市场中介组织，健全社会信用体系。

（胡锦涛《高举中国特色社会主义伟大旗帜　为夺取全面建设小康社会新胜利而奋斗——在中国共产党第十七次全国代表大会上的报告》，2007 年 10 月 13 日）

以上各例中带点的都是特定时期新生的经贸语言，都是导因于特定的社会经济文化环境的产物，具有鲜明的民族性和时代性，是体现汉语言民族风格、时代风格和语体风格的重要物质手段。

三、导因于婚姻文化

婚姻是指因结婚而产生的夫妻关系，中国的婚姻是构成中国家庭的前提和纽带。婚姻制度是男女关系的表现形式，标志着男女在家庭中的关系与地位，它以婚姻法律和婚姻礼俗制约着男女在家庭中的地位和关系，是制度文化的基本因素。

中国是文明古国，婚姻制度文化有着几千年的历史，在漫长的发展史上走过了从杂婚、血缘群婚、对偶婚到一夫一妻婚的行程。行程中各个阶段的婚姻文化有继承有发展。封建社会在专制婚姻文化的制约下，妇女的地位低下，妻妾受族权、夫权统治，是丈夫的附属品，家庭中妻子的责任是生儿育女、织布做饭、服侍公婆丈夫。现代社会提倡婚姻自由、男女平等、夫妻平等，但仍留有旧的婚姻文化残迹。古今的婚姻文化现象在汉语里都有反映，依据婚姻文化生成的风格手段为数不少。例如“迟枉琼瑶，慰其杼轴”（何逊《为衡山侯与妇书》），“杼”即梭，“轴”即滚筒，都是织布机上的零件，借“杼轴”代替妻子，便源于古代家庭中男耕女织的地位。现代作家李准《李双双小传》中的喜旺称妻子李双双为“俺做饭的”“屋里的”也是借代用法，它源于喜旺的夫权文化意识。“夫人”这一称谓据说是王莽称帝时赐给一个丞相的妻子的。到公元三世纪，“夫人”这一称谓广泛用于指称丈夫为上流社会官吏的妻子们。再后来，连民妇也称“夫人”了，如赵晔《吴越春秋》卷三：“适会女子击绵于濑水之上，中有饭。子胥遇之谓曰：‘夫人可得一餐乎？’”“太太”在明朝是用来指中丞以上官员的妻子的，后来用作官吏妻子的通称。现代“夫人”和“太太”是对妻子的尊称。这种称谓或借代的内涵及其演变都是为婚姻文化所影响的。下面看导因于婚姻文化的风格手段：

①将仲子兮……岂敢爱之，畏我父母；仲可怀也，父母之言，亦可畏也！

（《诗经·将仲子》）

②我的爹呀，我的娘，你不该错听媒人讲。
媒人是个油嘴狗，走东去西乱扯狂。
又说男家多发财，又说新郎比人强。
说得爹娘哈哈笑，你的女儿就上当。
既是男家多么好，媒人也有女儿和姑娘。
就该把女儿嫁给他，偏偏要我去配郎，
媒人只图收谢礼，哪管别人死和亡。
这样害人有报应，死后尸骨晒太阳。

（川西《骂媒人歌》，见曲锒《中国的传统婚姻》）

③在日新月异的今天，门当户对这一传统观念是否应该得到传承、发扬？

…………

一度热播的《新结婚时代》将一对农村男与城市女结合后凸显的矛盾、冲突真实地搬到观众面前，在顾小西被婆家人弄得心力交瘁、痛苦万分时，小西妈说了一句经典话：“你不是嫁给何建国一个人，你是嫁给他一家人！……”

…………

抛开灰姑娘嫁入豪门、穷小伙攀龙附凤后那未知的将来，就说男人之间的友谊吧。纵是关系很铁的朋友，如若一方富贵一方潦倒，慢慢也会疏远。物以类聚、人以群分，只有层次相同或接近，大家才容易有共同话题共同爱好。

因此，高干子女联姻也就不难理解了。大众也没必要用“仇视”的心理对待之。

（菡菡妈妈《门当户对的婚姻过时了吗》，《广州日报》，2009年7月2日）

④“父母之命，媒妁之言”，这是中国古代婚姻的特色，后来，媒妁之言依然以各种形式存在，比如亲友做媒、报刊征婚、婚姻介绍所……

媒人在传说中的形象不错，如月老、老槐树、红娘等，不过在现实生活中往往不是正面人物。戏剧中媒婆的造型，绝大多数看起来可笑或者可恶。

QQ、MSN、BBS，如今这些网络媒婆让现代男女选择面大大扩展。

（朱辉《媒妁之言》，《广州日报》，2009年7月19日）

例①直述了择妇择夫要听从父母之命的婚姻状态；例②新娘临嫁时唱的民俗仪式歌。这些关于婚姻问题的言语和例③④中带点的言语手段，以及诸如“千里姻缘一线牵”“天下有情人终成眷属”“岳父”“东床”“无媒不娶，无媒不嫁”“洞房花烛”“明媒正娶”“拜堂”“拜天地”“入洞房”“吃交杯酒”“陪嫁女”“入赘”“招驸马”“童养媳”“黄昏恋”“嫁鸡随鸡，嫁狗随狗”“嫁出去的女，泼出去的水”“旅行结婚”“征婚广告”“钻石婚”等语辞，都是由汉民族的婚姻文化和汉语的文化性能熔铸而成的。它们或平实或华丽，或通俗或含蓄，而且具有鲜明的民族性和时代性，是很能体现语言民族风格、时代风格、表现风格的手段。

四、导因于民俗文化

民俗是人们在各种社会生活中世代沉淀下来的生活习俗、礼仪风尚和信仰等民间文化现象的总和，是人民大众约定俗成的民间文化模式和社会规约，它产生并流行、传承于各民族长期的历史发展过程之中，反映着各民族独特的文化背景，具体表现为各民族的衣、食、住、行、婚、丧、节庆、娱乐、交谈、生产等各方面所具有的独特爱好和禁忌。在各民族的物质生活、社会生活、精神生活的各个领域中都具有很强的生命力和渗透力，既服务生活、参与生活、丰富生活，也规范、制约生活和言行举止。就这个意义上，人无不生活在一定的民俗文化环境之中，而“语言的使用作为政治经济文化生活的重要条件”，它跟民俗有着密不可分的联系。人类语言学的奠基人、美国人类学家爱德华·萨丕尔说：“语言也不能脱离文化而存在，就是说，不脱离社会流传下来的决定我们生活面貌的风俗和信仰的总体。”[①] 现代语言学的创始人、瑞士语言学家索绪尔说：“一个民族的风俗习惯常会在它的语言中有所反映。”[②] 语言是社会民俗文化的产物，也是民俗文化的重要载体；语言与民俗文化难舍难分，二者相互依存，相互作用。语言风格手段作为运用语言的产物，无疑不能脱离特定的民俗文化。汉语里有不少风格手段的产生是导因于汉民俗文化的。

（一）导因于生活习俗

衣食住行是人们日常生活最基本的四大需求，是人们生存须臾不离的文化要素。每一个民族的衣食住行都有自己的独特的习俗，都有导因于反映其独特习俗

---

① 爱德华·萨丕尔著，陆卓元译：《语言论》，商务印书馆，1964年，第196页。

② 费尔迪·索绪尔著，高名凯译：《普通语言学教程》，商务印书馆，1985年，第43页。

的语言现象和运用语言而生成的风格手段。中华民族，在漫长的历史长河中积累了丰富的衣食住行的习俗文化，创造了多姿多彩、根于民间日常生活习俗文化的语言风格手段。例如：

①做工的人。傍午傍晚散了工，每每花四文铜钱，买一碗酒——这是二十多年前的事，现在每碗要涨到十文，便可以买一碟盐煮笋，或者茴香豆，做下酒物了，如果出到十几文，那就能买一样荤菜，但这些顾客，多是短衣邦，大抵没有这样阔绰。只有穿短衫的，才是进店面隔壁的房子里，要酒要菜，慢慢地坐喝。……孔乙己是站着喝酒而穿长衫的唯一的人。……穿的虽然是长衫，可是又脏又破，似乎十多年没有补，也没有洗。

（鲁迅《孔乙己》）

②火车是女的，
汽车是男的；
汽车看见火车，
总是让火车先过去。

（张绣燕《火车和汽车》）

③有些男人，西装裤尽管挺直，他的耳后勃根，土壤肥沃，常常宜于种麦！

几天不吃肉，他就喊“嘴里要淡出鸟儿来！”若真个三月不知肉味，怕不要淡出毒蛇猛兽来？有一个人半年没有吃鸡，看见鸡毛帚就流涎三尺。

（梁实秋《雅舍小品·男人》）

④朱门酒肉臭，路有冻死骨。
荣枯咫尺异，惆怅难再述。

（李白《奉先咏怀》）

⑤宅中有园，园中有屋，屋中有院，院中有树，树上见天，天中有月。不亦快哉！

（林语堂《来台后二十四快事》）

⑥每当夏天来临，牧场、田边；山腰、湖畔；高山、草甸：到处盛开了美丽的杜鹃花！万紫千红，一直开到锦缎，大幅大幅地铺在中国大地上，它们覆盖起一座座山峰，使整座整座山峰都穿上了剪裁合身的最时新的艳丽的衬衫和裙子。

（徐迟《生命之花常青》）

以上语例中蕴含习俗文化的语言现象，有的是关于衣食住行的名词术语，如“西装”“长衫”“肉”“鸡”等；有的是反映衣食住行的修辞格，如例②比喻，例③夸张，例④借代兼对比，例⑤顶真，例⑥拟人。它们产生的动因都直接或间接地与人们日常生活的习俗相关，都鲜明地反映着特定的衣食住行习俗文化风貌。它们或以辞表义直述，或以辞里意曲达，或朴实自然，或形象生动，或含蓄简约，都有一定的风格色彩，都可体现语言民族风格和表现风格，有的还可体现时代风貌或地域情调。

（二）导因于传统节日

节日就是集中附着有一定的风俗活动的岁时历日。春节、元宵节、清明节、端午节、中秋节都是中华民族的传统节日，这些节日都有独特的民情风俗。导因于这些节日的民情风俗的言语现象丰富多彩，它们都有特定的文化内涵和风格色彩，其中春节为一岁之首，也是一岁中诸节之首，更是诸节的民俗综合融汇性缩影，最能牵动中华民族的心结与情绪，习俗活动最多、最为隆重，也最富有民族特色，因而由其培育出来的汉语言风格手段可说无法统计。例如，源于春节风俗的俗语“压岁钱”（指代春节时，长辈给小辈儿童的钱物）、“吃团圆饺子”（饺子谐音交子）；谚语“门神对子两边贴，穷人过年怕老爷”“门神不捉鬼”；歇后语“大门上的春联——对红”“三十晚上守岁——迎新送旧”；祝福语“恭贺新禧”“牛年大吉，万事如意”“祝爸爸妈妈，新年快乐，身体健康，福如东海”“祝你牛年走鸿运，牛气冲天”；口彩语“吃生菜”（生财）、“吃年糕”（年高年高年年高）、“年年有余”（吃鱼）；（北京）民谣“二十三，糖瓜沾；二十四，扫房日；二十五，推糜黍（磨面做年糕）；二十六，煮大肉；二十七，宰只鸡；二十八，把面发；二十九，蒸馒头；三十晚上守一宿，大年初一扭一扭”（从腊月二十三到年三十的节目单）① 等，诸如此类的言语现象，都是汉语所特有的，它们是汉民族语言中长期锤炼的精华，为中华民族广大人民所熟悉，与汉民族的春节风俗民情密切相关，是中华文化传统的积淀，带有鲜明的民族风格色彩和简洁、生动形象、通俗平易的表现风格功能。

贴春联是春节的普遍民俗。春联是楹联或对联的一种。楹联是汉语所特有的一种文学语言体式。它利用汉字单音独体和四声分明的特点，构成上下音节、字数对等、词性对称、声调平仄相对的两句联语，显得既精悍，又富有表现力，似并蒂莲花，像戏水鸳鸯，有着很高的实用价值和审美价值，是中华民族灿烂文化宝库中一块十分珍贵的宝石。春联便是这块宝石闪光的元素。每逢春节，我国的中华儿女普遍贴春联，即用红纸写上汉字张贴在自家的大门两旁，既象征好事成双结对，又增添新年的鲜红色彩。联语书写优美，形式对仗工整，意蕴幸福吉祥、美好。例如，“新年纳余庆，佳节喜长春”“爆竹一声除旧，桃符万象更新”“喜鹊登枝盈门喜，春花烂漫大地春”“万里春风梳碧柳，几番时雨润红花；国泰邦兴民乐业，风和日丽燕衔春”等，这些春联都是在春节民俗导引下产生的，

① 肖复兴：《让年味儿更浓些》，《人民日报》，2009 年 1 月 28 日。

语言风格庄重、文雅、简约、优美，具有鲜明的民族色彩，其生成手段如平仄、节奏、褒扬词语、对偶式和象征、烘托幸福吉祥的辞格等都独具汉语言文化特色，它们有机地组成联语，完美地表达了中华民族欢度春节辞旧迎新的祝福、期盼和理想。

汉人有一种传统民俗，十二生肖纪年法，把十二种动物分配于十二地支，如子鼠、丑牛、寅虎、卯兔、辰龙、巳蛇、午马、未羊、申猴、酉鸡、戌狗、亥猪等，叫作“十二生肖”或“十二属”。而在农历纪年和人的生年上常以属相来计算，用“十二属”来形容年和人的特征。在汉语运用中植根于这种民俗土壤可以生成许多富含汉文化特质的风格手段。例如：“1992 年春节一过便是阴历壬申年，即猴年”（《羊城晚报》，1992 年 2 月 21 日），“送别灵通金猴迎来报晓雄鸡”（金猴指 1992 年，雄鸡指 1993 年），“辞鼠迎牛”（鼠指 2008 年，牛指 2009 年）。“在中国传统文化中，老虎神秘、聪明、独立、威猛、顽强、健壮、富有攻击性。不过如果说老虎是力量和权威的象征，它也同时代表着危险。根据民间说法，虎年将会带来机遇和风险，因此在中国经济尚未完全恢复的虎年，人们应该格外小心钱财。据传说，老虎的力量亦会给国内国际造成更多的压力和暴力。但是虎年的象征意义并不都是负面的，虎年就像春天，万物更新。就当前中国现状而言，中国在虎年初始的经济增长速度接近于危机之前的高速，人民对国家的信心恢复。”（《中国人满怀信心跨入虎年》，见《参考消息》，2010 年 2 月 14 日）“你睡吧，区长老大伯，你是不是属猪的?”（李英儒《野火春风斗古城》）每逢春节，人们常根据作生肖纪年的动物的不同特点，制作不同的贺卡，承载着新春的祝福、珍贵的亲情和诚挚的问候，献给亲友。请看下面的话语：

> 羊年的春节，我收到的是一张《牧羊曲》。山坡上，着红衫绿裙的牧羊女，手握羊鞭坐在一株虬曲的树干上，任羊群安详地啃食青草，那只逗人的小羊羔就静卧在牧羊女的身边，一股新春祥和的绿意扑面而来。猴年，贺卡绘的是《取经路上》，简洁明快的线条将人物勾勒得栩栩如生：美猴王于前，唐僧、八戒、沙和尚随后。但见孙大圣金鸡独立，手握金箍神棒，意欲扫尽人间腐恶。还有鸡年的《雄鸡唱晓》，狗年的《忠诚守护》，即便今日把玩于股掌之间，仍然撩起我对逝去岁月的遐想。猪年，贺卡上是《猪八戒背媳妇》，那憨态可掬的“呆子”，笨头笨脑，步履蹒跚，看了，真让人忍俊不禁。鼠年的贺卡让人耳目一新：灵动可爱的米老鼠，双手举着一只通红通红的大灯笼，带着春天的微笑向我们快步走来。灯笼上，三个行书大字“新年好”赫然醒目。背景是一株腊梅，花儿开得很热闹。牛年将至，一封精致的贺卡裹着一身寒意，又翩然落在我的案头。与以往不同的是，这是先生退休后开发的“项目”——一件获奖的根雕艺术作品《奔牛》，但见双角抵牾，脊背强弓，后腿踹地，尾巴竖起，一副冲锋陷阵的样子。望着它，我

就想牛年，咱也要挣脱一切羁绊，好好地牛它一回！

（史良高《别致的贺卡》，《广州日报》，2009 年 1 月 23 日）

多精美的贺卡！一张贺卡就是一幅隽永飘逸的艺术佳作，一张贺卡蕴含着一个美丽动人的故事，一张贺卡承传着一种传统节日的风俗。贺卡是孕育于春节风俗的精品，是体现语言民族风格的鲜明手段。

（三）导因于礼仪习俗

1. 礼仪是中国的传统习俗

中国是礼仪之邦，是讲究礼俗的文明古国，历来十分重视礼仪在社会生活中的重要地位和重大价值，向来提倡“以礼处世”“循礼办事”“待人以礼”“礼多人不怪”。《礼记》说：“鹦鹉能言，不离飞鸟。猩猩能言，不离禽兽。今人而无礼虽能言，不亦禽兽之心乎？”又说：“凡人之所以为人者，礼仪也。”讲礼循礼是人区别于禽兽的本质特征所在。荀子指出：“人无礼则不生，事无礼则不成，国无礼则不守。”“国尚礼则国昌，家尚礼则家大，身尚礼则身正，心尚礼则心泰。”讲礼循礼，语言谈吐文明礼貌是一个国家和民族文明程度的重要标志，也是一个国家兴旺发达的良方；是衡量一个人的道德、教养水准的主要尺度，也是一个人事业成功的基础。孔子说：“君子敬而无失，与人恭而有礼，四海之内，皆兄弟也。”① “礼之用，和为贵，先王之道，斯为美。”② 礼仪能适应人们普遍存在的亲和心理，可以帮助营造和睦、融洽、友好的气氛，润滑人际关系，可以帮助缓和甚至化解人际间的摩擦和对立，获得对方谅解和好感，从而增进友谊，乃至成为朋友、兄弟。商谚说：“信是摇钱树，礼是聚宝盆。”钱从信中来，宝自礼中出，经商要赚钱，关键靠商业道德。商德是服务质量的基础，是取得经济效益的法宝，而诚实守信、礼貌待客是商德的核心。我国古今都有不少商人深谙文明经营、礼貌待客之重要，规范商务礼仪的《生意经》对此作了精当的概括：

生意经，仔细听，早早起，开店门。
顾客到，笑脸迎，送烟茶，献殷勤。
待顾客，要恭敬，顾客问，快答应。
货与价，记得清，从不烦，总耐心。
讲礼仪，重信任，保质量，客盈门。
对老幼，要搀送，多推销，盈万金。

基于对礼仪价值的认知，汉族古人创建了礼仪习俗文化，并把“礼仪往来”视为礼仪习俗中的一个重要的原则。《礼记·曲礼》说：“礼尚往来，往而不来

① 《论语·颜渊》。

② 《论语·学而》。

非礼也；来而不往，亦非礼也。”它强调人们在礼节上应该有来有往，平等相待，对等而行。这是中华民族礼仪习俗传统的精华，现代中华民族的子孙继承和弘扬了这一精华。

2. 导因于礼俗的风格手段丰富多彩

礼俗语是指人们在各种社会交际中长期的风俗习惯所积淀成的表现精神高尚、文明礼貌和文雅谦逊的语言。在现实的语言交际中，传达礼俗信息的手段有有声语言和无声语言两种手段。

礼俗语的产生和运用是受礼俗文化的影响与制约的。中华民族的礼俗文化源远流长，导因于礼俗文化的礼俗语丰富多彩。陈建民曾把中华民族现代人际交往中使用有声的礼俗语归纳为9种类型，即问候语、自谦语、祝福语、致谢语、恭维语、称谓语、吉祥语、禁忌语、角色用语①。我们认为汉语有声语言中最富有文化意蕴的礼俗语是称呼语、赞誉语和致谢语，它们都有特定的风格功能。

（1）称呼语。

称呼语也叫称谓语，是指人们在社会交往应酬中当面招呼对方，以表示彼此之间相互关系的名称语。它反映出交际双方的角色关系和个人的社会价值，同时表示一方对另一方的敬意与礼貌。称呼语有社会称呼语和亲属称呼语之分，敬称语和谦称语之别。用恭敬的口吻称呼人和事叫敬称语，用贬抑口吻称呼自己或与自己有关的事物叫谦称语。汉语中有很多敬称语和谦称语。前者，例如，行政职务敬称语：皇帝、军机大臣、巡抚、知府、总统、主席、总理、部长、省长、县长、校长、厂长、经理等；技术职称敬称语：教授、研究员、编审、医生、记者、工程师等；职业名称敬称语：司机、售票员、服务员、邮递员、演员等；通用敬称语：阁下、先生、女士、小姐、夫人、师傅、老师等；敬称对方有关的事物：贵姓、尊姓、尊名、大名、贵庚、高寿、贵体，贵府、贵国、尊著、大作、尊意、高见等；敬称对方家属：尊祖父、尊祖母，令尊、令堂，尊夫人、贤内助，仁兄、贤弟、令姐、贤妹，令郎、令爱、千金，令婿、贤婿；敬称师长：恩师、尊师、夫子；敬称老者长辈：尊长、台翁、尊翁、世翁、伯翁；敬称男性晚辈：君、贤侄、贤婿等。后者，例如，谦称自己：臣、微臣、下官、在下、小吏、小民、草民、小人、奴才、小女、民女、奴婢、贱人、妾、妾身，鄙人、小生、愚身等；谦称与自己有关事物：敝姓×、小姓×、免贵姓×、小名×，敝校、敝厂、寒舍、陋室，愚见、管见、浅见，拙著、拙文、拙作等；谦称自己的家属：家父、家母，家兄、胞兄、舍弟、胞弟、胞姐、舍妹，犬子、小女，拙荆、贱内、内人、内子等；老者谦称：老夫、老汉、老朽、老妇、老僧等；面对

① 陈建民：《现代汉语礼俗词语与社会文化的关系》，见陈建民、谭志明主编：《语言与文化多学科研究》，北京语言学院出版社，1993年，第146页。

老师、长辈自称：学生、门生、弟子、后学、晚生等。

《礼记·礼运》篇说："夫礼者，卑己而尊人。""卑己而尊人"就是把自己看得卑下而尊敬别人。这是礼俗的社会道德规范，也是中华民族的传统美德。"尊人""卑己"体现于称呼，便集中表现为有声语言中的敬称语和谦称语。敬称语体现对他人的尊重。据美国现代心理学家马斯诺研究，获得"尊重的需要是人生的七种基本需要中的一种心理需要"。对他人的合乎礼貌的称呼，正是表示对被称呼者尊重的一种方式。为了体现尊重，自古至今，汉人在社会交往中称呼他人时，多冠以尊词，如"尊、贵、令、高、雅、台、老、阁、钧、王、惠、芳、贤"等。正如《颜氏家训》所说："凡与人言，称彼祖父母、世父母、父母及长姑皆加尊字、令字，自叔父母以下，则加贤字。"现在进行社会交际的称呼中仍遵循中华民族这一传统美德。谦称语就是"卑己自谦"，"卑己"是有意贬抑自己，"自谦"表示自愿甘居人下，这是中华民族"温良恭俭让"的文化传统在社会交际称呼中的反映，具体表现在称呼自己以及与自己有关的人和事时多冠以谦词，如"愚、敝、鄙、小、晚、贱、家、拙"等。现在进行社会交际的自称中也仍遵循中华民族这一传统美德。

（2）赞誉语。

赞誉语是对别人进行赞美和称誉的礼俗语。在社会交际活动中，赞誉别人也是文明礼貌行为，有着重大的社会价值。美国学者威廉·詹姆斯说过："人性最深刻的原则，就是恳请别人对自己加以赏识。"心理学家认为：人无分男女，位无分高低，年无分老少，都喜欢听到别人真诚的赞美，尤其赞美他本人最倾心、最投入、最得意的，而又不为别人所注意的某些优点、长处，效果更佳。美国著名作家马克·吐温曾半戏谑地说："一句美好的赞语可以使他多活两个月。"此话虽有点夸张，但也不无道理，因为赞美可以使人获得荣誉感和成就感，能使人感受到自我价值的存在，从而受到鼓舞，产生继续完美自我、奋发向上的动力，即使是最优秀、最有成就、最自信的人也希望得到适度、适时的赞扬，恰切而中肯的评价，会心会意的赏识。说得真诚、得体、恰当、中肯的话语，都会滋润他们的心田，甚至使他们心旌荡漾，从而更有信心面对未来。在社交活动中，得体的赞美、称誉能使人获得自尊心和自信心的某种程度的满足，能有效地缩短相互之间的距离，增加双方的理解、信任和亲切感。①

基于赞誉别人有重大价值，汉人便开创并传承了因人因事而异地运用赞誉语的文化传统，创造出不计其数的赞誉语。例如：

①我市教育取得如此巨大的成就，归功于党政重教和社会的崇文支教，但广大教师的无私奉献更是功不可没。长期以来，我市广大教育工作者在较

① 黎运汉主编：《公关语言学》（修订版），暨南大学出版社，2007年，第266页。

为艰苦的条件下，不负人民重托，忠诚党的教育事业，在育人的园地上，不为名、不为利，甘为人梯，默默奉献，为发展我市教育事业培养万千栋梁之材，在平凡的工作岗位上，作出了伟大的贡献。老师们，你们崇高的品格和辉煌的业绩，将永载史册。

国运兴衰，系于教育，教育兴衰，系于教师。教育是永恒的伟大事业。……教师是人类灵魂工程师，教师的职业是光荣而神圣的。

（林佛全《在庆祝2000年教师节暨优秀教师表彰会上的讲话》）

②父亲是一本不容易解读的书。时至今日，我们才真正懂得这本书中深切的内涵：父亲热爱教育、崇尚科学、追求真理、谨言慎行、教书育人、诲人不倦，所以堪为人师，桃李天下；父亲一身正气、两袖清风、为人正派、独善其身、以才安身、以德立命，所以堪为人范，惠及子孙；退休后，父亲回归田园、培土育苗、耕读传家、颐享天年，在希望的田野里呼吸自由的空气，在平静的生活中享受天伦之乐。作为子女，我们无不为有这样的父亲而感到骄傲和自豪，无不为父母的健康和长寿而齐声祝福！

（曹斌《在父亲六十寿辰庆典上的祝词》）

③爱情是古老而年轻的话题，也是不朽的人生主题。许多人已经拥有，更多人正在追求。两位新人有着初恋时"月上柳梢，人约黄昏"的热烈心跳，也有热恋中"冷落清秋伤别离"的难舍难分，经历了"似水柔情，如梦佳期"的苦苦期盼，品尝过"相知不渝，金兰永结"的浪漫温馨，终于迎来这携手共赴红地毯的幸福时刻。古往今来，多少美妙的爱情故事，曾让我们感叹不已，但无论是泪洒斑竹，魂断潇湘，还是天河凝望，情寄西厢，比之两位新人的爱情都要逊色三分。"只应书上有，却道俗尘无"的爱情故事，真实地呈现在我们眼前，使我们由衷地感到：凡尘自有真情在，到底人间喜事多！

刘先生才华横溢，事业有成，如大江东去，声声涛涌，卷起千堆雪；彭小姐纯美善良，小鸟依人，似小桥流水，涓涓细流，滴滴润心田。真是郎才女貌，相得益彰。为此我们真诚地祝愿两位新人在人生宏图上谱写更加绚烂的篇章。

（陈殿林《在婚礼上的祝词》）

以上各例中带点的都是赞誉语。例①是在教师节上对受表彰的优秀教师的赞誉；例②是子女为父亲祝寿时对父亲的称赞；例③是对新郎新娘的赞美，以及用诸如"妙手回春、药到病除、华佗再世"称赞医生医术高明；用"明镜高悬、铁面无私、刚正不阿"称赞执法严明；用"德高望重、德隆望尊"称誉长者风范；用"宝刀不老、老骥伏枥"称赞老有所为等，都是导因于礼俗文化的文明礼貌语辞。

(3) 致谢语[①]。

致谢语也叫道谢语，是指别人为自己花了很多精力和时间，或在物质上提供了方便，或帮助自己解决了困难，或在精神上给予大力支持和鼓励而需要向对方表示感谢的话语。致谢语也是导因于礼俗的文明礼貌语言。最常见的，如：

①呵，我愿意将来听到你看到你再有机会走进你时，你更繁荣、更文明、更美丽！

谢谢大家，谢谢香港！

（李军《我爱你，香港！——在“告别香港”座谈会上的发言》）

②谢谢！欢迎您下次再来，再见！

谢谢您对我的鼓励。

（商业柜台服务人员送别客人致谢语）

③今天重返母校和各位校友、老师见面，的确是心潮澎湃，思绪万千。有多少心里话，不知从何说起，但首先应该表达感激之情。

一是感谢射阳中学老师对我的培养。……

二是感谢家乡人民对我的哺育。……

三是感谢射阳领导对我的支持。

（刘古昌《回中学母校的即兴演讲》）

例①②是一般礼貌性的致谢语；例③是感恩致谢语。

以上礼俗语都是导因于中华民族精神文化的礼貌套语，是汉语特有的言语现象，具有鲜明的民族色彩，是能体现汉语言民族风格的手段。

第三节　导因于精神文化

精神文化是人们改造主观世界的活动方式及其产物，是对客观事物的反映。如前文所说思维方式、价值观念、审美意识等都属精神文化的范畴，它是在物质文化、制度文化的基础上形成的有关观念形态方面的文化，这种文化在民族文化系统中占有十分重要的地位；它对人们的言行举止直接起着制导作用，众多的语言风格手段都是在它导因下产生的。下面谈其主要的几个方面：

一、导因于思维方式

思维方式是人们看待和处理客观对象的比较稳定的思维模式和方式方法，是

① 常敬宇编著：《汉语词汇与文化》，北京大学出版社，1995年，第111页。

民族文化的核心哲学思想的一种具体表现，“是人类文化行为的深层本质，属于文化现象背后的、对人类文化行为起支配作用的稳定因素”，是“决定民族文化如何发展的一项重要的控制因素”。[①] 语言风格手段是语言文化的组成部分，又是其他文化因素的载体和表征，因而它的生成与发展必然受到思维方式的控制和支配。中华民族很早就产生了二元对立辩证统一的思维方式，看待任何事物都很注意正反两面及其互存互补、相互生发、引同协异、相互转化。例如，“天地万物之理，无独必有对”[②]，“立天之道，曰阴与阳；立地之道，曰柔与刚；立人之道，曰仁与义；兼三才而两之”[③]，“凡天下之事，一不能化，惟两而后能化”[④]，“两不立，则一不可见，一不可见，则两之用息”[⑤]，“约而能张，幽而能明，弱而能强，柔而能刚”[⑥]，“行柔而刚，用弱而强，转化推移”[⑦]，“天下之变万，而要归于两端，两端归于一致”[⑧]，“有无相生，难易相成，长短相形，高下相倾，音声相和，前后相随”[⑨] 等。汉族人民大都是按上述对立统一的辩证思维方式去思考问题、去认识事物、去制约言语活动的。语言和语言表达手段是思维工具，作为“二元”工具它一般都与思维方式相适应。汉语体系中有很多“二元”“对立”而有异于别的民族的语言现象。例如，语调的高低升降、声调的升降抑扬、普通话语音与方音，单音词与复音词、同义词与反义词、单义词与多义词、词义的正解与词义的别解，语序的常与变、语气的主动与被动、句子结构的松与紧，以及书写汉语的符号体系——汉字形体的完整与拆析等。而辩证思维方式作用于这些语言现象而构成的风格手段，都有鲜明的民族烙印，蕴含着丰富的汉文化内涵。例如，利用音节声调结合在元音上显示出升降抑扬的特点，构成的平仄手段；利用单音词与复合词的交叉配置而造成的节奏错综；利用同音异义、词的多义现象构成的谐音与语义双关；利用同义词的同中有异现象构成的同义错综；利用同义词的变异用法而构成的褒贬易色或反语，以及大词小用或小词大用；利用语序的常变构成的常式句与变式句；利用语气的主动与被动构成的主动句与被动句；利用句子结构的松紧构成的松句与紧句；利用单音词、复音词与反义词构成对偶的反对；利用汉字形体整与拆的特点构成的拆字，以及辞格中的对照、倒

---

① 张岳岱：《中国思维偏向》，中国社会科学出版社，1991 年。
② 《河南程氏遗书》卷十，1989 年，第 117 页。
③ 《周易·说卦》。
④ 《朱子语录》卷九十八。
⑤ 张载：《正蒙·太和》。
⑥ 《淮南子·原道训》。
⑦ 《淮南子·原道训》。
⑧ 《老子·衍》。
⑨ 《老子》第二章。

辞、反缀、反衬、同异；组段谋篇中的抑扬法、虚实法、转折法、对比法等，都是汉人对立统一思维模式作用于汉语自身的对立统一形式而形成的风格手段。它们既有汉民族哲学思维的特质，又有汉语独具的特点，可作各种风格手段。[①]

二、导因于观念心态

观念心态文化反映的是人与自身的关系，是人改造主观世界的产物，包括理想、愿望、情感、价值观念、心理导向等。汉语风格手段很多都是这些文化因素导引的产物。例如，自古以来，汉民族的传统认识是“统一体内部各种对立因素的均衡与和谐是保持统一体稳定自下而上的根本条件”[②]，人与人之间讲求中庸平和，人体之内也讲调和养颐。因而，汉民族传统心态文化积淀的一个核心内容是“和”，以和谐为理想境界。所谓“天中有人，人中有天”，人可“与天地合其法，与四时合其序，与鬼神合其吉凶”。(《易·乾》) 所谓“一上一下，以和为贵，浮游于万物之祖”（《庄子·山水》)，所谓“礼之用，和为贵”（《论语·学而》)，所谓“致中和，天地位焉，万物育也”(《中庸》)，所谓“天地与我并生、万物与我为一”(《庄子·齐物论》)，所谓“天时不如地利，地利不如人和”(《孟子·公孙丑下》) 等，便是以和为贵、和为上、和为美观念心态的体现。这种心态内涵的核心就是天人合一，顺应自然，中庸谐和，和而不同，协调兼顾，和谐统一，和和美美。“汉字‘禾’‘口’组成的‘和’，蕴含了中华农耕文明的精神物质。‘和’承认世间万物的差异性、多样性为合理存在，正所谓‘道生一，一生二，二生三，三生万物，万物负阴而抱阳，冲气以为和’。不同事物或对立因素之间的并存与交融，相成相济，互动互补，是万物生生不息的不二法门。天覆地载，万物并育于其间而不相害；四时日月，错行代明而不相悖。对‘和’的崇尚，昭示了中华文明兼容并蓄、海纳百川的包容胸怀。”[③] “运用天时、地利、人和三才之道分析事物发展的趋势，判断人类各种行为的成败得失，是中华民族独有的世界观和方法论，也是国学的精华所在。”[④] 两千多年来，重和谐的世界观和方法论一直制导着中华民族的观念心态，一直成为中华民族普遍认知的价值取向，一直影响着中华民族的情感心理、审美情趣，一直影响着中华民族的艺术创作和语言运用的美学要求。这反映和表现在语言风格的创造上便是讲求和谐美、对称美、均衡美和整齐美。汉语里很多和谐、均衡、对称的风格手段都是在和谐平衡的世界观、方法论和观念心态的影响和作用下生成的。

---

① 黎运汉：《汉语风格学》，广东教育出版社，2000年，第105页。
② 陈建民：《语言文化社会新探》，上海教育出版社，1989年，第43页。
③ 陈苗苗：《新塘永和：“和”文化孕育下的神奇土地》，《广州日报》，2009年11月20日。
④ 钟志荣：《国学·天地人和》，《广州日报》，2010年7月1日。

三、导因于审美意识[1]

美国美学家乔治·桑塔耶纳说："我们的天性中必定有一种审美和爱美的最根本最普遍的倾向。"追求美、创造美是人的天性，欣赏、接受美的东西是人的精神需要，对美辞的追求和话语风格美的创造以及欣赏接受语言风格美也是如此。

中华民族如前面第三章第一节谈"审美情趣导引风格创造"时所说素有崇尚美辞的强烈意识和追求话语美的优良传统，各种类型的表现风格都是语言美学形态的升华，都是汉语诸多美的风格手段的集中表现，美的风格手段都是汉人按照美的规律来创造的成果。

推崇艺术的含蓄美是中国审美文化传统的主流。与西方文化的一味追求明确清晰相反，中国文化在有些时候、有些场合、有些事情上面往往把本来明白的东西故意说得不明白，力图曲中求深，曲中见真。于是在中国文化的殿堂里，图隐求曲的表达方式繁衍为种类繁多的文化模式。如图画藏墨、园林藏景、作文藏意、吟诗藏情等，真所谓无所不藏，无藏不得其妙。"藏""曲"与"隐"是中国传统文化的较为显著的特色。在这种传统文化的导引下，汉民族运用语言历来讲求和推崇含蓄美。《孟子》上说："言近而旨远，善言也"，这是对含蓄的赞美。陆机《文赋》说，创作要"文外曲致""曲尽其妙"，也就是说要有言外意，要含蓄。刘勰在《文心雕龙》里提出了"隐秀"说，认为优秀的文章"有秀有隐"，他赞赏"深文隐蔚，余味曲包"。刘知几《史通》说："章句之言，有显有晦"，"晦"与"显"比较，要优越得多，因为"晦"可用极简约的文字表现极为丰富的内容。

宋代以后含蓄受到人们的普遍重视，人们反复强调"语贵含蓄"。东坡云："'言有尽而意无穷者，天下之至言也'……"（姜夔《白石道人诗说》）"文贵远，远必含蓄，或句上有句，或句下有句，或句中有句，或句外有句，说出者少，乃可谓之远。"（刘大櫆《论文偶记》）"词之妙，莫妙于不言言之，非不言也，寄言也。"（刘熙载《艺概》）"含蓄无穷，词之诀。"（沈祥龙《论词随笔》）"向来写情感的，多半是以含蓄蕴藉为原则，像那弹琴的弦外之音，像吃橄榄的那点回甘味儿，是我们中国文学家所最乐道。"（梁启超《中国韵文里头所表现的情感》）"由于使用了含蓄语言反而使作品具有更加撼人的力量。旧时代的许多'曲笔'文章，如鲁迅所写的，常常令人有入木三分之感。"（秦牧《委婉语词和隐语》）"直道好跑马，曲径可通幽。"（俗语）这些都把含蓄看作至高的美学要求。由于汉文化传统重含蓄美，所以运用语言生成风格，尤其是文

[1] 黎运汉：《汉语风格学》，广东教育出版社，2000年，第114－117页。

学语体表现风格，力主含蓄，认为“含蓄是一种风格，又是其他一切风格的风格，不管是什么风格，虽各自有其本身的特点，但都要符合含蓄的要求。否则，豪放失去含蓄，就变成浪荡；沉郁失去含蓄，就变成浅薄；纤秾失去含蓄，就没有光泽；冲淡失去含蓄，就索然无味；悲慨失去含蓄，就变成号啕；婉约失去含蓄，就变得轻浮；谨严失去含蓄，就变得刻板……”（王明居《文学风格十讲》）这是与儒道两家的思想密切相关的。儒家主张“美”“刺”，无论“美”或“刺”都要求委婉曲折，温柔敦厚，乐而不淫，怨而不怒，不迫不露，不直不粗。道家认为“天地万物生于有，有生于无”（老子语），“无”为万物之母，“无”是“有”的根本，并认为“大音虚声”“大象无形”。儒道两家思想当然是不同的，但也有相通之处，即都重视“无”与“有”，“虚”与“实”，“内”与“外”，“言”与“意”之间的辩证关系。这种相通之处反映到诗文语言风格上，都以含蓄、蕴藉、空灵为美，以直语、粗语，说尽语为不美。究其根底，这种传统语用意识追求含蓄美与整个民族心理气质有关。中国封建社会长期延续至千百年来汉族人民在宗法政治和礼教意识一体化结构的禁锢之下，慢慢形成了一种偏于内向、沉静的心理气质。这种心理气质影响着人们艺术思维，影响全民族的美学情趣，使人们在运用语言构造语言风格上更加积极地追求和推崇曲与柔。而生成含蓄风格手段的方法，清人沈祥龙认为“不外寄言”（《论词随笔》），所谓“寄言”就是“言在此而意在彼”。汉语风格现象中有各式各样言在此而意在彼的风格手段。这种风格手段的“辞面”——言此是假，“辞里”——藏彼是真，“辞面”与“辞里”意思有相当离异。这种“辞面”与“辞里”离异的风格手段是运用“语言偏离”手段生成的。所谓语言偏离手段是指在特定的语言交际环境中，根据交际的需要，有意采用与语言常规相背离的、具有特殊交际效果的、积极的表达手段。运用这种表达手段生成的风格手段十分丰富多彩。例如，语音偏离中的同音别用、同音异用；词汇偏离中的词语转义与词语易色；语法偏离中的变序组合和变性组合；辞格系统的折绕、双关、反语、借喻、比拟、借代、别解、婉曲、拆字、析词以及故事、传说、成语和典故的引用，篇章组织中的象征、藏词、讽喻和抑扬等，它们都是“兴发于此而意归于彼”的风格手段。这种风格手段的产生和存在都导因于传统的审美文化。

第八章　汉语言风格类型的文化窥探（一）

——表现风格和语体风格

汉语言风格千姿百态，多种多样。为了有助于正确认识各种风格现象，系统把握各类风格的审美特征及其组成的风格要素系统，我们以制导因素与物质因素相结合的标准从多角度不同层面、不同子因素着眼来研究和概括，把汉语言风格分为若干不同的类型：着眼于表现对象的制导，综合运用各种语言风格手段所产生的美感形态格调的，是表现风格；着眼于交际领域的制导，运用语体风格手段所生成的格调的，是语体风格；着眼于一个民族的特质的制导，运用其民族语言风格手段所生成的格调的，是语言民族风格；着眼于同一民族同一时代人们的特质的制导，运用时代语言风格手段所生成的格调的，是语言时代风格；着眼于同一民族同一地域的人们的特质的制导，运用其地域语言风格手段所生成的格调的，是语言的地域风格；着眼于同一民族同一流派的特质的制导，运用其流派语言风格手段所生成的格调的，是语言的流派风格；着眼于个人特质的制导，运用其个性语言风格手段所生成的格调的，是语言的个人风格。依此标准往下划分，有些风格还可分出下位层次的不同类型。例如，表现风格下有豪放风格和柔婉风格等。

汉语言风格的成因制导因素和物质因素如前面所说都有中华文化基因，因而以其作标准划分出来的风格类型，无疑必有文化意涵；同时，认识和确定汉语言风格类型，是风格研究者对客观存在的汉语言风格形态的主观升华，其中必受研究者的文化观的影响和制约。因此，各种类型的语言风格必定是文化的凝聚体，各类风格的差异实质上是文化意蕴的差别，所以要正确认知和理解汉语言各类风格的本质特征及其生成和运用的规律，就必须借助文化宝镜。这一章首先以之窥探汉语言表现风格和语体风格。

第一节　汉语言表现风格的文化含义和文化价值

表现风格是风格研究者在语言美学文化观的制导下，从一切客观存在的、极其复杂多样的汉语言作品的风格现象中抽象概括出来的根本范畴，是对各类汉语言风格本质的美学归类，它凝聚了汉语言传统风格文化的精华，在一定程度上集中体现了汉语言风格的文化意蕴或机制，有十分重要的文化价值。

一、表现风格的文化含义

表现风格是一个总称，根据表现的异同，它可以分为若干组并列而又两两对立的若干组类型：豪放和柔婉、简约和繁丰、含蓄和明快、藻丽和朴实、幽默和庄重等。这5组10种都是汉语言风格文化传统所公认、所推崇的优秀的表现风格。它们既有区别，又有联系，各组之间是“相生”互补关系，每组的两者之间是“相克”对立的关系。这是一个由若干并列而又两两对立的风格现象组成的矛盾统一体。它植根于中华文化，富有文化意蕴。例如，表现风格作为从一切言语交际的话语气氛和格调中抽象概括的统一体，就是中国哲学整体的综合层次理论，普遍联系与整体考察观点的反映。又如，表现风格的各组类型都是两两对立而存在的，它们的定义方法就是中国哲学中万事万物都是两两对立而存在的这种辩证思维的折光。再如，表现风格的存在方式是两两对立而成整体，根据事物发展到一定阶段，条件成熟就会发生质变，事物就会向其相反的方向变化，即物极必反，因此，表现风格的每一组对立之间，必有一个适度的问题，超过了某一限度就会适得其反。对此刘勰《文心雕龙》有辩证论述，如《隐秀》中的“或有晦塞为深，虽奥非隐”，说明深奥导致晦涩难懂，并非真正的深隐风格，这就需要掌握一定的尺度，掌握得好，便可达到“内明而外润，使玩之者无穷，味之者不厌”（《隐秀》篇补文）的地步，超过度量的界限就会流于“朦胧晦涩”，使人不能领会其中的奥妙。但是如果“隐”得不够，又会流于“浅露直率”，使人读后觉得缺乏余味。《总术》中的“精者要约，匮者亦鲜；博者该赡，芜者亦繁；辩者昭晰，浅者亦露；奥者复隐，诡者亦曲”揭示了表现风格的两面性：简约，适度的是精炼，反之是贫乏；繁丰，适度的是博赡，反之是芜杂；明晰，适度的是辨析，反之是浅露；深隐，适度的是含蓄，反之是怪诡。因此，表现风格的创造和运用必须注意适度得当。现代学者的所谓繁简得当、隐显适度、华朴相宜等，便是对刘勰的适度观点的继承和发展。中国古今学者对表现风格两两对立体既可和谐统一于整体，也可循着对立面转化这种关系的认识，便是中华民族和谐统一的宇宙观和辩证思维机制的体现。

二、表现风格的文化价值

语言表现风格是风格研究者从各式各样的言语成品的美感形态升华出来的格调，它出自各种风格类型的言语成品，在各种类型的语言风格中都有体现，又存在于各种类型风格的言语成品之中，是处于最上层位置的共性风格。它是与交际话语实体共生同现的，在一次言语交际中，话语不一定会体现出时代风格、民族风格或个人风格，但常常会体现出一定的表现风格，如简洁或繁丰、朴实或藻丽、明快或含蓄等，由此可见表现风格的重要价值。这主要表现在：

（一）负载、传递、表现交际文化信息

表现风格是言语交际的产物，言语交际必然涉及三个重要的因素：交际主体、交际话语和交际环境。交际主体包括表达主体和接受主体，“言如其人”“风格即人”，交际言语风格必定凝聚着交际主体自身的文化特质，例如思维方法、学识修养、社会身份、生活经历、审美情趣、道德情操、宗教信仰等。交际话语包括交际内容和交际手段，前者是客观事物在表达主体精神文化中的折光，后者出自语言文化和超语言文化。交际环境的核心因素是社会文化环境，言语交际总是在特定的社会文化环境中进行的，交际主体进行言语交际活动一般都会自觉或不自觉地遵循社会文化规约，因而言语交际的话语风格必定会折射出一定的社会文化背景。交际主体、交际话语和交际环境在同一的言语交际过程中各有不同的角色分工，又互相联系。它们相互制约，相辅相成，互为因果，共同生成言语交际的表现风格，负载、传递和表现交际文化信息。三个因素和谐融合，生成的是得体的表现风格，表现出正确的交际文化信息，促进交际意图的实现；如有任何一个因素悖逆，都会产生失体的表现风格，表现出交际信息差，阻碍交际意图的实现。下面看两个语例：

①我是电信局的一名营业员，每天都会面对很多顾客，一天一位老大妈来装电话，我递她一张表让她填，大妈说她是第一次装电话，对这张表怎么填写不是很清楚。按规定我们是不允许代笔的，隔着玻璃窗我指导了半天，可大妈还是填不好，特别是地址一栏，第一次她给我时只写了“广州”两字，我让她写详细点，于是她又加上了“××区××小区”，我只能再递回给她，让她写得具体点、详细点，大妈急了，冲我嚷：“怎么才算详细点呀，我都填了好半天了，还不行?”“详细点就是您得写上具体地址，就是您这部电话最后安装在什么地方。”我也有些着急，不明白我们两个为什么对这个问题就不能“心有灵犀”一下，大妈点点头，似乎明白了，很快写下几个字高兴地又递还给我。她在“××小区”后面加上了“××家的茶几上”。

（《羊城晚报》，2004 年 5 月 10 日）

②美国前总统尼克松在 60 年代初参加竞选副总统时，针对社会上谣传他秘密受贿的问题，电视讲话时详细列举他的财务史：一辆 1950 年产的奥斯摩比耳汽车……一西班牙长耳小狗，带有黑白两色斑点，“我六岁的小女儿特丽西亚给它起名字叫切克西斯。她们像所有的小孩一样，喜欢那只小狗……”尼克松的讲话获得了巨大胜利，成千上万人听了他的讲话后，成了他的同情者。

（刘思训《社交口语艺术》，吉林教育出版社）

例①的营业员是群体代表，其社会身份、职业道德和交际语境决定他服务中通常用的是朴实简洁的语言表现风格，但其表达目的能否实现决定于其表达的信息能否为接受主体捕捉到或能否理解。而这位营业员的言语表达悖逆了接受主体“大妈”的特殊知识阅历背景，使她对“详细地址”“具体地址”这些问题的语言意义不能完全正确地理解。如果营业员在这种情况下选用更通俗、明快、繁丰的表现风格，例如说，“大妈，您这个电话是装在自己家吗？你家在哪儿啊？哪条街道？哪个小区？第几栋几单元？门牌号是多少？”之类详细、全面、仔细的解释，“大妈”对他的话语就能更好地理解了。例②中的表达主体尼克松是个体，他竞选演说的交际环境是黄金般的电视讲话时间和广大的电视听众，按常规和习惯，在这样的环境是不宜说过多细节的东西的，但他的话语是针对社会上对他的诸多谣传，于是采用背离常规交际场合的策略，运用繁丰、朴实、明快的言语表现风格表达了他极度合作、坦诚的交际态度，营造了一种随意、放松的交际氛围，拉近了他和听众的情感距离，从而获得了他们的同情。如果他一味采用简约、庄重的言语风格，那必然使他和听众的心理距离、社会地位差别凸显出来，而难以获得听众的支持。

（二）具有审美价值

表现风格的基本特质是语言美学形态的气氛格调，能做审美对象，具有引发接受主体审美联想、产生审美愉悦，满足美的享受和陶冶性情的功用，这是为交际主体的美学趣味作用于具有审美功能的风格手段构成的话语美学风貌的本质所决定的。美学风貌在交际话语中是丰富多样的，对其作美学形态的升华概括，便可得到一组组成对的美学范畴——表现风格类型。不同的表现风格有不同的审美价值。例如，豪放——壮阔美、刚健美，柔婉——轻盈美、纤秀美；简约——纯洁美、精当美，繁丰——丰满美、细腻美；含蓄——沉着美、委婉美；明快——爽直美、明晰美；藻丽——艳丽美、新奇美；朴实——自然美、质朴美；幽默——风趣美、轻松美；庄重——端庄美、雅致美等。它们不仅可以给接受主体带来文化愉悦，而且可以使其心灵得到净化。例如，豪放雄健的风格，如高山瀑布、长风出谷、大海怒涛、红日出海，可以拓人视野，壮人胸怀，令人鼓舞，催人奋发；柔和秀丽的风格，如燕语莺歌、幽林曲涧、平湖秋月、出水芙蓉，可以养人性情，让人愉悦，令人赏心，使人悦目。诸如此类都各有风韵，各具审美文化内涵，给人以不同的审美享受和心灵启迪。

第二节　汉语言表现风格生成的文化导因

表现风格生成的文化制导因素是多方面的，其中最重要的是表现对象、交际主体、交际语境和实际语体。

一、表现对象

表现对象即被表现的客观事物，亦即表现的思想内容“意授于思，言授于意”，思想内容是由表达主体对表现对象想象思考获得的。思想内容决定语言形式，什么样的表现对象需要什么样的表现风格来表现，不同的表现对象决定了不同的表现风格，不同的表现风格对表现对象有不同的适应性。例如，豪放主要适宜于展示宏图大略，歌颂丰功伟业，抒发激越的感情，描绘奔腾的场面，赞美宇宙的浩瀚和景观的宏伟，描写山河的壮丽和天风海雨的狂烈等景象；柔婉主要适宜于表现儿女情长和离愁别绪，描绘和平宁静的生活画面，描写风花雪月、莺歌燕语、和风细雨、小桥流水的自然景象，抒写细腻缠绵、曲折复杂的内心感受等内容；简约多用于展示要义、意旨，突现观点、主张，勾勒形象、图景，揭示事物特征，凝聚精辟哲理，传递新闻信息等；繁丰常用于突出强调要义，全面周密论述问题，细腻入微描绘事物，淋漓尽致抒发激情，表达丰富的情思和优美意境；含蓄主要用于表现不能、不宜、不便直说之事或回避不愿、不忍直说之事，也用于表现特殊的策略或暗讽特定的对象，还用于表述需要引人深思的事象等；明快常用于阐述科学内容，归纳科学规律，表述方针、政策和法规、条例，发表主张和表明意见，传递新闻信息，直抒胸臆和直陈其事等；藻丽大都用于描绘多姿的景物，抒发细腻的感情，塑造丰满的人物形象，论证深邃的哲理，通俗地描写科学现象等；朴实主要用于明法和传令，商洽和联系工作，阐述科学现象和揭示科学规律，交流和传播科学知识技能，报道新闻，宣传政治观点和主张等；幽默适宜于描写滑稽现象，讽刺、讥笑丑恶事物，或者表现战斗乐观精神，或者增强话语的趣味性等；庄重适宜于颂扬杰出人物，表现重要或严肃事件，钩沉古籁古迹，追忆名人往事，论证科学的道理、法则，阐述哲理，抒发强烈的感情，祝贺盛典等。在表现风格生成和运用的过程中，表达主体选择什么样的客观事象，其自身的精神文化如何作用于客观事象使之成为意，选择哪种与意相应合的辞，构织什么样的言语作品，呈现出什么样的格调，都受到民族文化的制约。

二、交际主体

交际主体如前面所说指表达主体和接受主体，包括个体和群体，个体表达者的表现风格是语言的个人风格，个人风格的形成和运用都会直接受到表达主体、接受主体自身的文化因素及其相互关系的影响和制约。群体表达者的表现风格如语言民族风格、时代风格是共性风格，语言的民族表现风格、时代表现风格生成和运用的制导因素是民族群体的文化个性、时代群体的文化个性。但群体总是通过代言人来体现的，群体的代言人要受群体的文化共性制约，但其本身的个性文化因素也起作用。

三、交际语境

交际语境包括言内语境和言外语境，言内语境属语言文化，言外语境包括多种因素，而其中社会文化环境和自然文化环境对表现风格的生成和运用尤其起着决定性的制约作用。对此，前面已有专题论述，此处不再赘述。

四、交际语体

表现风格的生成要受到交际语体制约。哪种表现风格适用于哪种语体，哪种语体对哪种表现风格是开放的，哪种语体排斥哪种表现风格，都是客观存在的语体文化规律，任何人运用语言生成表现风格，除了特殊需要而有意超越语体规范采用变体手段外，一般都要遵从语体表现风格规约，否则就不得体。大体说来，豪放主要出自文学语体，也可见于政论语体；柔婉主要出自文学语体之中，其他语体很少体现。繁丰常见于文学语体，政论语体、演讲语体和广告语体也有时可见，公文语体和科技专门语体一般是排斥繁丰风格的；简约常见于公文语体、专门科技语体、新闻语体和广告语体，也见于文学语体和政论语体的部分作品。含蓄主要存在于文学语体和交融语体中的文学政论体，政论语体和外交语体、广告语体中也时有出现，它在其他语体里则受到不同程度的限制；明快大多见于公文语体、科技语体和新闻语体，政论语体和广告语体中也常可见到，文学语体中有些作品也是明快的。藻丽常见于文学语体，也见于一些政论语体、广告语体和通俗科学语体；朴实主要存在于谈话语体、公文语体、专门科技语体，新闻语体、政论语体、广告语体和文学语体中也有表现。幽默广泛存在于日常谈话语体之中，文学语体也很常见，政论语体中的一些驳论、小评论、交融语体中的文学科学体、文学性政论体也常体现幽默风格；庄重普遍适用于书卷语体，其中专门科技语体、公文语体和政论语体大都表现出这种格调，新闻语体和文学语体中也不乏庄重的气氛，口头语体中的涉外口头交际、公关演讲、记者招待会和正式场合的谈话等也常表现出庄重风格。

以上四种制导因素相互作用，共同生成表现风格，但其中起关键性作用的是表现对象，它是区别于其他风格范畴的决定性因素。

第三节　汉语言表现风格的语言文化标志和风格基调

表现风格是制导文化因素与风格文化因素相互作用而生成的美学形态的升华。风格文化因素是指有风格色彩的语言文化因素和非语言文化因素，它是表现风格的物质标志，每一种表现风格都有自己独特的语言文化标志与风格基调。

一、豪放和柔婉

（一）豪放

豪放，又叫刚健、刚劲、雄健、雄浑。它音律高昂，辞彩壮丽，笔力雄悍，行文如天马行空，气势浩瀚，意境高远，“如霆，如电，如长风之出谷，如崇山峻崖，如决大川，如奔骐骥”（姚鼐《复鲁絜非书》）。

豪放的语言风格文化标志与基调主要是声韵洪亮：常押“中东”“江阳”“言前”韵等；词语雄健遒劲：常用雄伟壮丽的名词、动感性强的动词、富有“铺张扬厉”意味的形容词和范围阔大的数量词等；句子挺拔有力：常用急促有力的短句和气势畅达的长句；辞式豪壮：常用博喻、排比、反复、反诘和夸张等修辞格。综合显示出壮阔美、刚健美。

（二）柔婉

柔婉，又叫优柔、优美。它音律柔和，语辞优美，笔墨纤细，感情细腻，气势舒缓，如“初升日，如清风，如云，如霞，如幽林曲涧，如沦，如漾，如珠玉之辉，如鸿鹄之鸣而入寥廓”（姚鼐《复鲁絜非书》）。

柔婉的语言风格文化标志与基调主要是用韵柔和：大都以“一七”“灰堆”“姑苏”“乜斜”等发音不大响亮的韵母作韵脚；词语轻盈、清新、秀丽：大量运用叠字、叠词，有不少奇字妙语，优雅动人；句子精雕细刻：不少警笔绝句而又不露雕琢痕迹，句式参差错落，笔调温和平缓；辞格新颖精致：多用形象性的比喻、比拟、夸张、通感、衬托等语义表达间接的辞格。综合呈现出轻盈美、纤细美。

二、繁丰和简约

（一）繁丰

繁丰，又叫繁缛、细致。它纵横铺叙，泼墨如水，洋洋洒洒，言腴意厚，逼真透彻。

繁丰风格的语言文化标志和基调主要是节奏感强：常讲究音节匀称和叠词叠句的运用；词语丰赡：常用同义词、成语、叠音词和具有形象色彩的词语；句子枝繁叶茂：常用繁句、松句和修饰成分众多的长句；辞式繁富：多用排比、反复、层递、博喻、映照等修辞格。综合呈现出丰满美、细腻美。

（二）简约

简约，又叫简洁、凝练。就是以最经济的语言来表达丰富的内容，也就是“言简意赅”“文约而事丰”（刘知几《史通·叙事》），“意则期多，字则唯少”（姜夔《白石道人诗说》）。

简约风格的语言文化标志和基调主要是词语精美，以一当十：经常选用最能显示事物特征的词语、古语词和富有概括性的熟语如成语、惯用语、谚语、俗语和歇后语以及格言等；句子精约，内涵丰富：善于将丰富的内涵概括于一句之中，经常运用结构单纯的短句和成分共用句、词语并列句、紧缩句、省略句、文言句式等；辞格精警，语约情深：常用比喻、拟人等修辞格；标点精当：常用省略号和破折号来代替语言的叙述。综合呈现出纯净美、精当美。

三、含蓄和明快

（一）含蓄

含蓄，又叫蕴藉。就是“意不浅露，语不穷尽，句中有余味，篇中有余意，其妙不外寄言而已”（沈祥龙《论词随笔》），或者是“言近而意远，辞浅而义深，虽发语已殚，而含意未尽。使夫读者望表而知里，扪毛而辨骨，睹一事于句中，反三隅于字外”（刘知几《史通·叙事》）。文中不让本意从字面上直接表露出来，而将它深藏在字里行间、词语句缝之内或所写的形象里。让读者“思而得知”以后，感到如饮甘泉的甜美。

含蓄风格的语言文化标志和基调主要是词语寓意深广：常用“转义”词、修辞义词语、委婉词语、模糊词语、内含典故的词语、省略的歇后语；句子言短意长：常用警句、压缩句、跳跃句、委婉句、疑问句和答非所问的套话；辞格“义生文外”：常用借喻、比拟；标点精当：破折号、省略号饱含浓意。

（二）明快

明快，又叫明朗、显豁、直率。就是直截了当，有什么说什么，如同竹筒倒豆子，毫不保留，而且辞直义畅，言明意显，叫人一听就懂，一看就明。

明快风格的语言文化标志和基调主要是词语明白易懂：选用通用词，不用古奥晦涩的词语，多用单义性词语，使用词表意义，不用词里意义，多用感情色彩强烈的词语；句子简短意明：多用短句、陈述句和主谓句，常用肯定、否定、并用句；辞格易懂易明：常用层递、排比、明喻，善用括号、破折号或注释，或举例，或补充，或说明，使意义表达清楚明晰。综合呈现出爽直美、清晰美。

四、藻丽和朴实

（一）藻丽

藻丽，又叫华丽、绚丽、富丽、华美。它语音优美，辞彩缤纷，光彩夺目，生动形象。

藻丽风格的语言文化标志和基调主要是节奏和谐，音律优美：常用平仄、双声叠韵、叠音等语音手段；词语艳丽多彩：大量运用具有浓艳形象色彩的描绘性、表情性词语和别致新奇的词语，连用形象性的成语、谚语；句式浓丽多姿：多用描绘性、细致性的句子，常用众多形容性修饰语的句子，注重词语超常搭配和变幻多姿的句式；辞式华美奇巧：较多运用奇特的比喻、夸张、拟人、通感等描绘类修辞格。综合呈现出绚烂美、新奇美。

（二）朴实

朴实，又叫质朴、朴素、平实、平易，就是清水出芙蓉，妙语天成，不靠修饰，不事渲染，质朴无华。但不等于单调乏味，浅薄粗俗，而是平中见巧，淡中有味，是“落其纷华，返璞归真”，看似寻常最崎岖。

朴实风格的语言文化标志和基调主要是词语平易通俗：多用普通词语、口语词、俗语、谚语，少用描绘性词语；句子简短、平实：常用短句、常式句和陈述句，少用描绘性修饰语成分句，少用或不用结构复杂的长句；辞格较少，多用白描：时用普通辞格，少用描绘类辞格，一般不用言此意彼的辞式。综合呈现出自然美、平淡美。

五、幽默和庄重

（一）幽默

幽默，又叫诙谐、谐趣、诡奇，是轻松俏皮，讥嘲揶揄，嬉笑诙趣，情趣浓郁。

幽默风格的语言文化标志和基调主要是巧用语音手段：故意偏离语音规范，巧用语音变异和语音别解或方音谐趣，妙用语音飞白或反常语音停顿；巧用词语：常用词义变异和词的色彩变异，同词频现，词语套用，词语飞白，词语拆离，以及具有幽默风趣色彩的熟语；妙用句式：常用词性变异，语序变异，超常组合，超常搭配，错乱称代，巧用多变的语调；妙用辞式：常用具有幽默色彩的夸张、反语、双关、仿词、拆词和曲解等修辞格。综合呈现出风趣美、轻松美。

（二）庄重

庄重，又叫庄严，就是端庄肃穆，平稳持重，义正词严，感情浓厚。

庄重风格的语言文化标志和基调主要是词语庄重文雅：主要用规范的书面词语，很少用口头词语，大量使用专用词语和古语词、惯用词语、成语、敬称、谦词等；句子严谨缜密：主要用常式句，复句较多，关联词语也较多，常用带有较长而且复杂的附加语的长句，附加语多为说明性和限制性的介词短语，结构很严密；辞格较少：一般不用夸张、比拟、双关、反语等，只用一些排比、对偶、层递和对照。综合呈现出端庄美、雅致美。

第四节　汉语言语体风格的文化含义和文化价值

语体风格是在语言风格系统中处于核心地位的共性风格，是各种语言风格的基础，各种语言风格都受它制约，各种语言风格都存在各种语体风格的言语作品之中。

语体风格是言语交际的产物，它的发生、发展有特定的文化基因，对其使用和赏识也有文化理据，因此从文化的角度窥探和分析其全貌，无疑很有价值。

一、语体风格的文化含义

语体风格是个短语，其含义通常有两种解释：一是并列式，即语体和风格；二是偏正式，即语体的风格。这里指的是后者。

语体和风格是两个不同的术语，各有不同的含义：前者是适应不同交际领域、交际内容、交际目的、交际对象和交际方式的需要，而运用全民语言所形成的言语特点综合体，即交际领域文化和语言文化融合成的语用范式；后者是言语交际者在主客观因素制导下，运用全民语言所形成的言语特点综合呈现出来的格调和风貌，即主客观文化和语言文化融合成的美学态势。语体风格是语体的表现风格，是语体风格手段生成的风格特点综合呈现出来的格调和风貌。语体在语言运用中处于中间层面，语体风格是语言风格范畴中的一个重要类型，它在语言运用中跟其他类型的风格同处于最高层面。语体风格和语体是两种不同层面的语言现象，它们是上下位关系。对此，汉语言风格文化传统有许多精辟的论述。例如，魏朝曹丕《典论·论文》：“奏议宜雅，书论宜理，铭诔尚实，诗赋欲丽。”晋朝陆机《文赋》：“诗缘情而绮靡，赋体物而浏亮。碑披文以相质，诔缠绵而凄怆。铭博约而温润，箴顿挫而清壮。颂优游以彬蔚，论精微而朗畅。奏平彻以闲雅，说炜晔而谲诳。”梁朝刘勰《文心雕龙·定势》：“章、表、奏、议，则准的乎典雅；赋、颂、歌、诗，则羽仪乎清丽。”“奏议”“书论”和“诗”“赋”与“章”“表”等是语体分体，“雅”“理”和“绮靡”“浏亮”与“典雅”等是这些分语体的表现风格。唐朝司空图《二十四诗品》将诗分为“雄浑”“冲淡”等二十四种风格类型，宋朝陈骙《文则·辛》把《左传》分为八种文体“命、誓、盟、祷、谏、让、书、对”，并总结出八种不同的语言风格：“命婉而当”“誓谨而严”等。这里的“诗”和“命、誓”等是语体概念，“雄浑”“冲淡”和“婉而当”“谨而严”是处于语体之上的语体风格概念。当代不少语言学论著继承和发扬了汉语言风格文化传统。单篇论文如袁晖《公文语体的表现风格》："公文语言的表现风格，概括地就有庄重、平实、明快、简约四个方面，这四个方面统一成公文语言特有的言语气氛和格调。"宗廷虎《试论广告语体的风格特征》："胡裕树先生和笔者合写的《修辞学与语体学》一文曾指出：'语体是适应不同交际功能、不同题旨情境需要而形成的运用语言特点的体系。'这种运用语言特点所形成的体系能呈现各种不同的气氛或格调，此种气氛或格调即被称为语言风格或言语风格……广告语体有一种特殊的言语气氛，即呈现出简洁、新奇的风格。"宋振华《语体的性质和构成》："修辞是处于语言运用的第一层面的言语现象，语体是建筑在修辞之上的较高层面的言语现象，风格是居于语体之上的更高层面的言语现象。"倪宝元、袁毓林《表达准确　风格庄重——〈中华人民共和国宪法〉》："一定的语体具有一定的使用语言的特色，一定语体的言语特色的综合形成了该语体特有的语言运用的格调、气势——语体风格。《宪法》在语言运用上的这些特色：使用正式庄严的词语、句式，精确地选词择句，严密紧凑地缀编成章，利用种种严密精确的表达手段，使《宪法》呈现出一种庄严的语体风格。"教材和专著，如张静主编的《新编现代汉语》（上海教育出版社，1980 年），黎运汉、张维耿的《现代汉语修辞学》（商务印书馆，1986 年），倪宝元主编的《大学修辞》（上海教育出版社，1994 年），刘焕辉的《修辞学纲要》（百花洲文艺出版社，1991 年），王希杰的《修辞学通论》（南京大学出版社，1996 年），丁金国的《语体风格认知与解读》（文化教育出版社，2006 年），黎运汉的《汉语风格探索》（商务印书馆，1990 年）和《汉语风格学》（广东教育出版社，2000 年），袁晖、李熙宗主编的《汉语语体概论》（商务印书馆，2005 年）等对语体、语体风格、语言风格的论述既传统又现代，都认为三者是有质的差异、文化意涵有别的言语现象，它们既不同义，也不交叉，不能混淆。

语体与风格虽有质的区别，但关系密切。二者如影随形，同生共现共变。语体产生的同时，风格也就必然随之产生，并随之变化而变化。语体是风格的内在基础，风格是依附在语体上面的美学形态。语用实际既没有无美学形态的裸语体，也没有无语体根基的悬空风格。对语体与风格的相互依附关系，中国语体风格文化传统有精当的理论概括。如前面说过的从曹丕《典论·论文》的"奏议宜雅，书论宜理"，刘勰《文心雕龙》的"章表奏议，则准的乎典雅"到陈骙《文则·辛》的"命婉而当""誓谨而严"等，都是将风格与"体"紧连在一起的。黄侃《文心雕龙札记》中的"势不离体，明体定势"便是对风格与语体关系的理论概括。现当代的诸多语体风格论著如前面说到的袁晖、宗廷虎等的论文与丁金国、黎运汉等的专著对风格与语体的相互依存关系的论述，既是对中国语体风格文化传统精华的传承，又是为汉语语体风格的事实所证实的。

二、语体风格的文化价值

语体风格产生于言语交际，又为言语交际服务，传递交际信息，制约言语交际手段的选用，这是其最重要的社会功能和文化价值。

语言作为人类认知、思维、交际、实践、创造的工具和文化的凝聚体与传播的手段，产生和存在于言语交际活动之中，也必须通过人们具体的言语交际活动才能发挥作用。言语交际活动是语言产生和存在的价值，是人们生存和生活的必需。任何言语交际活动都是以一定的语体面貌出现的，没有架空于一切语体之上的言语交际活动。言语交际活动的基本单元是语篇，语体是语篇的类的概括，而语篇语体的产生必然伴随着与交际语境相应相谐的语体风格。[①] 语体风格是与交际语篇共生的美学形态，这种形态是言语交际语篇不可缺少的因素，没有语体风格，语篇也就失去了它的功能价值。

语体风格产生于个体用以言语交际的语篇，但作为语言风格的一个范畴，则是对同一社群的全体成员长期使用全民语言所出现的具有共同特征的具体的、个别的语篇类的美学形态的抽象概括，它凝聚着语言社群的精神文化和语用文化的特质，是历时性的文化积淀，为社群集体所认同的、所约定的语用范式，具有相对的稳定性、客观存在性、公共性和制约性。它对人们使用语言包括表达和理解都具有一种无形的、潜在的强大约束力，不以人们的意志为转移，不管是谁，只要进入特定的交际领域，进行言语交际活动，都必须切合特定交际领域的语体风格的语用要求，遵守语体风格规范，服从语体风格制约。

诚然，使用语言受语体风格制约，只是从整体上说的，实际上，在语体风格基调的制约下，表达主体可有自由回旋的余地。不过，自由是有限度的，超度、悖逆了语体风格规范与语用文化要求，就是失体或不得体了。例如：

> 他们又故意地高声嚷道："你一定又偷了人家的东西了！"孔乙己睁大眼睛说："你怎么这样凭空污人清白……""什么清白？我前天亲眼见你偷了何家的书，吊着打。"孔乙己便涨红了脸，额上的青筋条条绽出，争辩道："窃书不能算偷……窃书！……读书人的事，能算偷么？"接连便是难懂的话，什么"君子固穷"，什么"者乎"之类，引得众人都哄笑起来；店内外充满了快活的空气。
>
> 有几回，邻舍的孩子听得笑声，也赶热闹，围住了孔乙己。他便给他们茴香豆吃，一人一颗。孩子们吃完豆，仍然不肯散，眼睛都望着碟子。孔乙己着了慌，伸开五指将碟子罩住，弯腰下去说道："不多了，我已经不多了。"直起身又看一看豆，自己摇头说："不多不多！多乎哉？不多也。"于

---

① 丁金国：《语体风格分析纲要》，暨南大学出版社，2009 年。

是这群孩子都在笑声里走散了。

（鲁迅《孔乙己》）

上例孔乙己的话属文学语体散言体的人物语言，是作者为了刻画受“吃人”的思想教育、封建礼教毒害甚深的旧知识分子的性格特征的艺术创造。孔乙己读过书，多次参加过科举考试，但“连半个秀才也没捞到”，成为科举场中的惨败者。他一心一意往上爬，始终爬不上去，已没落穷困、潦倒不堪，仍不肯丢掉读书人的标志，放不下读书人的架子。他古怪、迂腐，自视高人一等，不愿劳动，好吃懒做，爱面子，不觉悟，到处受着嘲笑、冷漠和歧视，可是精神上还把自己列入“上等人”中间。他说话与人民群众迥异，群众说“偷”，他说“窃”，满口胡诌孔子《论语》中的“君子固穷”，“多乎哉，不多也”之类，这些话语符合他的性格特征，但风格典雅、深邃、难懂，过分超越了谈话语体风格规范的基本要求，很不得体，所以引得众人都哄笑起来。

叶圣陶先生说：“文稿加工要注意语言的情味。语言的情味要适合文章的内容，内容是严肃的，就不宜说嘻嘻哈哈的话；内容是轻松的，就不宜说板起脸孔的话。文章的情味跟文章的内容配合得好，文章会生色不少，效果就会更好。因此，文章里如有不合情味的地方，也要加工。”① “情味”就是格调，优秀的作家修改文稿都很注意遵守语体风格规范。下面看语例：

①原稿：也难说，我是感觉着他胆小如鼠，心粗如牛，只图虚名，不讲实际，这种人非常危险。

（郭沫若《南冠草》，群益书店，1949 年）

改稿：也难说，我看他是胆小如鼠，只图虚名，这种人非常危险。

[《郭沫若文集（第四卷）》，人民文学出版社，1957 年]

②原稿：他身体魁伟，粗黑的眉毛几乎遮盖着他的锐利的眼，两颊微微的向内凹，显着颧骨异常突出，正中他的尖长的下巴，一样地表现他的性格的倔强。

（曹禺《雷雨》甲版）

改稿：他的身体魁伟，眉毛粗而黑，两颊微微陷下去，方方的下巴和锐利的眼睛，都表现出他的性格的倔强。

（曹禺《雷雨》，见《曹禺选集》）

③原稿：小草看蜜蜂去了，心里还是切切念着他；不知道医生给他诊治能否速效。

（叶圣陶《含羞草》，见《叶圣陶选集》）

---

① 叶圣陶：《文稿的挑选和加工》，《广播业务》1963 年第 6 期。

改稿：小草看蜜蜂飞走了，心里还是很惦记着它，不知能不能快治好。

（叶圣陶《含羞草》，见《稻草人》）。

④原稿：张宗礼怕出险，放平车子时，叫放一点钟五公里的速度。

（杨朔《北黑线》甲版）

改稿：张宗礼怕出险，放平车时，叫慢着点。

（杨朔《北黑线》，见《大旗》）

例①属文学语体剧文体的人物对话，人物对话的语言风格是口语化、通俗化，而四字格特别是四字格成语具有典雅庄重、凝练意丰的情味，与口语化、通俗化不大协调；改稿删去表意上并不特别需要的几个四字格，就与语体风格相应了。[①] 例②属文学语体剧文体的提示语言，提示语言用于交代人物身份关系，说明其形象、性格和动作表情，指明时间地点、描写环境气氛，“情味”基调是朴实明白，语句一般都比较简洁。这段提示语主要是说明鲁大海的形象和性格。原稿形容描写过多，不符合提示说明文字的语言风格，所以改稿将它调整，改成比较简短的语句。例③属文学语体的童话体，童话体读者对象是儿童，为儿童写文学作品不宜用文绉绉而读来又拗口的书面语，改稿把“蜜蜂去了”“切切念着他”“不知道医生给他诊治能否速效”改换成接近儿童口头语的“蜜蜂飞走了”“很惦记着他”“不知能不能快治好”就符合儿童文学语体的表现风格了。例④属文学语体的散言体，而原稿的“车子”“放一点钟五公里的速度”是司机的行业用语，为科技语体和新闻语体的常用手段，一般读者可能弄不清这样的速度是快还是慢，用于一般的文学语体就不大适宜，改稿换作“车”“慢着点”就是为了适应文学语体风格规范。

第五节　汉语言语体风格生成的文化导因

丁金国曾在《语体与语体文化》中精当地指出：“任何语体都毫无例外地生存于一定的文化母体（cultural matrix）中，因此，任何语体也就天然地带着其母体文化的印记运行于人类的语言交流系统里。”“汉语语体的特异性，既表现于汉语的语言结构体系，又表现于总体文化特质。”[②] 语体生存于特定的文化母体——总体文化特质和语言文化体系，无疑，语体风格作为与语体同生、共现、共变的美学形态，它的生成存在也必然有其文化基因——制导文化和语言文化。本节先谈前者。

① 倪宝元、张宗正：《改笔生辉——郭沫若语言修改艺术》，宁夏人民出版社，1994 年。
② 丁金国：《语体风格认知与解读》，文化教育出版社，2006 年，第 143 页。

语体风格生成的文化导因，是言语交际中客观存在的社会文化背景，主要为交际领域及与其相应的交际对象和交际目的、任务等，这是语体风格生成的直接决定性和制约性的外部因素。

一、交际领域

语体风格是个总系统，下面包括若干子系统，即分语体风格。各种分语体风格并非同时产生，而是在社会文化发展过程中逐渐形成的。前面说过，原始社会文化不发达，交际范围狭窄，只有口头文艺语体风格。随着社会文化的迅猛发展，社会分工日益细密，人们认识世界的眼界迅速拓宽，社会交际频繁和复杂化，言语交际活动范围就越来越广泛，逐步涉及诸如日常生活、公私事务、科学技术、政治思想、新闻报道、文学艺术，以及广告传播等各种领域。言语社群或跨言语交流社群进入各种领域进行言语交际活动，都必须遵从其特定的语用文化规范，恰切地选用语言手段，构织语篇，生成语体，才能呈现得体或合体的语体风格。交际领域对形成语体风格是直接起决定性作用的外部因素，在特定的交际领域制约下，运用与之相应的语体风格手段，就会形成特定的语体风格特点，生成特定的语体风格。诸如适应口语交际需要而形成的谈话语体风格、适应公文事务领域交际需要而形成的公文语体风格、适应科学技术领域交际需要而形成的科技语体风格、适应政治思想领域交际需要而形成的政论语体风格、适应新闻传播领域交际需要而生成的新闻语体风格、适应文学艺术领域交际需要而生成的文学语体风格、适应广告传播领域交际需要而生成的广告语体风格，以及两种或多种语体风格融合而成的交融语体风格等。

二、交际对象

人们在各个交际领域进行言语交际都是有对象的。要想收到理想的交际效果，交际主体运用语言手段除了应合交际的语用文化规约，还必须切合交际对象的文化特点。不同的交际对象有不同的文化特点，文化特点不同，对话语的接受要求也就有差别。因而交际对象对语体风格的形成也是直接起制约和影响作用的客观文化因素。

交际对象千差万别，但在特定的交际领域里进行言语交际活动，其交际对象都是十分明确的。例如在日常生活领域，无论是聊天还是通过电波传递信息都是向特定的听者讲话的；又如在公私事务领域，无论是制定法规、发布命令，或者签订约据，还是发函电都有其特定的群体或具体个人；再如政治思想领域，无论是党政领导人讲话，还是报刊社论、评论员文章，虽然是以群体为对象，但都十分明确。在不同的交际领域、不同交际对象的制约下，选用的风格手段是不同的，由不同风格手段生成的风格特点和格调气氛就明显有别。即使是同一交际领域受制于不同的交际对象所形成的分语体风格也有大同小异之别。例如同为科学技术交际领域，而受制于交际对象——专业人员或具有相当科学知识的人，所生成的专门科技语体风格与受制于交际对象——非专业人员或不大熟悉这门科学的人所生成的通俗科技语体风格有别；同属广告传播领域而受制于交际对象——男女老少有别，都会风格有异。

三、交际目的和任务

在任何交际领域跟任何交际对象进行言语交际活动，无论说什么、写什么，或者明法、传令，使读者听众知晓和执行；或者探求、交流、传播科学技术，使对方理解某种科学技术现象和科学技术知识；或者发表政治观点、宣传路线方针，动员对方接受和行动；或者传播有价值的新鲜信息，以满足社会公众的全面信息的需要；或者反映现实、描绘自然、抒发情怀，使人受到感染、熏陶和教育；或者传递组织、商品、劳务信息，以满足社会公众消费、咨询的需要等。在不同的目的任务制约下运用语言，形成的语体风格就有所不同。例如，以反映现实、描写景物和抒发感情，使人获得美学享受和教益为目的任务而形成的文学语体风格跟以交流、传播科学技术信息，使人增长科技知识为目的任务而形成的科技语体风格固然迥异，跟以明法传令，使人知晓和执行为目的任务而形成的公文语体风格也明显有别。所以运用语言生成语体风格必须有的放矢，受交际目的任务制约。

第六节　汉语言语体风格的语言文化标志与风格基调

语体风格是交际领域文化与语体风格文化相互作用而形成的语言表现风格。前者是语体风格生成的制导因素；后者是指有语体风格色彩的语言文化和超语言文化，它是语体风格生成的物质因素。每一种语体风格都有自己的语言文化标志与风格基调。

一、谈话语体风格

谈话语体风格是适应人们口头交际需要，运用谈话语体风格手段所形成的语言表现风格。口头交际范围十分广阔，几乎涉及社会生活的方方面面，内容无所不包。它存在于一切口头交际的言语产品之中，是形成最早的、最基本的语体风格类型，是书卷语体风格的基础，同时也受书卷语体风格的影响而不断丰富其风格手段。谈话语体风格的言语形式是口头形式，包括会面谈话和借助现代通信手段如电话、电网的交谈。根据交际领域和交际风格的不同分为随意谈话体、亲密谈话体、商洽谈话体和庄重谈话体。

谈话语体风格的语言文化标志最明显的是：大量运用语音手段，诸如语气、语调、语速、重音、停顿、节奏、双声、叠韵等都是其常用以传情达意，增强美感的手段；广泛使用各种词语，其中最多的是口语词、基本词和常用词，而外来词、行业语、新造词语、俗语、成语、谚语、歇后语、惯用语、隐语、俚语、詈语、方言土语以及色彩词、委婉语、称呼语、儿化词、叠音词、象声词、叹词等也都使用；句子形式灵活多样，大量使用陈述句、疑问句、祈使句、感叹句，短句、主动句、被动句、把字句、对字句、连字句、比字句、是字句、有字句、存现句、双宾句、主谓谓语句、连谓谓语句、兼语句，而经常运用的是短句、变式句、疑问句，大量运用的是非主谓句或非完全句，句子结构简单、松散自由，省略成分多，冗余成分多，语序多样化，常有指代、跳脱、半截子话等现象；充分利用体态语如眼神、表情、手势、体姿等来传情达意；主要使用可以使语言表达通俗易懂、具体可感，或者使语言生动活泼、幽默风趣的修辞格如比喻、借代、夸张、反复、婉曲、设问、引用和拟声、飞白等。综合呈现出通俗、简约、疏放等基本格调。

二、公文语体风格

公文语体风格是适应公私事务领域交际需要，运用公文事务语体风格手段所形成的语言表现风格。其主要任务和功能是沟通或处理国家机关、社会团体、企事业单位、社会成员之间在工作、生产和生活领域中办公或个人事务的各种关系，使社会生活正规化和秩序化。它主要存在于公私事务言语交际活动所使用的具有政策性、法定性、权威性、实用性的法规、通报、约据和函件等语文体式之中。

公文语体风格的语言文化标志最明显的是：主要使用规范的书面词语，广泛使用专用词语和惯习用语，常用抽象性、概括性的词语和富有概括力的成语、熟语，适当使用古语词；主要使用陈述句、祈使句、肯定句和主动句，它们都是常式句，大量使用成分共用句和的字短语，较多使用说明性附加语较长的单句；常用附件、图表和符号等来代替叙述语言；有时会适当使用比喻、借代、对偶、排比、层递、对照等修辞格；谋篇程式性，无论哪种分体都有相对固定的组织结构。综合呈现出简洁、朴实、庄重、谨严等基本格调。

三、科技语体风格

科技语体风格是适应科学技术领域交际需要，运用科技语体风格手段所形成的语言表现风格。其主要功能和任务是真实地记载、描写自然现象、社会现象和人类自身的思考认知及其规律，交流和传播科学知识、技术、技能，指导社会实践。它分为专门科技语体风格和说明科技语体风格。

科技语体风格的语言文化标志最明显的是：多用抽象性或概念性词语，系统使用专业术语，常用基数词、序数词和简略语；常用陈述句、常式句，多用长单句、完全句和多重复句；偶尔使用比喻、引用、排比、对偶、层递和设问等辞格；常用图表、符号公式、照片等非语言符号替代语言；篇章结构程式化。综合呈现出平实、简约、谨严等基调。

四、政论语体风格

政论语体风格是适应政治思想领域交际需要，运用政论语体风格手段所形成的语言表现风格。其主要任务和功能是直接为政治斗争、思想斗争和社会经济、文化生活服务，动员广大民众为国家、民族、集团的利益而奋斗。它分为论政语体风格和评论语体风格。

政论语体风格的语言文化标志最明显的是：较多使用政治术语、成语和四字短语，经常使用褒贬色彩鲜明的词语，适当使用古语词；主要使用规范句式、常用句式，大量运用总分结构句式和句群，经常是长短相间、骈散结合、语气错综；常用比喻、比拟、排比、对偶、对照、层递、反复、设问、反问、仿词之类的修辞格；篇章结构规范、严谨。综合呈现出谨严、雄健、庄重等基本格调。

五、新闻语体风格

新闻语体风格是适应新闻传播领域交际需要，运用新闻语体风格手段所形成的语言表现风格。其主要任务和功用是迅速及时地向社会公众传递他们普遍感兴趣而又具有社会价值的新鲜信息，使他们从中获得政治、经济、外交、军事、科技、文化、卫生、艺术、教育等诸多方面的知识，并受到启迪而努力去建设自己的国家、创造美好的生活。它分为报道和通讯两种分语体风格。

新闻语体风格的语言文化标志最明显的是：主要使用普通词语、常用词语和专业词语，大量运用名词、数词和富有个性化的动词，以及新词语、鲜活的口语词和形象的词语，通俗地运用科技术语，直接借用外来词语，较多使用感情性词语、缩略语和简称，适当运用文言词语；主要使用短句、单句，多用陈述句、主谓句、肯定句、主动句、整句和常式句，适当选用文言句式和词语超常搭配的句子；主要运用常见易懂的修辞格如比喻、比拟、借代、设问、排比、对偶、对照、引用之类；语篇短小，报道体的结构程式化。综合呈现出平实、简明、通俗、清新等基本格调。

六、文学语体风格

文学语体风格是适应文学艺术领域交际需要，运用文学语体风格手段所形成的语言表现风格。其主要任务和功用是反映深邃的历史与浩瀚的社会现实，揭示社会发展规律，反映人与人之间错综复杂的关系，歌颂美好的事物，鞭挞丑恶的东西，描绘多姿多彩的大自然，抒发丰富的情坏，寄托人们的理想、愿望和追求，使人受到感染、熏陶、教育与获得美的享受，从而认识自身、认识世界，努力改造自身和创造世界。它包括散言、韵文和剧文等分语体风格。

文学语体风格的语言文化标志最明显的是：充分利用一切可以利用的语音手段，诸如平仄、押韵、双声叠韵、音节对称，语调、语速、重音、停顿、反复，语气词、叹词、象声词等来生成形象美、生动美；广泛运用古今中外的各种词语来完成自己的使命，诸如各种色彩、各行各业和各种性质的词语，口语词和书面词，常用词、方言词、外来词、新词、仿造词、成语、谚语、歇后语、俗语、格言等都无所不用；句式灵活多样，不拘一格，诸如短句、长句，单句、复句，陈述句、疑问句、感叹句、祈使句，常式句、变式句，完全句、省略句，主动句、被动句，肯定句、否定句，整句、散句，普通话句、方言句、传统句、新兴句等都在被使用之列，长短、整散、奇偶、常变经常交错出现，表达自由灵活；无限制使用各种修辞格，而且用得千变万化，例如比喻就在明喻、暗喻、借喻中生出较喻、曲喻、回喻、反喻、引喻、博喻、扩喻等变化形式，摹拟便有摹声、摹形、摹色、摹状、摹味、摹景、摹情、摹态等变化；篇章结构形式不拘一格，可以任意创造。综合呈现出豪放、柔婉，繁丰、简约，蕴藉、明快，藻丽、朴实，通俗、典雅等各种格调。

七、广告语体风格

广告语体风格是适应广告传播领域交际需要，运用广告语体风格手段所形成的语言表现风格。其主要任务和功用是借助大众传媒手段传递信息，促进商品流通，作厂家和消费者的纽带；塑造组织形象，为企业、组织通向成功架设桥梁；提供咨询，为社会公众做向导，引导公众去追求现代人的生活观和价值观。它包括营销、服务、招聘、形象、宣传和公益等分语体风格。

广告语体风格是谈话语体风格与书卷语体风格的融汇，又是文学语体风格与科技语体风格的交叉。其语言文化标志最明显的是：广泛运用语音手段，诸如注意音节调配、对仗整齐、节奏分明，悦耳动听；运用停顿、重音传递语义、强调内容，语音错落优美；运用平仄、押韵，增强声律美，便于记忆和流传；运用叠音、谐音突出语意或产生以声诱人的效果。广泛运用词语手段：较多使用商标类名词、单音节动词、褒义形容词、字母词语；较多使用成语、俗语、谚语；经常使用敬语、礼貌词语、具有喜悦和美好色彩的词语与数字词语；适当使用文言词语、缩略语、口语词语和方言词语；善于创造新词语。广泛运用语法手段：大量运用非主谓句、省略句；多用短句、单句；常用祈使句、使令兼语句、变式句、词语超常配搭句和并列结构句。常用各种修辞格：比喻、比拟、借代、夸张、仿拟、排比、对偶、层递、对照、反复、顶真、回环、释义、双关、反问、设问、引用等都可使用。综合呈现出简明、新奇、委婉、幽默、藻丽、文雅等风格基调。

八、演讲语体风格

演讲语体风格是适应演讲领域交际需要，运用演讲语言风格手段所形成的语言表现风格。它广泛应用于政治思想、军事、经济、外交、公私事务、科学技术、文化教育和日常生活等各个领域。其主要任务和功用是传播主张，宣讲事理，传道授业，陈述思想和抒发感情，从而说服感召和激励听众的思想和行动，以推动社会进步。它分为说服性演讲、传授性演讲、礼仪性演讲三种分语体风格。

演讲语体风格既有谈话语体风格的基本特征，也有文学语体风格和政论语体风格的基本风貌，但跟谈话、文学、政论语体风格有质的区别，它属交融语体风格范畴。

演讲语体风格的语言文化标志最明显的是：语音洪亮、和谐优美：较多选用发音响亮的词语，注意声调和谐、平仄相间、韵脚协调和音节匀称，讲究语速、停顿、重音得当有致，常用象声词、叠音词、双声叠韵词；词语简明、形象、生动：多用通俗易懂的词语，常用形象色彩、感情色彩词语和亲切的称呼语，适当使用俗语、谚语和歇后语，相间使用概括性和具体性词语；句子简明，错综多变：多用短句，常长短结合，多用散句，常整散交错，多用口语句，间用古语句，多用陈述句，穿插使用疑问句、祈使句和感叹句；辞格精致优美：广泛使用排比、对偶、层递、反复，大量使用比喻、比拟、对比，常用仿拟、夸张、引用，时用借代、飞白、拆字；态势语言繁丰多姿，优美悦目：仪表、风度、表情、手势、身态、举止等无声语言和有声语言巧妙结合，和谐统一，优美而雅致。综合呈现出明净、优美、文雅等基调。

第九章　汉语言风格类型的文化窥探（二）

——民族风格和时代风格

汉语言民族风格和时代风格是分别导因于汉民族文化和汉民族时代文化的言语风格，二者都是汉文化的积淀，都是汉语言文化的精华，都是受制于表现风格、语体风格，又制约地域风格、流派风格和个人风格的共性风格，以汉文化为镜，透视其内涵、价值、成因和标志，对语言运用、风格建构和风格教学都有重大的理论意义和实践意义。

第一节　汉语言民族风格的文化含义和文化价值

一、民族风格的文化含义

对于民族风格是什么，是否属语言风格学的研究范围，我国现代语言学界曾有过争论。1993 年 12 月在澳门举行的“语言风格学与翻译写作国际研讨会”上，张德明认为“语言民族风格是语言体系中的风格（静态风格），属语言风格范畴”。王希杰认为“语言民族风格是民族语言特点体现出来的风格，属风格学范畴”。程祥徽认为“民族风格是语言材料的民族特点，言语风格的研究如果容纳这类民族风格的课题，后果将会混淆言语与语言的界限，模糊了风格学的研究对象，至少会加重风格学的负荷。因此，研究语言民族风格属语言学的任务，不是风格学的任务”。袁晖认为“语言民族风格是一个民族在语言运用中所形成的言语气氛和格调，属言语风格范畴”。黎运汉认为“语言体系自身的特点不是语言风格，凡语言风格都是运用语言的产物，没有语言运用，就没有语言风格，语言民族风格是一个民族运用民族语言所形成的特点综合表现出来的格调和气氛，是语言风格的一种类型”[①]。此外，张志公说：“各民族都有若干独特的语言艺术风格，这是客观的、有历史渊源的。在古代社会受各种因素如地理环境、社会制度、宗教信仰等的综合作用使得不同地域，不同民族的人们的性格、心理、风俗等不完全相同，因而各自的审美观点也会不同。反映在语言运用的习惯上，就会

① 程祥徽、黎运汉主编：《语言风格论集》，南京大学出版社，1994 年。

表现出各自不同的差异。这就是所谓的‘民族风格’。”[①] 张德明《语言风格学》认为“民族风格是民族语言体系本身特点的集中表现，因此属于语言风格，不属于‘言语风格’”[②]。郑远汉《言语风格学》说：“同一民族的人在使用本民族语言上所表现出的同该民族的心理、风俗、习俗等文化因素相适应，同该民族语言的构成特点相联系的一系列为该民族的人共同具有的言语特点的综合，这就是言语民族风格。”[③] 黎运汉《汉语风格探索》认为“语言的民族风格是同一民族的人们运用本民族的语言的各种特点的综合表现”[④]。其《汉语风格学》说：“语言的民族风格是一种由民族因素造成的客观风格，是一个民族运用本民族的语言的各种特点综合表现出来的气氛和格调。[⑤]” 王德春、陈晨的《现代修辞学》说：“在使用一种语言时所表现出的民族特点的总和就是言语的民族风格。”[⑥] 胡裕树说：“不同的民族语言，由于语言要素的表现形式不同，语言内部的发展规律不同，必然表现出各自不同的特点来，即使在相同的交际场合，有相同的交际内容和交际目的，它们用来构成言语交流的风格手段，也会有明显的差别，因而就自然形成不同的言语气氛和言语格调，也就形成不同的民族风格。”[⑦] 倪宝元认为“语言的民族风格是一个民族在语言运用中所构成特定的话语体系及其所形成的特定的言语气氛和格调”[⑧]。

综上可见，我国现代语言学界关于语言民族风格是什么及其属性有四种看法：语言民族风格是民族语言体系本身的特点及其运用中各种特点的综合表现，属于语言风格；语言民族风格是民族语言特点体现出来的风格，属语言风格范畴；语言民族风格是语言材料的民族特点，属语言学范畴，不属语言风格学；语言民族风格是一个民族运用民族语言所形成的言语气氛和格调，属言语风格范畴。看来，最后一种看法，比较符合语言民族风格实际，比较准确地揭示了语言民族风格的本质属性，为较多的人所接受。有鉴于此，我们认为语言民族风格是一个民族在主客观文化因素制导下，运用民族语言文化手段的诸特点综合表现出来的气氛和格调，其核心基因是民族文化。

汉语言民族风格是汉民族运用汉语风格手段的综合的“民族韵味”。（茅盾语）风格手段既有主要来自语言要素的，也有来自超语言要素的。风格手段不

① 王建华：《张志公先生就作家文学语言研究问题答问》，《修辞学习》1985年第1期。
② 张德明：《语言风格学》，东北师范大学出版社，1989年，第214页。
③ 郑远汉：《言语风格学（修订本）》，湖北教育出版社，1998年，第37页。
④ 黎运汉：《汉语风格探索》，商务印书馆，1990年，第66页。
⑤ 黎运汉：《汉语风格学》，广东教育出版社，2000年，第424页。
⑥ 王德春、陈晨：《现代修辞学》，江西教育出版社，1984年，第145页。
⑦ 胡裕树主编：《现代汉语（修订本）》，上海教育出版社，1984年，第588页。
⑧ 倪宝元主编：《大学修辞》，上海教育出版社，1994年，第448页。

等于语言要素。语言要素的特点，既不同于利用民族语言要素而生成的风格手段，更不同于使用风格手段而综合表现出来的言语民族风格。高名凯说："语言风格（更正确地说，言语风格）既然是在特殊的交际场合中为着适应特殊的交际目的而对语言的运用所形成的言语气氛和格调，语言风格手段系统（更正确地说，言语风格手段的系统）既然是语言所具备的用以构成言语气氛或格调的风格手段和一些非语言的风格表达成分的总和，我们就不能把语言风格理解为与别的语言有所不同的某一语言的特点。"① 语言的民族风格不是指语言体系本身的特点。语言民族风格与语言民族特点是本质不同的两种语言、言语现象，不能把汉语体系自身构造的特点看作汉语语言民族风格，但二者又有着非常密切的关系，语言的民族特点为语言的民族风格的形成提供了重要的物质基础和必要条件，因为民族风格表达手段主要是从语言的民族特点引发而来的，或者说是运用和生发了语言的某种民族特点的结果。例如，汉语中利用语音的特点生成的同韵相协、平仄交错，利用单音节词、双音节词的特点构成的"四字格"和对偶、顶真，利用语序的特点构成的常式句和变式句等，都是富有汉民族色彩的风格手段，将它们巧妙地用于特定语体的话语，就能体现出鲜明而优美的汉民族韵味。运用语言创造风格，如果离开了本民族语言结构的特点和独特的美感，去追求什么语言风格美，那就不会结出具有乡土气息和民族风味的果实了。

二、民族风格的文化价值

恩格斯说："迄今为止，历史上文学现象和风格现象的出现，都是历史结构安排好了的。"② 语言民族风格是一个民族"历史共创"的现象，是客观存在的。它既不是凭空而来的无本之木和无源之水，也绝不是由民族中少数"斯文人士"在瞬间完成的，而是民族大众按照民族的心理结构、风尚、风俗和审美情趣等文化因素，使用民族语言风格手段，表现民族社会生活，历经千秋万代所垒建起来的民族语言大厦，是民族大众智慧和汗水的语言结晶，是民族文化的历史积淀。优秀的语言民族风格是民族语言高度发达繁荣的标志，是一个民族使用语言成熟的体现，它具有重大的文化价值，最突出的有以下几点：

（一）裨益民族文化传承

民族本质特点的核心是民族文化，如思想状态、风尚习俗、审美情趣、性格爱好、文化传统和生活地理环境等。每个民族都有自己的民族共同语，共同语是民族语言文化的特征，是一个民族最重要的交际工具、思维工具、认知工具、实

① 高名凯：《语言论》，科学出版社，1963 年，第 416 – 417 页。

② 中共中央马克思恩格斯列宁斯大林著作编译局编译：《马克思恩格斯全集（第三卷）》，人民出版社，1960 年，第 100 页。

践工具和创造工具，民族文化的特点必然在运用民族共同语中有所反映，而反映民族文化特点的语言风格现象，必然自产生起就深深地打上其民族文化的烙印。那些善于运用民族共同语的文学家、政治理论家、革命活动家的著作，例如屈原的《离骚》、韩愈的《师说》、施耐庵的《水浒传》、罗贯中的《三国演义》、吴承恩的《西游记》、吴敬梓的《儒林外史》、曹雪芹的《红楼梦》、李白和杜甫的诗词、鲁迅的杂文、赵树理的小说、毛泽东的政论和诗词及周恩来、邓小平、江泽民、胡锦涛、习近平的一些讲话等，都有浓厚的民族韵味，蕴含着丰富的民族文化，对其深入研究，正确揭示、展现其作品内涵，能起到传承民族文化的作用。

（二）裨益各种语言风格培养

语言民族风格是运用民族语言进行言语交际的产物，它寓于语体风格、时代风格、地域风格、流派风格和个人风格的言语作品之中，是从以这些风格类型为主的诸多有代表性的优秀言语作品之中抽象概括出来的，它与表现风格、语体风格、时代风格同为不同角度、不同层面的共性风格，人们的一切语言运用都要受它制约。毛泽东说过："洋八股必须废止，空洞抽象的调头必须少唱，教条主义必须休息，而代之以新鲜活泼的，为中国老百姓所喜闻乐见的中国作风和中国气派。"[①] 茅盾指出："民族化、群众化和个人风格不是对立的。个人风格必须站在民族化、群众化的基础上。但民族化、群众化的作品不一定都有个人风格，离开了民族化、群众化的大路而追求所谓个人风格，猎奇矜异，自我陶醉，那就必然要走进形式主义的死胡同。"[②] 无论是哪个时代、哪个地域、哪个流派的作家或普罗大众，用哪种语体写文章或讲话，都必须受语言民族风格制约，做到语言的民族风格化。研究语言民族风格，揭示其生成规律，阐明其规范要求，启发人们在运用语言时有意识地接受民族风格规范制约，有助于提高其语言运用的能力，培养好风格，树立好文风。

（三）裨益对外汉语教学

随着我国更加开放，国力愈加强大，汉语大步走向世界，国外学习汉语的人越来越多，对外汉语教学规模日益扩大，任务日趋繁重。对外汉语教学是将汉语作为外语或者第二语言的教学，是外向的、跨文化的，目的是使外国人又快又好地学会汉语。为此，它必须着力提高教育效率。要提高教育效率，就必须把汉语本身的特点讲清楚，得使外国人容易接受、掌握，这就必须在着力讲清汉语语

① 毛泽东：《中国共产党在民族战争中的地位》，见《毛泽东选集（第二卷）》，人民出版社，1964年。

② 北京师范大学中文系文艺理论教研室编辑：《文学理论学习参考资料》，春风文艺出版社，1982年，第866页。

音、汉字、词汇、语法、修辞、语体、风格的规律以及其使用规范原则的同时，融入文化内容，因为汉语根植于汉文化，又是汉文化的载体，富含汉文化意蕴。汉语风格是运用汉语的美学升华，是处于汉语运用最高层面的语用文化现象，忽略了汉文化信息，仅讲语义信息，外国人就很难理解。汉语言民族风格是运用汉语言文化成熟的标志，运用汉语必须符合汉语民族风格规范，才能生成得体的汉言语作品。对外汉语教学运用汉语言民族风格理论，从汉民族文化特点对汉语特殊的风格要素和格调进行分析，并与外国学生的母语民族风格进行适当对比，说明其相通之处，分析其差异现象，能有助于加深外国学生对汉语的理解程度，提高对外汉语教学的质量。

第二节 汉语言民族风格生成的文化导因

世界上每一个民族都有自己的独特文化，独特的文化是语言民族风格生成的文化外因和内因。语言民族风格是民族文化特有的语言美学形态的升华，汉语言民族风格是文化外因与内因相互融合而成的表现风格。外因是影响和制约民族风格生成的制导性因素，包括物质文化、制度文化和精神文化。

一、物质文化根基

物质文化如前文所说，是指人改造自然界的物质生产的活动及其产物，它具有获取与创造的功能，是整个文化系统的基础和发展动力，有着具体可感的存在形态，如衣食住行的文化，以及与人们生活十分密切且经过人们创造或融入思想感情的自然物如园林、山川、河流、动植物等所表现出来的文化。存在决定意识，先意后辞，辞不能凭空而发，必须以物为根，先有物态文化，才有表现物态文化的语言表达手段，物态文化是语言民族风格的根基。例如，先有衣食住行方面的物态，才有表现衣食住行方面的语言手段。没有“阿房宫”，哪来杜牧《阿房宫赋》“六王毕，四海一，蜀山兀，阿房出”这样如奇峰突起、劲拔有力、反映出秦始皇统一天下的英雄气概和战国末期到秦初形势急剧变化的开篇语？没有中华民族特有的“西岳”“黄河”的壮美景观，也不会有李白的《西岳云台歌送丹丘子》这样富有汉民族韵味、格调刚健豪迈的诗篇。中华民族特有的物态文化非常发达，由于反映特有物态文化的需要，汉语便产生了丰富多彩的属于特有物态文化范畴的语言手段，例如：长衫、马褂、旗袍、唐装、中山装；东坡肉、烤羊排、云吞、虾饺、烧麦、马蹄糕、桂林米粉；四合院、土楼、草屋、茅庐、故宫、新航楼；驴子、轿子、滑竿；长江、松花江、庐山、阿里山、长城、九寨沟、德天瀑布、杭州西湖、苏州园林；梅、兰、菊、竹，以及“臭豆腐，闻着臭，吃着香”，“下坡骡子上坡马，平路毛驴不用打”，“挨砖不挨瓦”，“庄稼要好，水肥要饱”，“笋子变竹节节空”“不见鱼出水，不下钓鱼竿”等。它们都是汉语里根基于物态文化的语言手段，是中华民族利用自然条件而创造出来的有形实物的语言文化成果。它们或为名词术语，或为熟语，或变异作修辞格，都有鲜明的民族色彩；或朴实，或华美，或简明，或蕴藉，或庄重典雅，可作展现汉语民族风格的重要手段，用于各种语体，生成各种表现风格。例如：

①中国古时候有个文学家叫做司马迁的说过：“人固有一死，或重于泰山，或轻于鸿毛。”为人民利益而死，就比泰山还重，替法西斯卖力，替剥削人民和压迫人民的人去死，就比鸿毛还轻。

（毛泽东《为人民服务》）

②万笏朝天，笏是古代文武百官上朝时捧在手里，用来指通或者记事的狭长的板子，是用玉石或者竹子做成的。这一片石林拔地而起，竖着看如虎牙，横着看如锯齿，从下往上仰视，就如百官朝贺天尊时手持的玉笏，人称万笏朝天。

（江西上饶三清山景点导游词）

③这就是白杨树，西北极普通的一种树，然而却是不平凡的树！它没有婆娑的姿态，没有屈曲盘旋的虬枝，也许你要说它不美丽，如果美是指“婆娑”或“横斜逸出”之类而言，那么白杨树算不得树中的好女子；但是它却是伟岸、正直、朴质、严肃，也不缺乏温和，更不用提它的坚强不屈与挺拔，它是树中的伟丈夫！当你在积雪初融的高原上走过，看见平坦的大地上傲然挺立这么一株或一排白杨树，难道你觉得它只是树，难道你就不想到它的朴质、严肃、坚强不屈，至少也象征了北方的农民？……难道你又不更远一点想到这样枝枝叶叶靠紧团结、力求上进的白杨树，宛然象征了今天在华北平原纵横激荡用血写出新中国历史的那种精神和意志？

白杨树不是平常的树。它在西北极普遍，不被人重视，就跟北方农民极相似；它有极强的生命力，磨折不了，压迫不倒，也跟北方农民极相似。我赞美白杨树就因为它不但象征了北方的农民，尤其象征了今天我们民族解放斗争中所不可缺少的朴质、坚强以及力求上进的精神。

让那些看不起民众、贱视民众、顽固的倒退的人去赞美那贵族化的楠木（那也是直干秀颀的），去鄙视这极常见，极易生长的白杨吧，但是我要高声赞美白杨树！

（茅盾《白杨礼赞》）

例①属政论语体，引用古代著名文学家以物态文化手段将“泰山”和“鸿毛”作比较，构织话语，呈现庄重优雅的风格，展示中华民族崇高的生死观；

例②中“笏”是古代的物质文明，“如虎牙”“如锯齿”的“石林”是自然存在物，导游员取“石林”和“百官朝贺天尊时手持的玉笏”的相似点，称“石林”为“万笏朝天”，便成为改造了的“第二自然物”，这是缘于汉民族物态文化的体现汉语言优美格调的手段；例③用文学语体的散言体，以物质文化“白杨”为表达对象，用形象优美和凝重文雅的词语如“婆娑”“屈曲盘旋”“横斜逸出”“坚强不屈”“挺拔”“傲然挺立”“靠紧团结”“力求上进”“赞美”，带描绘性修饰语长句“当你在积雪初融……一株或一排白杨树”以及形象的比喻“树中的好女子”“树中的伟丈夫”“白杨树……跟北方农民极相似”和豪壮的排比“伟岸、正直、朴质、严肃”“难道你……难道你……难道你……”等组成笔调优雅的语篇，赞美白杨树象征北方的农民和中华民族精神，启示读者要像白杨树那样，力求上进，团结一致，为民族解放斗争贡献自己的力量。它们意辞统一，富含中华文化意蕴，展现出鲜明的民族风格。

二、制度文化背景

制度文化如前面说过，是指渗透了人的观念的各种社会制度以及有关各种制度的理论体系和行为方式、礼仪风俗，它是人们规范自身行为和处理个人与他人、个体与群体的关系的准则。而语言风格作为人们运用语言而生成的格调气氛，也必然受到制度文化的影响和制约。汉语里，很多风格手段都是在制度文化背景下生成的，例如：封建社会、半殖民地半封建社会、社会主义社会；唐朝、宋朝、元朝、明朝、清朝；中国国民党、中国共产党、中国民主同盟、中国政治协商会议、中华人民共和国、人民民主专政、“文化大革命”、和谐社会；资本主义工商业改造、公有制、私有制、市场经济、经济特区；银圆、铜钱、袁大头、金圆券、人民币；下海、倒爷、富二代；私塾、学堂、国学、孔子学院、老人大学、函授大学、成人教育、高考；“父母之命，媒妁之言”，“嫁鸡随鸡，嫁狗随狗”“嫁出去的女，泼出去的水”、娶妻、纳妾、休妻、月老、红娘、媒婆、老槐树、拜天地、入洞房、喝交杯酒、裸婚、银婚、金婚、入赘、招驸马、童养媳、陪嫁女、比翼鸟、鸳鸯、连理枝；压岁钱、牛年大吉、生意兴隆、寿比南山、迎福接神、吃粽子等。它们无论是体现政治文化、经济文化、教育文化、婚姻文化还是民俗礼仪文化，也无论是直用本意还是变异用引申义，都有汉民族特有的文化信息和风格信息，可作呈现汉语民族风格的表现手段。例如：

①天子死曰崩，诸侯曰薨，大夫曰卒，士曰不禄，庶人曰死。

（《礼记·曲礼》）

②加强海内外中华儿女的团结，为实现中华民族的伟大复兴而奋斗。坚持“一国两制”“港人治港”“澳人治澳”、高度自治的方针，严格按照特

别行政区基本法办事，在爱国爱港、爱国爱澳旗帜下，团结港澳各界人士，维护香港、澳门长期繁荣稳定。贯彻“和平统一、一国两制”的基本方针和现阶段发展两岸关系、推进祖国和平统一进程的八项主张，坚持一个中国原则决不动摇、争取和平统一的努力决不放弃、贯彻寄希望于台湾人民的方针决不改变、反对“台独”分裂活动决不妥协。推进两岸直接“三通”，尽最大努力为两岸同胞谋和平、谋发展、谋福祉，使两岸同胞感情更融洽、合作更深化，共同维护台海和平稳定，推进祖国统一大业。全面贯彻党的侨务政策，做好海外侨胞和归侨侨眷工作，凝聚侨心、汇集侨智、发挥侨力。

（《中共中央关于构建社会主义和谐社会若干重大问题的决定》）

③经过了春的孕育，夏的热恋，各位新人一起走进了绚丽成熟的丰收季节。爆竹声声，红尘中诞生了一个个幸福家庭；喜字对对，人世间缔结了一桩桩美好姻缘。长天欢翔比翼鸟，大地喜结连理枝。在此，让我们举起一杯醇香的美酒，送上一片深深的祝福：“祝成双鸾凤海阔天空双比翼，贺一对鸳鸯花好月圆两知心。”

（杨长冰《在部队集体婚礼上的致辞》）

④母亲睡觉的床，是一个紫红色的大匣子，盖上了紫红色的盖子。

（季薇《淡紫的秋》）

例①的“崩”“薨”“卒”“不禄”“死”是在封建社会的政治文化背景下产生的同义风格手段；例②的“港人治港”“澳人治澳”“特别行政区基本法”“和平统一、一国两制”“坚持一个中国原则”“反对‘台独’”“推进两岸直接‘三通’”等是在特定社会主义政治文化背景下新生的语言手段，具有鲜明的民族性、政治性，是体现汉语民族时代风格和政论语体风格的手段；例③的“热恋”“喜字对对”“姻缘”“比翼鸟”“连理枝”“成双鸾凤海阔天空双比翼”“鸳鸯花好月圆两知心”是在汉民族婚姻文化背景下的产物，或平实或华美，具有鲜明的民族性，是很能体现汉语言民族风格的表现风格的手段；例④“睡觉”代替“死”，“床”“大匣子”指棺材，“盖子”指棺材盖，这些避凶趋吉的忌讳语、委婉辞生成于忌讳文化背景之中，蕴含着特定的汉文化信息，既是汉语言民族风格的标志，也是生成简洁、凝练、委婉、含蓄表现风格的物质手段。

三、精神文化导因

精神文化如前面说过，它是人们改造主观世界的活动方式及其产物，包括思维方式、心理状态等，它处于文化系统的核心地位，对人们的言行举止直接起制导作用，是语言民族风格生成的直接导因。诸多汉语民族风格手段是在精神文化制导下生成的。例如：升降抑扬、平仄协调、单复错综、长短相形、语序常变、结构松紧、褒贬易色、正反对照；它们生成的文化导因都是汉民族的精神文化，是展现汉语言民族风格的常见手段。例如：

①李白乘舟将欲行，
（仄仄平平仄仄平）
忽闻岸上踏歌声。
（平平仄仄仄平平）
桃花潭水深千尺，
（平平平仄平平仄）
不及汪伦送我情。
（仄仄平平仄仄平）

（李白《赠汪伦》）

②自称盗贼的无须防，得其反倒是好人；自称正人君子的必须防，得其反则是盗贼。

（鲁迅《小杂感》）

汉民族思维方式的一大特点是对立统一，十分注意事理的正反两面及其互存互补、相互生发、引同协异、相互转化的关系，在这种辩证思维方式的导引下，汉语里便产生了很多对立统一、相映成趣的修辞、风格现象。例①是文学语体平仄协调的语例，平和仄是对立的，但在言语作品中有规律地组合，平仄相间、交错而行，能够产生高低起伏、抑扬有致、顿挫得体、节奏和谐的回旋往复美，这是汉人对立统一的思维方式，是作用于汉语声调组合特点而生成的汉语特有的语音风格手段；例②是将两种截然相反的人放在一起进行对照，教人要注意分清是非善恶的辞式，对照的辞与意都是矛盾的，但又统一于特定的话语中，它也是对立统一思维方式导引的风格现象。导因于对立统一思维方式的风格现象都富有文化意涵，都是能体现汉语言民族风格的常见手段。

③富强、民主、文明、和谐、自由、平等、公正、法治、爱国、敬业、诚信、友善。

（《人民有信仰，国家才有力量》，《人民日报》，2014 年 2 月 12 日）

④嫩绿的芽儿，
和青年说：
“发展你自己！”

淡白的花儿，
和青年说：
“贡献你自己！”

深红的果儿，

和青年说：

“牺牲你自己！”

（冰心《繁星》）

汉民族传统的价值观念和文化心态之一是“以和为贵”，而汉语风格创造讲求和谐美、对称美、均衡美和整体美便是这种观念和心态的外现。汉语里很多风格现象都是这种外现的产物。如例③以语词对仗均衡、结构整齐匀称的话语，表现社会主义核心价值观，辞意完美统一，民族韵味浓烈，表现格调庄重典雅。例④三节之间，每句每字都是对称的；三节的音节数全部相同；词语不仅词性相同，连词义也是属于同一语义场的，如“芽”“花”“果”都是植物类名词，“嫩绿”“淡白”“深红”都是颜色类形容词，构词方式都是偏正式，“发展”“贡献”“牺牲”在诗中是近义动词。除此之外，整个诗篇三节都用比拟辞式，段落结构、标点都十分对称。这些风格手段都根植于汉民族和谐的观念心态，都富含汉文化意蕴，很能体现汉语民族风格。

⑤贾岛醉来非假倒，刘伶饮尽不留零。

（酒店广告）

⑥要论中国人，必须不被搽在表面的自欺欺人的脂粉所诓骗，却看看他的筋骨和脊梁。自信力的有无，状元宰相的文章是不足为据的，要自己去看地底下。

（鲁迅《中国人失掉自信力了吗》）

中华民族素有崇尚美辞的强烈意识和追求语言艺术美的优良传统。这优良传统的一大主流就是崇尚含蓄美。在含蓄美的导引下，汉语里存在着各式各样言在此而意在彼的风格手段。如例⑤据传此两句原为江南才子友人在会春楼饮酒时所吟，这里引用为酒店广告。上句借晚唐著名“推敲”诗人贾岛的名字谐音“假倒”，下句借西晋“竹林七贤”之一刘伶的名字谐音“留零”，既描写了酒醉后的状态，又描写了主宾开怀畅饮、酒杯点滴无余的情景，含蓄有趣地宣传了饮酒的乐趣，用为酒店广告，耐人寻味，妙不可言。例⑥用“不被搽在表面的自欺欺人的脂粉所诓骗”“状元宰相的文章是不足为据的”来比喻反动统治者的卑鄙手段，用“他的筋骨和脊梁”比喻我们中国古往今来埋头苦干的人、为人请命的人、舍身求法的人等，借“地底下”比喻被压迫的下层，即地火在地下运行的地方。这样一连串以彼喻此的风格手段，含蓄有致，能给人以深刻的启示。前例用故事传说、谐音，后例用比喻言此意彼，都是导因于汉族人民崇尚含蓄的美学意识的、汉语特有的、能展示民族风格的常见手段。

第三节　汉语言民族风格的语言文化标志

汉语言民族风格的成因，除了上面说的外因，还有内因。内因是语言文化，包括出自语言要素和超语言要素文化特点的风格手段。汉语属于汉藏语系，具有区别于印欧语系语言的许多文化特点，孕育于其特点可生成丰富多彩的风格手段。独特的风格手段是汉语言民族风格的鲜明物质标志。

一、语言要素风格手段标志

语言要素风格手段标志包括语音、语汇和语法标志。

（一）语音标志

汉语言民族风格手段的语言文化标志，在语音上最明显的是音乐性，这音乐性是通过汉语语音特点构成的语音手段体现出来的。

1. 平仄交错

汉语音节结构分声、韵、调三个部分。元音在音节中占主要地位，乐音成分很多，辅音元音相间，音节分明响亮，加上不同的音调的升降抑扬，汉语便具有明显的音乐美。汉族人民在崇尚美辞的意识导引下，运用语言喜好且善于利用汉语声、韵、调的特点，构成各种语言风格手段。例如，利用声调变化构成平仄搭配模式，使平仄有规律地交错组合，语言片段便产生抑扬顿挫的音律美，显现出鲜明的汉民族特色。

2. 同韵相协

利用同一韵母的字音在句末重复出现，从而造成押韵，也是汉语所独有的增强音乐性的重要手段。话语组织安排相同或相近的韵字，有规律地反复呼应，能造成语音响亮、节奏和谐悦耳、余音绕梁、回环复沓的音乐美。

3. 双声叠韵

汉语词的音节，一般都有声和韵两个部分，利用音节的声韵特点，可生成双声叠韵现象。“叠韵如两玉相扣，取其铿锵；双声如贯珠相联，取其宛转。”（李重华《贞一斋诗说》）双声叠韵错综安排，不仅能表达曲折尽意，栩栩传神，而且声音悦耳动听、回环荡漾。

下面看几个有代表性的语例：

①大漠风尘日色昏，
（仄仄平平仄仄平）
红旗半卷出辕门。
（平平仄仄平平平）

前军夜战洮河北，
（平平仄仄平平仄）
已报生擒吐谷浑。
（仄仄平平仄仄平）

（王昌龄《从军行七首·其五》）

②齐母：我买什么也不在你这儿买！你给我现了眼！赵姐下了乡，买东到西得我自己忙，已经苦难当！你还瞒着我，到这儿来卖糖！卖糖，这么大的大姑娘！你还受戏耍，妈妈陪着出洋相，越想越窝囊！凌云，凌云，你怎么这么不要强！

（老舍《女店员》）

③革命的集体组织中的自由主义是十分有害的，它是一种腐蚀剂，使团结涣散，关系松懈，工作消极，意见分歧。它使革命队伍失掉严密的组织和纪律，政策不能贯彻到底，党的组织和党所领导的群众发生隔离。这是一种严重的恶劣倾向。

（毛泽东《反对自由主义》）

④新雨之后，苍翠如濯的山岗，云气弥漫，仿佛罩着轻纱的少妇，显得那么忧郁、沉默；潮声澎湃犹如万马奔腾，遥望波涛汹涌，好像是无数条白龙起伏追逐于海面群峰之间……海水中央，波光潋滟……只仗着几处闪烁的渔火，依稀能够辨别它的存在。

（钟梅音《乡居闲情》）

例①句内或上下句平仄相间，交错而行，语言抑扬有致，顿挫得体，音律波澜起伏，优美动听，这是作者在中华民族传统的辩证思维意识和审美观导引下，运用汉语特有的平仄语音手段来表现富于中华民族特色的客观对象——长江岸边的白帝城而生成的风格手段。例②“乡”“忙”“当”“糖”“娘”“相”“囊”“强”属洪亮级江阳“ang”韵。例③“剂”“歧”“律”“底”“离”属细微级一七“i”韵。它们位居句尾，句尾是意义和声音的较大停顿处，再配上韵，因而造成的节奏感格外强烈，韵律上更加铿锵和谐悦耳，而且也便于吟诵，容易记忆辨认，为汉人所喜爱。这是汉人和谐心态和美辞观作用于汉语韵母特点的风格手段。例④的“苍翠”“弥漫”“澎湃”“奔腾”“汹涌”“追逐”“潋滟”“闪烁”“依稀”“辨别”或双声或叠韵，交错使用，从而形成音律上波涛跌宕、曲折流转而又回环荡漾、悦耳动听的音乐美，生动形象地描写出新雨后的山岗和海潮波涛的景象，抒发出多层的情趣，给人以美的享受。这些语音手段都是汉人美辞观作用于汉语音节结构，分声、韵、调和单、双音节的特点而生成的表达手段，富含汉文化信息，是汉语独特的风格手段，是能鲜明展现汉语民族风格的语音文化标志。

（二）语汇标志

每一个民族语言都有自己的语汇系统，语汇系统里都有根植于语用文化导因和自身的语汇文化特点的风格手段。

汉语语汇风格手段丰富多彩，富含民族文化信息和风格色彩，它是展现汉语言民族风格的一个重要的物质标志。其突出表现为：

1. 特有的称谓词语

反映汉民族特有的人名、绰号、地名和山、河等事物名称的词语，例如：司马迁、诸葛亮、朱元璋、洪秀全、康有为、孙中山、毛泽东和二诸葛、三仙姑、孔乙己；北京、桂林、状元坊、凤凰城、山海关；泰山、长白山、长江、秦淮河；号衣、油伞、马褂、孔府家酒、龙椅、火药、罗盘、指南针、弓、箭、寿衣、红包等。

2. 特有的制度文化词语

反映汉民族特有的政治、经济、教育、婚姻等制度文化的词语，例如：封建社会、社会主义社会、中国国民党、中国共产党、三青团、共青团、童子军、少先队、维新变法、五四运动、长征、“文化大革命”、工宣队、四清、一国两制、“九二共识”、裸官；银圆、铜钱、袁大头、法币、关金、人民币；蒙学、私塾、学堂、统考、函授教育、老人大学、业余大学；娶妻、纳妾、休妻、一夫一妻、一夫多妻、集体婚礼、裸婚等。

3. 特有的理念、心态文化词语

反映汉民族特有的理念、心态、民俗、礼俗、宗教信仰的词语，例如：加官晋爵、升官发财、做官当老爷、官官相护、多子多福；中国梦、强军梦、幸福广州、和谐社会；披麻戴孝、入土为安、烧香拜佛、求签；晚安、谢谢、令尊、东家、荣军、长命百岁、一路平安、久闻大名、才疏学浅；城隍庙、土地庙、送灶、福神爷、和尚、道士、迎神等。

4. 特有的熟语和含文化信息的古语词、旧词语

汉语特有的熟语十分丰富，例如成语：羊肠小道、世外桃源、叶公好龙、一团和气、牛鬼蛇神、梁上君子；谚语：“一家发财千家穷”，“财主算盘响，穷人眼泪淌”，“种瓜得瓜，种豆得豆”，“摸着石头过河”，“一方有难，八方支援”，“牛皮不是吹的，火车不是推的，泰山不是堆的”；歇后语：竹篮打水—— 一场空、十年芭蕉——粗枝大叶、全国粮票——到处通行、自由市场买卖——讨价还价、诸葛亮皱眉头——计上心来；惯用语：放空炮、耳边风、挤牙膏、爬格子、穿小鞋、拍马屁、半边天、拉山头；格言：“虚心使人进步，骄傲使人落后”，“失败乃成功之母”，“有志者事竟成”，“真金不怕火炼”，“刀不磨要生锈，人不学要落后”，“言者无罪，闻者足戒”；含有文化信息的古语词和旧词语，例如“一人得道，鸡犬升天”、政躬违和、而立之年、丞相、尚书、太监、驸马、诸

侯、太守、舍监、包身工、邮差、保长、甲长、壮丁、教书匠、礼帽、青洪帮、巡捕房、租界等。

5. 特有的象征词语和含特殊文化韵味的词语

汉语里特有的象征词语和含特殊文化韵味的词语，例如：麟、凤、龟、龙、苍蝇、老虎、狐狸、豺狼、狗；梅、兰、菊、竹、莲、牡丹、松、柏、木棉；鸳鸯、比翼鸟、双飞燕、同林鸟；春、花、秋、月、晚晴、花酒、花茶、花街、真花、假花、家花、野花、墙头草；千里马、龙凤胎；黄色、红色、白色、桃色等。

以上各式各样的词语，都根植于中华文化，都有特定文化意涵和民族色彩，是体现汉语言民族风格的语汇标志。下面看几个语例：

①有个农村叫张家庄。张家庄有个张木匠。张木匠有个好老婆，绰号叫“小飞蛾”。小飞蛾生了个女儿叫“艾艾”，算到一九五〇年阴历正月十五元宵节，虚岁二十，周岁十九。庄上有个青年叫“小晚”，正和艾艾搞恋爱，故事就出在他们两人身上。

（赵树理《登记》）

②习近平强调，希望两岸双方秉持“两岸一家亲”的理念，顺势而为，齐心协力，推动两岸关系和平发展取得更多成果，造福两岸民众，共圆中华民族复兴的中国梦。……两岸双方要巩固坚持“九二共识”，反对“台独”的共同基础，深化维护一个中国框架的共同认知。这个基础是两岸关系之锚。……两岸同胞要携手同心，共圆中华民族伟大复兴的中国梦。实现中华民族伟大复兴，实现国家富强、民族振兴、人民幸福，是近代以来中国人的夙愿。中国梦与台湾的前途是息息相关的。中国梦是两岸同胞共同的梦，需要大家一起来圆梦。两岸同胞要互相扶持，不分党派，不分阶层，不分宗教，不分地域，都参与到民族复兴的进程中来，让我们共同的中国梦早日成真。

（《习近平总书记会见连战一行》，《广州日报》，2014 年 2 月 19 日）

③农谚说：“春旱凶似虎。”又说：“水足丰收，水少歉收，无水无收。”为了使庄稼喝到充足的水分，人们想尽各种各样的办法，与天奋斗，与天争粮！用种庄稼的内行话来说，这叫“保墒”。“墒”就是指土壤里含水量的多少。俗语说：“锄头下有水。”锄地，之所以能够“保墒”、防春旱，是因为把地表面的土壤锄松了，破坏了土壤里的毛细管，使土壤深处的水，不会沿着土壤里的毛细管上升蒸发。于是“墒”也就保住了。这样，怪不得农谚说：“秋粮出在锄头上，多锄勤锄多打粮。”

（叶永烈《春雨贵如油》）

④其一，墙上草，随风倒，翻云覆雨，朝秦暮楚。他们遇事看风头，看来头，看势头，像资本家一样，两眼盯着“涨风”“跌风”，哪管什么“阳

风”“阴风”。“三十六计”外加一计，就是“看风使舵”。

其二，大转变，大变调，改换门庭，面无愧色。这种人赛过魔术师，根据“政治气候”，赤橙黄绿青蓝紫，阴晴雨雪风雷电，莫不变化自如。

（道新《风派人物脸谱初析》，《解放军报》，1978 年 1 月 3 日）

（三）语法标志

语法结构是语言的本质特征之一。“一种语言的语法结构对于文章的风格有一定的影响，比如汉语名词的定语一定要放在前头，用汉语写作就很难使用欧洲作家常常使用的包含好些‘关系子句’的复杂句。诗歌的句法和格律最能表示一种语言的特点，用欧洲语言翻译汉语旧体诗词，再高超的译手也难做到像原诗那样简练，或者使原有的格律再现，甚至有些小玩意儿像回文诗、对联、某些类型的谜语，如果不是在汉语的基础上，也断然不会产生的。”① 不同语言的语法结构和表达手段都有不同的民族特点。基于民族特点所产生的语法风格手段，不可避免地带有民族文化烙印，成为语言民族风格的语法文化标志。汉语语法结构和表达手段的主要特点表现在语序、虚词、量词和句式上，由此特点而生成的语法风格手段便成为汉语言民族风格的主要语法标志。

1. 语序固定

汉语句子从语法结构方面看，由中心语主、谓、宾和附加语定、状、补六个成分构成，各个成分的位次比较固定，通常是主语在谓语之前，宾语在谓语之后，定语在主语、宾语之前，状语在谓语之前，补语在谓语之后。这种排列次序有严格的规定性，通常情况下是不宜变动的，如果变动了，不是语义信息不同，就是修辞风格价值不一样。例如“月光恋爱着海洋，海洋恋爱着月光”。（刘半农《教我如何不想她》）前后语句完全相同，但主语、宾语互换位置，语义信息有别，构成回环辞式，既使语言回环往复，产生强烈的节奏感和音乐美，又言简意赅地揭示了事物之间相互依存、相互制约或相互对立的关系。又如“北京的初冬，真美啊！”主语在前，谓语在后，是常式句。“多美啊！北京的初冬！”（杨朔《埃及灯》）主谓倒置，是变式句。两句的语义信息差不多，但前句突出的重点是描写“北京的初冬”怎么样，后句突出的重点是抒发作者对“北京的初冬”的赞美之情，赞叹的语气比较强烈。常式句与变式句是互相对立的，但可以互相转化，与前面的回环辞格同为对立统一的语法结构，都跟汉民族辩证统一的思维方式有关，所以为汉人喜闻乐见、广为使用。汉语句法上有并列词组、并列成分的位次，一般来说是比较灵活的，可以随意变换位置，如“长江和黄河”与“黄河和长江”，“硕士和博士”与“博士和硕士”，其语义信息和修辞

① 吕叔湘：《语文论集·语言和语言学》，商务印书馆，1983 年，第 54 页。

风格色彩都相同。但也有相当多并列词组的成分位置不能颠倒，例如“君臣”“长幼”“父母”“师生”“尊卑”“兄弟姐妹”“雅俗共赏”“夫唱妇随”“文武双全”“德高望重”等词组中的并列成分位置则不能颠倒，这是受汉民族的尊卑有序的心理文化所影响与制约的。可见，汉语的语序既有固定性，也有灵活性；既是重要的语法手段，又是修辞和风格的重要手段。恰当运用，可以严密地构造各种不同的句式，精确地表达各种复杂细腻的思想情感，体现出汉语言民族风格的各种表现风格。

2. 虚词多姿

汉语的词缺少印欧语言那样的形态变化，许多语法意义和修辞风格信息都靠虚词来表示。汉语虚词主要的有连词“和、跟、同、与、并且、而、而且”；介词“对、对于、关于、让、教、比、同、给、为”“根据、依照、凭、遵照”“以、通过” “自、从、自从、当、往、朝、沿、在、何、于、顺着、沿着、由”；助词“的、地、得”“着、了、过”“们、所、似的、来、把、初、等”；语气词“吗、呢、吧、啊”等。它们是改换结构、变换句式的主要语法手段之一，又是能使语言表达增强修辞效果和展现语体风格色彩的一种重要手段。它们的使用，在语法结构上有一定的固定性，在修辞和风格上有很大的灵活性，恰当运用既能展现汉语言民族风格的文化标志，又能表现各种语体色彩和风格色彩。

3. 量词多彩

量词是汉语所特有的一种表示计算单位的实词。它包括两大类，表示人或事物的单位叫物量词，如专用物量词：个、位、只、头、口、匹，堆、群、捆、班、种，些、页、把，瓶、碗、缸、杯，丈、寸、尺、斗、升、磅、吨、元、角、平方米、里；借用物量词：一桶水、两口袋面、一箱子衣服、一捆柴、一堆土等。表示动作、行为的单位叫动量词，如专用动量词：回、趟、遍、场、下、通；借用动量词：年、月、日、小时，踢了一脚、砍了两刀、打了三巴掌、敲一棍子、唱一曲、喊两声、转三圈、画几笔，想一想、摸一摸、看一看、走一走等。量词的语法特点是不单独作句法成分，而是和数词组合为数量短语，或和指示代词组合成指量短语作句法成分，如定语、状语、补语、宾语等。而单音量词重叠则可单独作定语、状语、主语、补语等。量词短语或单音量词重叠作句子成分是汉语特有的语法手段之一，这在各种语体中都普遍可见，是展现汉语言民族风格的又一种鲜明的语法文化标志。

量词在语用修辞风格中，常常是超常组合、变异用法，这在汉语中有着悠久的传统，尤其在文学语体里方式多种多样，风韵多姿多彩。例如：

①而青松啊，决不与野草闲花为伍！一派正气，一副洁骨，一片忠贞，一身英武。

（郭小川《青松歌》）

②为了寻找侵略的根据，艾奇逊重复地说了一大堆“友谊”，加上一大堆“原则”。

（毛泽东《“友谊”，还是侵略?》）

③夏天的轰轰烈烈被一穗一穗、一串一串、一枝一枝、黄灿灿地晾在土地上，成熟了，也就不喧嚷了。

（王建平《土地之声》）

④厚敦敦的软玻璃里，
倒映着碧澄的一片晴空，
一叠叠的浮云，
一只只的飞鸟，
一弯弯的远山，
都在晴空倒映中。
湖岸上，叶叶垂柳叶叶风，
湖面上，叶叶扁舟叶叶篷，
掩映着一叶叶的斜阳，
摇曳着一叶叶的西风。

（刘大白《西湖秋泛》）

⑤白发空垂三千丈，一笑人间万事。

（辛弃疾《贺新郎》）

例①的“正气”“洁骨”“忠贞”“英武”都是模糊词语，含义混沌，边界不确定，这里用名量短语“一派”“一副”“一片”“一身”与之恰切自然组合，颇饶情趣，使模糊的东西具体化、形象化了。例②“堆”一般用于可视、可触摸的事物如一堆土、一堆银，“友谊”“原则”是抽象的事物，将其比拟为可以成堆的东西来写，语辞简洁，幽默风趣，既说明这些东西是廉价的、虚伪的，又蕴含着藐视、憎恶帝国主义的感情色彩，呈现出浓郁的民族韵味。例③“一穗一穗”“一串一串”“一枝一枝”是由三个名量短语组成的排比，分别代替麦穗、葡萄、花朵，是排比兼借喻，既增强了语言气势，又使语言简洁生动，这是体现汉语言民族风格简洁、基调优美的物质标志。例④用“一叠叠的浮云”“一只只的飞鸟”“一弯弯的远山”和“叶叶垂柳叶叶风”“叶叶扁舟叶叶篷”“一叶叶的斜阳”“一叶叶的西风”等一连串量词短语同中心语超常搭配，造成气势贯通的排比句，描绘景物，已别有情韵，加上众多量词叠音，用得自然贴切，更是锦上添花，既绘声绘色、优美动听，又富含浓郁的民族韵味。例⑤用“三千丈”形容白发是夸张手法，将“一笑”与“万事”对比也有夸张意味。古人称夸张为“激昂之言”，是我国古今文学家常用以构成格调雄健奔放的诗篇、展现语言民族风韵的手段。辛弃疾巧妙运用艺术化的量词短语，构织夸饰之辞，突出了头发因国而白的忧思，突出了自己对世界上所有事概不关心的心态，格调豪放，意蕴深沉，颇能引人联想与共鸣。

4. 句短意丰

短小精约、内涵丰富，这是汉语句式特征之一。茅盾说："我国许多古典作品在使用文学语言上是异常经济的。像《水浒传》《红楼梦》《儒林外史》等小说，往往一两千字的篇幅，写出非常生动的画面。中国的诗常常用几十个字写出全部的意境，尤其有无可比拟的精练，这种传统，应该为我们所积极学习和研究。"① 这里虽是就整篇文章而言，但"积句而成章，积章而成篇"②。文章的精约有赖于句子的精粹。汉语诗文传统的语言文化特征之一，是句子精约，内涵丰富。刘勰说："至于诗颂大体，以四言为正，唯《祈父》《肇禋》，以二言为句。寻二言肇于黄世，《竹弹》之谣是也；三言兴于虞时，《元首》之诗是也；四言广于夏年，《洛汭》之歌是也；五言见于周代，《行露》之章是也。六言七言，杂出《诗》《骚》；两体之篇，成于两汉。情数运周，随时代用矣。"③ 古代的诗词歌赋骚，句子都是二言、三言、四言，最多七言，十分简短，古代散文作品的语句也有这样的风格特点，上引刘勰的话语属议论文，语句都很简短。又如"六国破灭，非兵不利，战不善，弊在赂秦。赂秦而力亏，破灭之道也"。（苏洵《六国论》）此为政论的开端语，总体仅六个三字句、四字句、五字句，便明白指出六国败亡的首要原因在于"赂秦"，可谓句约事丰之极。现代汉语的言语作品虽然长句有所增长，但仍承传着语法文化传统，习惯且善于将丰富的内涵凝聚于一个简短的句子之中，生成一种句短意丰的语法风格手段，成为语言民族的一个鲜明的语法文化标志。句短意丰主要表现在结构单纯的短句、意合句、词语并列句、四字句、循环型句和省略句等。

二、超语言要素风格手段标志

超语言要素风格手段标志包括辞格、辞趣和组段谋篇手段。

（一）辞格标志

汉语辞格是中国人民在长期的言语交际过程中逐渐定型的，为了适应交际主体的审美要求和语用需要而运用的，具有独特形式和独特修辞风格功能的表达模式。它的产生和形成，既源于客观的物质世界，也基于中华文化的特质。因此它既具有自己的民族特点，也是汉语言民族风格的物质标志。汉语辞格丰富多彩，既有自己独有的类型，也有与其他民族语言有同有异的各种类型。

---

① 茅盾：《新的现实和新的任务》，见《鼓吹续集》，作家出版社，1962 年。
② 刘勰著，赵仲邑译注：《文心雕龙译注》，漓江出版社，1982 年。
③ 刘勰著，赵仲邑译注：《文心雕龙译注》，漓江出版社，1982 年。

1. 独有的辞格

汉语里存在着众多根植于汉民族文化特质的特有或常见的，而其他民族没有或少用的修辞格，例如对偶、拆字、析词、叠字、镶嵌、藏词、飞白、曲解、同异、换算、仿词、回环、回文、顶真、序换、换义等。例如：

①口加口，难开口，
魑魅魍魉遍地走！
口咬口，口难开，
王孙冤死实堪哀！
口对口，口难张，
丞相饮酒无主张！
口背口，张口难，
太尉一出天下安！

（陈白尘《大风歌》）

②信言不美，美言不信。

（老子《道德经》）

③拿一句通俗的话来讲，就是“有的放矢”，“矢”就是“箭”，“的”就是“靶”，放箭要对准靶。马克思列宁主义和中国革命的关系，就是箭和靶的关系……马克思列宁主义之箭，必须去射中国之的。

（毛泽东《整顿党的作风》）

④每个人都有着和社会最底层人接触、洞察中国生活现实、了解社会真谛的经历。每个人的经历似乎都是一部书。他们对改革开放的最新思维和山呼万岁一片忠心的最本分的道德教育都体味接受过。造过反也被反造过，革过命也被命革过。

（《天津日报》，1990 年 11 月 21 日，转引自史尘封《汉语古今修辞格通编》）

⑤鸟语声声鸣翠柳，
花香阵阵上青天。

碧波弄影随风昶，
桂子飘香醉客心。

（程祥徽撰　楼房楹联）

例①是拆字。拆字就是将一个固定的汉字拆分为几个汉字或偏旁的辞格。此例的“口加口”“口咬口”“口对口”“口背口”，都是汉字“吕”的拆分，作品是对吕后实施专权令下人们有口难言的生动描写，因不敢直接点出吕后，而采用拆字手法隐晦曲折地表达，蕴含着丰富的政治文化意涵，既展示出浓郁的民族风味，又体现出含蓄曲折、耐人寻味的艺术魅力。例②是基于汉语没有严格意义的形态变化，组词造句主要靠语序的语法文化特点生成的回环。此例将前后两句表意关键的语言单位“信”和“美”颠倒位置，回环往复，阐述了真实与华丽相互间的辩证关系，语言简洁而又有节奏美。例③是析词，析词是根据汉语存在着大量的单音节语素，而单音节语素又与汉字一一对应的词语文化特点，故意将一个双音节词或多音节词或成语拆解和重新组合，以期收到特定表达效果的一种辞格。此例将汉语特有的成语“有的放矢”拆开，释“矢”为“箭”，“的”为“靶”，经换成“放箭要对准靶”之后，再重新组合扩张成“……之箭……射……之的”，语言姿态新奇，增添了新意，通俗易懂，生动有趣地阐释了马克思列宁主义理论和中国革命实践的相互关系。例④是换字，换字是将已有词语“造过反”“革过命”中的语素顺序做艺术化调整，生成新词语“反造过”“命革过”，语序的变化带来新语意和新情趣，耐人回味。例⑤镶嵌，是把词语拆开分别嵌在上下句中的相同位置。此例是澳门大学文学院院长程祥徽教授为寒舍得道居撰写的楹联。前联为楼房的门联，将“鸟语花香”拆开分别嵌于上下句句首，接着化用古诗名句写出优美的园庭环境；后联为花园“昶心亭”的亭联，巧妙地于上下句句首分别嵌入“碧”“桂”，句末嵌入“昶”“心”，接着以对仗绚丽之辞描绘出两幅充满诗情的动态画面。楹联是汉语所特有的一种文学语言体式，它形式简短，语言优雅，语意丰满，富有表现力，似并蒂莲花，又像戏水鸳鸯，有着很高的实用价值和审美价值，是中华民族灿烂文化中一块十分珍贵的宝石。程教授在其中巧妙地融入汉语特有的镶嵌艺术，描绘景物，寄情抒怀。意辞相应，高雅别致，民族风韵浓烈，突显了描述对象的优雅形象，令人读来心旷神怡。诸如此类的辞格，不仅根植于汉民族物质文化、政治文化和语言文化的土壤，而且基于客观事物的特点，回环的客观基础是客观事物的辩证关系，以及是受汉民族重和谐的观念心态影响的产物。例①的拆字源于对具有艺术含蓄美的中国审美文化传统的推崇等。因其是汉民族文化和客观事物特点相融合的产物，所以富含中国作风和中国气派，是颇能展现汉语言民族风格、表现风格的物质标志。

2. 与其他民族语言有同有异的辞格

汉语里也有不少与其他民族语言或类似或有差异的辞格，如回文、比喻、借代、夸张、委婉等。其差异也源于民族文化特质。因汉文化的导引，汉民族构建和运用这些辞格，有时也表现出一定的民族性。这些带有民族性的辞格，也是体现汉语言民族风格的物质标志。例如汉语和法语、英语都有回文，但汉语回文是词的回环，而法语、英语则是以字母为单位进行重组或颠倒，例如汉语为“情中景——景中情”，法语为“Elu par cette crapule—Eluparc ettec rapule”，英语则为“dog as a devil deified—deified lived as a god”。又如汉语和其他好些民族的语言都有比喻，但并不完全相同，或者是表达同一意思而所用的本体和喻体都不同，或者是本体表意相同而喻体不同，或者是喻体同而褒贬色彩有别。例如：

①去年今日此门中，
人面桃花相映红。
人面不知何处去，
桃花依旧笑春风。

（崔护《题都城南庄》）

②鲁迅的两句诗，“横眉冷对千夫指，俯首甘为孺子牛”应该成为我们的座右铭，“千夫”在这里就是说敌人，对于无论什么凶恶的敌人我们决不屈服。“孺子”在这里就是说无产阶级和人民大众。一切共产党员，一切革命家，一切的革命文艺工作者，都应该学习鲁迅的榜样，做无产阶级和人民大众的“牛”，鞠躬尽瘁，死而后已。

（毛泽东《在延安文艺座谈会上的讲话》）

③国内废科举，兴学校，好像雨后春笋，努力学习西方。

（毛泽东《论人民民主专政》）

例①讲中国有很多桃树，桃花广为中国人所喜爱，常以之比喻女子相貌俊美，“人面桃花相映红”意为女子的脸红得像桃花一样美，而泰语形容女子脸红则说“脸红如茅瓜”，日本人常用“堇莱”“玫瑰”比喻女子的美丽，阿拉伯人常把美丽的姑娘比作“月亮”，这些都是不同民族心目中美女形象同花卉或月亮的价值观有别的语言文化的反映。例②“牛”在汉语中是个含褒义色彩的动物名词，常用之比喻人勤劳朴实、任劳任怨，用“老黄牛”比喻人吃苦耐劳的性格。鲁迅先生甘为无产阶级、人民大众做“牛”，勤勤恳恳地为他们服务，这是鲁迅先生的方向和立场。而在日语中，“牛”则有贬义色彩，人们认为它懒惰，只知道吃饭睡觉。例③“笋”出自竹，竹为中国所独有，中国人爱种竹，画家爱画竹，诗人爱咏竹：“宁可食无肉，不可居无竹。无肉使人瘦，无竹令人俗。人瘦尚可肥，士俗不可医……”（苏轼《于潜僧绿筠轩》）人们称梅、兰、菊、竹为“岁寒四君子”，松、竹、梅为“岁寒三友”，常用这些植物来表明人的志向和气节，象征人的高洁幽雅、虚心有节、淡雅清贞的品格和情操。竹笋在春雨后迅速向上生长，春笋美味可口，汉人爱吃，并惯用成语“雨后春笋”比喻新事物蓬勃生长。毛泽东主席以之形容当时国内“废科举、兴学校”的新气象蓬勃发展，是对这一成语的恰切引用。而英格兰、俄罗斯没产竹子，树林里很多蘑菇，所以人们比喻新事物蓬勃发展，英语是“宛如蘑菇似的”，俄语是“像雨后蘑菇一般”。此外，如汉语中表示一个人记性不好、拿着某物找某物时，常用“骑着驴找驴”来比喻，韩语则说“背着小孩找小孩”。汉语形容人心灵的纯洁、高尚，常用出淤泥而不染的荷花来比喻，藏语往往说“像雪白的哈达”，英语则有“as pure as lily”（像百合花一样纯洁）的成语。汉语中比喻胆子小的人为

“胆小如鼠”，而维吾尔族人则说“胆小如鸡”“胆小如兔”，泰语则说“胆小如波鱼”等。这些不同的民族都用比喻表示意义，而选用的喻体不同，则表示不同的意义，或者喻体相同而蕴含的褒贬色彩有别，这都是为不同民族特有的地理环境、物质资源、思维方式、价值观念、心理状态、风俗人情、审美情趣和文化传统与语言文化所决定的。

借代也是多民族共同使用的辞格，但因其生成和使用的民族文化背景不同，各自对待事物的态度有别，所以也各有民族特色。例如：

①我蘑菇老人，生在老爷岭，长在老爷岭，吃着老爷岭，穿着老爷岭，我的两只腿踏遍了老爷岭。

（曲波《林海雪原》）

②开门七件事：柴、米、油、盐、酱、醋、茶。

③三个臭皮匠，合成一个诸葛亮，这就是说群众有伟大的创造力。中国人民中间实在有成千成万的“诸葛亮”，每个市镇都有那里的“诸葛亮”。

（毛泽东《组织起来》）

以上这些都是汉语语例。例①“老爷岭”是汉民族特有的景物文化之一，以之替代“老爷岭”所生产的东西，便以简洁、新颖、有趣的语辞恰切地展现出“蘑菇老人”跟“老爷岭”密不可分的文化心态，以及对它认知的价值观念。例②是汉语里一条用得十分广泛的俗语，柴、米等七件事物是汉民族不可或缺的物质文化现象，以之替代日常生活的必需用品，语辞简洁形象，展示出中国人民“民以食为天”的文化观念。例③的“诸葛亮”出自文学作品，他是中华民族所熟知的人物形象，常用来代替足智多谋的人，这段话凝聚着对诸葛亮价值品位的高度认知和无比崇敬的情意。此外，如“先生，给现洋钱——袁世凯，不行吗”（叶圣陶《多收了三五斗》）以“袁世凯”代替民国初年印有袁世凯头像的银圆。“到底读过几年‘人之初’，这些字写得多秀气，多有劲”（马忆湘《朝阳花》）以“人之初”代书诗文章。“不拿人民群众一针一线”（毛泽东《三大纪律八项注意》）以“一针一线”代替一切东西等，这些借代都是汉民族特有的物质文化和制度文化、精神文化导引的修辞风格现象，富有民族特色，也是汉语言民族风格的物质标志。而别的民族也有与之类似的借代，如韩语中的“从白头到汉拿”，用朝鲜的“白头山”、韩国的“汉拿山”分别代指朝鲜半岛的北方和南方；英国用“牛油和面包”代替日常生活必需品，英格兰人常以“雅典娜”来代替具有聪明才智的人等。借体与上述汉语借代有别，正是源于各自的民族文化因素，所以民族色彩不同，展现为不同语言民族风格的语言文化标志。

不同民族的语言运用夸张手法时也各有特色，这跟不同民族运用夸张时所选用的事物以及对其价值的认知心理要求和习惯有密切关系。例如汉语语例：

①烟拥层峦云拥腰，倾盆大雨定明朝。

（苏轼《雨意》）

②那里的农民要筹集几个钱，多么难啊！人们恨不得把一分钱掰成两半来使。

（柳青《创业史》）

③千呼万唤始出来，犹抱琵琶半遮面。

（白居易《琵琶行》）

④黄河落天走东海，万里写入胸怀间。

（李白《赠裴十四》）

例①“盆”是汉族人民常用来洗手、洗脸或盛水的器皿，汉民族用“倾盆”描写大雨，说其倾注像盆里的水直往外倒，形容其下得大而急，这是根植于汉民族特有的物质文化、习俗文化，以及对大雨认知心态的夸张。例②“钱”是汉族人民的物质文化，旧社会贫农筹集几个钱都十分困难是客观事实，作者用艺术缩小的手法说他们“恨不得把一分钱掰成两半来使”，展现出其对客观事物的深刻认知以及对贫苦农民无比同情的心态。例③“千呼万唤”是数量短语，数量短语富有汉文化特征，诗人故意用来扩大客观事物的数量，既增加了语言的力度，又展现出语言民族风格的属性。例④“黄河”是中国特有的物质文化之一，诗人以洒脱不羁的笔墨，生动地表现了它波涛汹涌、惊心动魄的磅礴景象，画面壮观，意境浩瀚，笔力超群，呈现出雄伟的气势和浓郁的民族韵味。这些夸张都有鲜明的民族色彩，是汉语言民族风格特有的物质标志。而别的民族语言也用夸张，例如英语形容雨下得大常说“rain cats and dogs”（天上下猫和狗）；韩国人缩小事物容量，常以“麻雀的眼泪”来形容（参看陈汝东《对外汉语修辞学》）；欧洲一些民族常用他们特有的物质文化——大河来构成夸张，例如英国人说“set the Thames on fire”（放火烧泰晤士河），意思是“（妄想）做出惊人之举”，法国人却说“set the Seine on fire”（放火烧塞纳河），德国人则说“set the Rhine on fire”（放火烧莱茵河）（见李国南《辞格与词汇》）。这是其民族的物质文化观念与精神文化观念相融合的语言文化的外现，是其语言民族风格的物质标志。

委婉也是多民族共有的修辞风格现象，但也普遍存在着文化差异。例如利用发音相同或相近的词去替代禁忌词，构成避讳委婉语，汉语“大小便”的委婉语“解手”是借助“手”与“溲”（粪便）谐音；英语口语中称“小便”为“pee”，是因为“piss”（小便）与“pee”谐音。又如汉语中利用方块字偏旁部首的特点创造的委婉格“周先生，你一人十一划有吗?”（沙陆墟《魂断梨园》第十七回）中的“十一划”婉指“鸦片”，俗称“烟土”，也称“土”，可拆成“十”和“一”，这是汉语独有的委婉手法（参看李国南《辞格与词汇》），是展现汉语言民族风格的鲜明文化标志。

（二）辞趣标志

辞趣，是有别于辞格而富有表现力的言语情趣，这种情趣是汉语特有的修辞风格手段，它是汉语言文化和中华民族精神文化互融生成的，富有民族特色，所以也是汉语言民族风格的文化标志。它包括音趣、意趣和形趣。例如：

①甲：什么山不能爬？
乙：衬衫不能爬。
甲：什么店不能住？
乙：雷电不能住。
甲：什么尺不能量长短？
乙：牙齿不能量长短。
甲：什么炮打不响？
乙：肥皂泡打不响。
甲：什么湖不能游泳？
乙：茶壶不能游泳。
甲：什么鱼不能吃？
乙：痰盂不能吃。

（相声）

②你不再是你

（减肥用品广告）

③烟锁池塘柳
炮镇海城楼

（虎门销烟池对联）

例①是利用汉语谐音文化和词异形同音的特点构成的音趣，其中“山”和“衫”、“店”和“电”、“尺”和“齿”、“炮”和“泡”、“湖”和“壶”、“鱼”和“盂”都是形异音同的单音词，相声对话中利用同音手段而偷换概念，答问之间牛头不对马嘴，在荒诞中引人发笑，情趣横生。例②是利用汉语代词既可确指，又可不定指的特点，故意使指代信息模糊的意趣（指代趣），广告中的两个“你”的含义是不等同的，前一个“你”是本义，后一个“你”则是指用了减肥用品后形体改变了的“你”，巧妙地强调了减肥用品的奇特功效。例③是利用方块汉字偏旁构件特点生成的形趣（联边趣），这副对联除了字面意思之外，上下联同一位置使用偏旁相同的字：“火”字旁对“火”字旁，“金”字旁对“金”字旁，三点“水”对三点“水”，“土”字旁对“土”字旁，“木”字旁对“木”字旁，连起来看，这正是巧妙地寓中国传统文化中的五行“金木水火土”于其中，五行相生相克，变化无穷，使得对联结构奇巧，寓意深远，充分表现了中国人民严阵以待、英勇抗敌、誓死保卫祖国山河的英雄气概，语言呈现出凝重雄健的民族风格。

（三）组段谋篇标志

组段谋篇的文化标志即通常所说的篇章结构的文化标志，包括标题、开头、结尾和语篇层次的划分与表达，以及语篇的衔接手段等的文化标志。汉语组段谋篇修辞风格手段丰富多彩，其中有众多基于民族文化传统的特殊结构与行文格式，它们富有民族特质，也是汉语言民族风格的文化标志。例如汉语诗行排列方式的“对称体”、小说的章回体和一些公文的程式，以及用对偶式构成的标题等都显示出不同于其他民族语言的风貌。

汉语言要素和超语言要素中独特的风格手段是汉语言民族风格的独特文化标志。但是，如果孤立地看某一个方面的文化语言标志，独特的民族风格往往不易觉察；如果拿汉族作家写的作品与别的民族作家写的题材相同或相近的作品作整体比较，就明显可见了。例如，鲁迅的《狂人日记》（写于20世纪20年代）与果戈里的《狂人日记》（写于19世纪40年代）写作年代相近，语体相同，内容也比较接近，但语言民族风格明显有别，各有独特的语言文化标志。例如，“昆仲”“赵贵翁”“古久先生”“衙役”“老子”“知县”“打枷”“易子而食”“食肉寝皮”“盘古”等词语是汉民族所熟悉的，而“鹅毛笔”“燕尾服”“轿式马车”“共济会”“上帝”“黑袍僧”“托钵僧”等则有明显的俄罗斯民族色彩。前者句式简短，四字格“分隔多年，消息渐阙”“互相劝勉，互相牵掣”，排偶句“狮子的凶心，兔子的怯弱，狐狸的狡猾”和拟人“横梁和椽子都在头上发抖”等，显然是汉语独具的；后者句子较长，全是散句，尽管翻译成汉语，仍体现出俄罗斯语言风格所特有的气质。

第四节 汉语言时代风格的文化含义和文化价值

一、汉语言时代风格的文化含义

汉语言的时代风格，是汉民族在同一时代文化因素制导下运用汉语言的各种特点呈现出来的风貌格调，是汉语言民族风格的“时代变异”。

语言的时代风格，是一种主要由时段的物质文化、制度文化、精神文化和语言文化因素造成的风格类型。同一民族同一时代的人们，由于共处在相同的时代文化条件下，在语言运用上受着相同的社会文化环境的制约，往往有许多相同或相近的稳定性特点，表现出相同的时代风貌；不同时代的人们，在物质、制度、精神文化等方面都有差异，这些差异反映到语言文化运用上，便会呈现出不同的时代风格。

风格“因时而异”，（鲁迅《准风月谈》）“一个时代有一个时代的风格”，我国古代文论和现代修辞学、语言风格学对此的论述有着优良的文化传统。早在梁代刘勰《文心雕龙》就有了重要而精当的论说，既认为语言风格的变化与时代有密切关系：“对运交移，质文代变。”（《文心雕龙·时序》）又指出不同时代的语言风格有着不同的格调：“黄唐淳而质，虞夏质而辨，商周丽而雅，楚汉侈而艳，魏晋浅而绮，宋初讹而新。从质及讹，弥近弥淡。何则？竞今疏古，风末气衰也。”（《文心雕龙·通变》）此后，宋代严羽在《沧浪诗话》中所举的“建安体”“黄初体”“正始体”“太康体”“元嘉体”“永明体”之类，也是讲的时代风格[①]。明代祝允明在《罪知录》中，纵观了秦、汉、魏、晋、宋、齐、梁、陈、隋、唐等十代诗文的状貌后说：“时雅而雅，时奇而奇，时繁而繁，时简而简，凡诸体状，皆随意以赋形。”认为风格的雅、奇、繁、简都是为时代特点所决定的。清代刘熙载在《艺概》中指出：“秦文雄奇，汉文醇厚，大抵越世高谈，汉不如秦；本经立义，秦亦不能如汉矣，”以及所谓“古文尚简，今文尚繁”，“古朴而近华，古拙而近巧”，“古体劲而质，近体婉而妍”，说明汉语言风格不仅古今迥然有别，即便同是在古代而处于不同时期，也有明显的变化。

现代修辞学、语言风格学继承和发展了古代文论关于时代风格的理论。例如龙伯纯《文字发凡·修辞卷》谈到“见于时处者”的文章有“汉魏体”“唐宋体”，诗歌有“建安体”“黄初体”“正始体”，陈望道《修辞学发凡》中谈文体或辞体分类有“时代的分类，如《沧浪诗话》所举的建安体、黄初体、正始体、太康体、元嘉体、永明体……”都是对古代文体、辞体时代风格论的传承。宫廷璋《修辞学举例（风格篇）》结合中国传统文论、诗话和诗词文赋等作品实例，说明风格形成的民族因素、时代因素和个人因素，提出风格类型有民族、时代和个人因素的不同，这是承先启后的汉语时代风格的核心理论。新中国成立后出版的现代汉语教材如北京大学中文系现代汉语教研室编写的《现代汉语》中便给语言的时代风格下了明确的定义，并对其特点进行了较为具体的分析，开创了《现代汉语》讲授语言时代风格的先例。此后张静主编的《新编现代汉语》、胡裕树主编的《现代汉语（增订本）》论述了语言时代风格的定义和功用：“不同的时代有不同的精神面貌、时习风尚，在语言上也就会有不同的时代风格，语言时代风格往往就是时代精神的语言体现，它具有极为鲜明的对比感，而和其他历史时期的语言格调迥然不同。”张志公的《现代汉语》将时代风格、社会风格视为同一风格范畴，说“一个时代、一个社会使用语言文字有这个时代、这个社会流行的风气、风尚，这就形成了这个时代、这个社会的语言风格”，“时代

① 张德明：《语言风格学》，东北师范大学出版社，1989年，第231页。

风格、社会风格的产生和形成与一个时代、一个社会的政治情况、经济情况、文化科学、道德风尚等，也就是物质文明和精神文明的发展情况紧密联系在一起”。这些教材导入语言的时代风格，说明语言时代风格已成为大学中文科的教学内容。

修辞学教材和专著，例如郑远汉《现代汉语修辞知识》，王希杰《汉语修辞学》，黎运汉、张维耿《现代汉语修辞学》，郑颐寿、林承璋主编《新编修辞学》，宗廷虎等《修辞新论》，王德春、陈晨《现代修辞学》，刘焕辉《修辞学纲要》，倪宝元主编《大学修辞》，王德春主编《大学修辞学》等对语言时代风格都有较多分量的论述。汉语现代风格学专著，如张德明《语言风格学》，郑远汉《言语风格学》和《言语风格学（修订本）》，黎运汉《汉语风格探索》和《汉语风格学》，王焕运《汉语风格学简论》等，对语言时代风格都可谓有集大成之论述。如张德明的“文学的时代风格和语言的时代风格”“掌握时代风格的重要意义”“语言风格的历史范畴和社会本质”，郑远汉的“言语时代风格的客观性与断代问题”“现代汉语言风格的发展”，黎运汉的“时代风格的继承性与时代性”“时代风格是时代精神的外在表现”“时代风格具有特定的物质标志”，王焕运的“时代风格的定义和先秦时期、秦汉时期、魏晋时期、‘五四’以后到现在的不同时代的表现风格”等，继承开拓，承先启后，展示出语言时代风格的研究正走向成熟。

二、汉语言时代风格的文化价值

汉语言时代风格是汉民族的物质文化、制度文化和精神文化在语言文化中的客观体现，是汉民族文化的时代积淀，它具有重大的文化价值，最突出的是：

（一）有助于提高语言运用、语用分析、语言风格建构和解构的能力

汉语言时代风格是从汉民族运用汉语的历史长河和各个时代的具有代表性的言语作品中抽象概括出来的共性风格，人们使用和理解语言解构风格都需要受到它的约束，切合特定时代文化要求，遵守时代风格规范，否则就会出错。鲁迅在《论讽刺》中说：“两位胖胖的先生彼此弯腰拱手，满面油晃晃的正在开始他们的攀谈——‘贵姓？……’‘敝姓钱。’‘哦，久仰久仰！还没有请教台甫……’‘草字阔亭。’‘高雅高雅。贵处是……？’‘就是上海……’‘哦哦，那好极了，这真是……’”两位先生攀谈，语体风格庄重高雅，在那个时代正如鲁迅先生所说：“谁会觉得奇怪呢？”可是如果在今天的日常言语交际中也如此这般你来我往，就会令人发笑，因为时代精神、时代语言都不同了。所以，人们说话、写文章、创建风格和读解话语、赏析风格，都要遵守语言时代风格规范。语言时代风格理论揭示和阐明时代风格的基本规律，提供成功的范例供人们学习，并剖析悖逆时代风格要求的语例，启发人们有意识地防止在时代风格上出现的弊病，有助

于提高语言表达、理解和风格建构、解构的能力。

（二）有助于汉语言风格史和中华文化史的建设

陈望道先生说："学术上也要提高爱国主义。应当注意中国的学术史，要了解和总结我国古代以至近代在语文学术史上的研究成就。这绝不是向后看，而是为了向前看，为了发展今天的研究。"（《陈望道修辞论集》）汉语言风格源远流长，汉语言风格学是新建立并正走向成熟的一门学科，既要有本体理论，也要有科学史。汉语言风格史是汉语言风格学的重要分支。研究和建立汉语言风格史，总结古往今来风格现象的发展规律，吸取和传承祖先们使用语言建构风格的经验，有利于增强人们的语用能力、风格的创建和赏识能力，也必然有助于提升全中华民族的文化素质。因此，研究汉语言风格史是汉语言风格研究的时代使命和时代要求。汉语言风格是随着中国社会时代文化的发展而逐渐形成和演变的，它的形成和演变有一个前后相承、不断发展的过程，体现出历史继承性和时代发展性。汉语言时代风格的研究如上面说过既着眼于共时性的时段文化因素，对某一历史时期横截面的语言运用概括，抽象出特定时代的语言风格，又着眼于对汉语言运用作历时性的概括，抽象出不同历史阶段的不同语言风貌。从这两个方面概括抽象的语言风貌格调，对认知和揭示汉语言风格发展史无疑有重大帮助。

汉语言时代风格是汉民族时代文化发展的产物，又是时代文化的载体，风格手段是时代文化的写照，风貌格调是时代文化的镜子。吕叔湘说："一般的三身代词既不适用于礼貌的场所，于是就有特定的尊称和谦称。这些尊称和谦称往往因时代而异，古代所用的君、子、公、卿、臣、仆、妾等，近代口语里早已不用。严格说，近代口语里已经没有专门的尊称跟谦称，有的只是一些身份名词，在别种语言可用三身代词的场所，我们常常用之来代替。这些身份名次包括人伦和职位两类，可以说是家族社会和阶级社会在语言上的反映。"① 汉语尊称和谦称风格手段于古代、近代有别，是中华民族家族社会和阶级社会政治文化的写照。明代屠隆论唐代诗歌语言风格时说："初唐之政善，其风靡，诗葩而含；盛唐之政盛，其风畅，诗蔚而藻；中唐之政衰，其风降，诗惋而弱；晚唐之政乱，其风敝，诗飒而悲。"（《栖真馆集》卷十）"诗葩而含""诗蔚而藻""诗惋而弱""诗飒而悲"像一面面镜子映射出政治、风气"善""靡""盛""畅""衰""降""乱""敝"的各个方面。诸如此类关于汉语言时代风格的论述显然对中华文化史的研究有着重大的启迪作用。此外，汉语言时代风格的研究成果还有助于历史题材作品的写作和古籍考证、辨伪工作。

---

① 吕叔湘：《近代汉语指代词》，学林出版社，1985 年，第 38－39 页。

第五节 汉语言时代风格生成的文化导因

前面引用过的张志公先生主编的《现代汉语》说："时代风格、社会风格的产生和形成与一个时代、一个社会的政治情况、经济情况、文化科学、道德风尚等，也就是物质文明和精神文明的发展情况紧密联系在一起。"汉语言时代风格的产生、形成和发展变化的导因都是汉民族时代的物质文明和精神文明，其风格手段和风貌格调都是应合这两个文明需要的产物。

一、物质文化导因

物质文明即物质文化，是语言产生以及对其运用所生成的语言风格的物质基础和动力。

物质文化是个系统，但不是一朝即成，而是在人类社会历史进程中逐渐形成，又随着社会时代的发展变化而发展变化的，任何一种物质文化现象都无不脱胎于特定的时代土壤，带有特定时代的特点。为适应具有时代特点的物质文化的需要，而运用语言所生成的风格，必然烙有特定时代的印记。例如，原始社会中，原始人过的是刀耕火种、住居岩洞、打猎捕鱼、结绳记事的生活，物质文化很贫乏。韩非子《十过》《五蠹》等篇说"尧的生活是草茅屋，糙米饭，野菜根本不加调味，饮食器是土缶，粗布仅掩身体，冬天披鹿皮。舜比尧进化一些，木制饮食器上涂漆，禹更进化，祭器外面涂漆，里面涂红"①。石器时代生产工具主要是石器，石器打制的石头工具如石锤、石刀等都十分粗糙简单，"仰韶文化"和"龙山文化"是原始社会中比较典型的文化。"仰韶文化"中的陶器，考古工作者叫它"彩陶"；"龙山文化"中的陶器，人们形容它为"蛋壳黑陶"。陶器种类有锅、罐、碗、盘、杯、盒、瓮、甑等。陶器表面有的画上图案和花纹，有的绘上动物和人形图案。以这样的陶器为特色的物质文化，是母系氏族公社兴盛的表现。古书上关于"神农作瓦器""黄帝命宁封为陶正""黄帝有陶正昆吾作陶"的话语，都是应合母系氏族公社物质文化特点（参看徐立亭等的《中华五千年》）而生成的语言风格手段和简洁朴实格调风貌的产物。

中华民族进入奴隶社会，物质文化有了较大发展，受物质文化影响而生成的语言手段比原始社会的更加丰富多彩。例如，商朝农业、畜牧业、手工业都有了很大发展，手工业中青铜器的制作技术已经达到比较纯熟的地步，用青铜制出的器物就有鼎、鬲、尊、爵、觚、壶、盂、觥、角和牛鼎、鹿鼎、后母戊鼎等；军

① 范文澜:《中国通史简编（第一册）》，人民出版社，1965 年，第 96 页。

队已普遍使用青铜武器，如戈、矛、刀、镞等。手工业分为制陶、制骨、玉石工艺、纺织、制革、酿酒、舟车等不同工种。春秋时期，农业生产普遍使用了铁器和牛耕。春秋末期，铁的使用非常普遍，在齐国一个女子必须有“一针一刀”，一个农夫必须有“一耒一耜一铫”，一个手工匠必须有“一斤一锯一锥一凿”。铁器的使用、牛耕的推广，提高了劳动效率，出现了地主阶级和劳动人民，二者各有不同的物质文化生活。《诗经》中大贵族的粮仓里盛满了黍米、稷米、芝麻、大豆、小麦和稻谷，劳动者靠南瓜、葫芦、苦菜和苏麻来填肚子；贵族老爷住高楼大厦，劳动者住简陋的小茅棚；妇女们采桑织帛，染成各种漂亮颜色的布匹给公子做衣裳，男子们打猎捉来的狐狸要给公子做皮袍，他们自己却粗布衣裳无一件等（参看徐立亭等的《中华五千年》）。其语言风格手段和风貌便是其语言文化写照，它们源于奴隶社会物质文化导因，烙着鲜明的奴隶社会的时代印迹。

封建社会物质文化在奴隶社会的时代基础上又有了进一步的发展，受其影响，新生了众多语言风格现象。例如，借古代皇帝穿的服饰赭黄袍的“赭袍”“黄袍”代指天子，借六品、七品的官吏穿绿袍的“绿衣”代指小官吏，借小宦官穿白袍的“白衫”代指小宦官，借没有官职的平民只能穿布衣服的“布衣”来代平民。油条，脍炙人口，山珍海味，“人为刀俎我为鱼肉”，纨绔，戴高帽，冠冕堂皇和“沉舟侧畔千帆过，病树前头万木春”（刘禹锡《酬乐天扬州初逢席上见赠》），“你历年卖诗卖画，我也积聚下三五十两银子，柴米不愁没有”（吴敬梓《儒林外史》第五回），“八月十五谓之中秋，民间以月饼相赠，取团贺之义”（田汝成《西湖游览志余》），“人固有一死，或重于泰山，或轻于鸿毛”（司马迁《报任安书》），“蜀道之难，难于上青天”（李白《蜀道难》）等都是源于封建社会物质文化导因的语例，其风格手段和格调气氛或平实或优雅，都表现出与奴隶社会的语言风格迥异。

在社会主义时期，中华民族的物质文化进入了繁荣发展阶段，汉语里新生了诸多具有新时代特点的风格现象。例如词语：中山装、青年装、旗袍、连衣裙、军装、军帽、休闲装、红领巾、领带，孔府家酒、小糊涂仙酒，减肥茶，茶楼，铁饭碗、吃粉笔末，卫生口罩——嘴上一套，中山陵、中山纪念堂、鲁迅博物馆、新航楼、广东迎宾馆、爱群大厦，广州大学城、城中村，自行车、摩托车、汽车、飞机、飞船、轮船，长江大桥。辞格：“沙是最不可收拾的东西……它们的团结力量非常薄弱，一阵风可使它们立即解散。但倘用沙袋装沙，沙就显示出伟大的能力来。君不见抗战以来，处处地方堆着沙袋，以防敌人的炮火炸弹的肆虐么？……原来沙这种东西，没有约束时不可收拾，一经约束，就有伟大的能力。中国四万万人，曾经被称为‘一盘散沙’。‘抗战’好比一只沙袋，现在已经把他们约束了。”（丰子恺《散沙与沙袋》）“我们的眼力不够应该借助于望远镜和显微镜。马克思主义的方法就是政治上军事上的望远镜和显微镜。”（毛泽东《中国革命战争的战略问题》）“前年卖粮用箩挑，去年卖粮用船摇，今年要用汽车运，明年火车装不了。”（《一丘田割两丘禾》）“‘打老虎’彰显决心，‘扎笼子’防微杜渐。”（《广州日报》2013 年 9 月 2 日）“大蒜：团结就是力量，只要大家都在一起，就会有衣服穿。蘑菇：俺可是真菌类，环境适宜知恩就长，知足常乐才保鲜。大葱：生得直也立得挺，从不弯腰且葱味浓，从不装蒜就是葱。卷心菜：直道不行拐个弯，胡子眉毛有上有下，做什么得有层次”。（《蔬菜的处世哲学》，《广州日报》2011 年 1 月 17 日）这些都是源于半殖民地半封建社会或社会主义社会物质文化导因的风格现象。

二、制度文化和精神文化导因

制度文化和精神文化也会影响到语言风格的生成和发展变化，也是语言时代风格生成和发展的制导性因素。

中国原始社会实行民主制度，实行“禅让”制，实行生产资料公有制。原始社会早期是“狩猎游牧，群居杂婚”的母系氏族社会，后来，畜牧业和农业经济逐渐代替了狩猎经济，游牧生活逐渐转为定居生活，男子与妇女劳动的比重起了变化，男子的经济地位逐渐提高，人们的思想意识、价值观念、心理状态发生了变化，母系氏族社会逐渐转化为父系氏族社会。源于此制度文化和精神文化导因，汉语里产生了不少蕴含着原始社会制度文化和心理文化的语言现象。例如“三皇五帝”“有巢构木为巢，以避群害”，燧人“钻燧取火，以化腥臊”，伏羲“始作八卦”，神农“尝百草之实，察酸苦之味，教民食五谷”，女娲“炼五色，以补苍天”“男女杂游，不媒不聘”“但知其母，不知其父”“指南针”“造字”“尧舜禅让”“大禹治水”等，它们格调简洁凝重、质朴平实，是应合原始社会纯朴的精神文化的产物。

奴隶社会将原始社会的“禅让制”变成“世袭制”，“公天下”变成“家天下”，公有制转变为私有制，实行嫡庶制和同姓通婚制，崇拜鬼神，有浓烈求富思想意识。源于这种精神文化导因，汉语里新生了众多有别于原始社会时代的风格现象。例如《夏本纪》所记的夏朝世系“禹—启—太康—仲康—相—少康……帝抒—帝槐……帝发—帝履癸”；商王位的“兄弟终身制”“父死子继”；商王之下的官吏：巫、史、卜、射、戍、师、小猎巫、小众人巫、工、宰；刑法：炮烙、割鼻、剖腹、断足、砍头、活埋；农政：王呼小臣令众黍；新年：商受年、东土受年、南土受年、西土受年、北土受年（《卜辞》）以及“殷人尊神，率民以事神，先鬼而后礼，先罚而后赏，尊而不亲，其民之弊，荡而不静，胜而无耻”（《礼记·表记》）和夏民指着太阳咒骂暴君夏桀的“你几时灭亡，我情愿跟着你一起灭亡”，汤在誓师大会上说的“众兵士，我率你们去攻打夏桀，我不是发动兵乱，而是因为夏桀的罪太多了，现在上天命令我去惩罚他啊”（《汤誓》）等都是受制于奴隶社会制度文化和心理文化的产物，都烙有奴隶社会时代的语言风格的印迹。

公元前221年，秦始皇建立了第一个专制主义中央集权的封建国家，中经汉、唐、宋、元、明至清第二次鸦片战争（咸丰元年，公元1851年）所处的中国封建社会。其中的各个朝代都有各具特色的制度文化和精神文化。例如，秦始皇改官制，把国君称号，由“王”改为“皇帝”，自称“朕”，推行“书同文”“车同轨”“行同伦”；汉朝改秦制为汉制，建立律令、军法、历法、礼仪、礼度，消灭异姓王，分封同姓王，召集官儒，压抑商贾，迁徙豪强，朝廷铸钱，盐铁官营，赋税，尊儒立官学；唐朝唐太宗采取纳谏和“用人”策略，推行科举取士制度，提倡儒学，武则天改国号为周，使用酷吏，控制亲近人，放手招官，选拔才能；宋朝任贤用能，设立儒馆，改革科举制度，变法，抗金；明朝太祖朱元璋称国号为明，给儿子称王，大封功臣，设特务机关“锦衣卫”，成祖朱棣励精图治，派三保太监下西洋，仁宗朱高炽节省国库开支，减轻全国老百姓负担，赈济灾民，整顿朝纲，提倡法制，清理冤案；清朝腐败，烟毒泛滥，银荒严重，林则徐联民抗英，太平天国革命，洋务派，“自强”新政，戊戌变法，义和团起义，孙中山创建同盟会，武昌起义等。源于这种种导因，汉语里增添了诸多新的语言现象。例如生自秦汉的官名：丞相、御史大夫、太尉、奉常、郎中令、卫尉、太仆、宗正、典客、治粟内史、廷尉。成语：指鹿为马、破釜沉舟、力挽狂澜、三顾茅庐、霸王别姬、乐不思蜀、揭竿而起、四面楚歌、风声鹤唳、草木皆兵，以及鸿门宴、黄巾军、造纸术、地动仪和项羽的《垓下歌》：“力拔山兮气盖世，时不利兮骓不逝。骓不逝兮可奈何，虞兮虞兮奈若何”，曹髦《潜龙诗》：“井底龙，真可怜，再不能，跃深渊。下不能，临大池，上不能，飞宇天。蟠居在，井之底，鳝鱼舞，泥鳅欢。藏尖齿，伏利爪，可怜我，也同然”，楚王韩信叫冤：“狡兔死，走狗烹；飞鸟尽，良弓藏；敌国破，谋臣亡。天下已定，我国当烹”，王粲《七哀诗》：“出门无所见，白骨蔽平原。路有饥妇人，抱子弃草间。顾闻号泣声，挥涕独不还。未知身死所，何能两相完”的语言风格现象等。出自唐、宋、元的如“人君依靠国家，国家依靠民众，刻剥民众来奉养人君，好比割身上的肉来充腹，腹饱了身也就没命，君富了国也就灭亡。所以人君的灾祸不是从天而来，总是由自己造成的。”“百姓好比水，皇帝好比是船。水能载船，也能翻船。”“兼听则明，偏听则暗。”（魏征）“我只要三件东西：皮鞭、铁杖和匕首。它不驯就用鞭子抽它；鞭而不驯，就用铁杖猛击它的头；杖而不服，就用匕首割断它的喉咙。”（武则天）“待到秋来九月八，我花开后百花杀。冲天香阵透长安，满城尽带黄金甲。”（黄巢《不第后赋菊》）“治世用文，乱世用武。”（宋太祖）汪洙《神童诗》：“天子重英豪，文章教尔曹；万般皆下品，唯有读书高。”还有李白、韩愈、范仲淹、苏东坡、岳飞、陆游、文天祥、关汉卿等的诗文、杂剧中关于爱国论政的语言风格手段和格调。出自明、清的如明太祖朱元璋的“现在天下刚刚安定，百姓财力困乏，好像初飞的鸟，不能拔它的毛；新种的树，不能摇它的根”。于谦《咏石灰》：“千锤万凿出深山，烈火焚烧若等闲。粉身碎骨浑不怕，要留清白在人间。”明末的农民歌谣：“盼闯王，迎闯王，闯王来了不纳粮。”“朝求升，晚求合，近来贫汉难存活，早早开门迎闯王，管叫大小都欢悦。”李自成提出的“均田免税”的革命纲领，农民军要“公平交易”“平买平卖”的规定，“杀一人如杀我父，淫一妇如淫我母”的口号。多尔衮发布的政令：“大清入关救民于倒悬，一切均须革故鼎新，凡原明朝制度的陈规陋习，都在改革之列，各种加征加派一律取消，蒙受战火的地区，损失严重者，正赋亦可酌情减免。今后地方官吏如违犯朝廷政令，肆意向民间加征加派贪污勒索者，一经告发，立即就地正法，决不轻饶！”林则徐的“若鸦片一日未绝，本大臣一日不回，誓与此事相始终，断无中止之理”，关天培的“人可死，志不可侮。今日吾等面对强敌，只有一死战，以报国恩”，“关某在此对天盟誓，关某在，炮台在，决不后退！”将士高呼“吾等愿与大人同生死，与炮台共存亡！”这些语言的运用丰富多彩，格调或典雅，或平易，或绚丽，都是生自封建社会制度文化、精神文化导因的语言风格现象，都具有不同于奴隶社会语言风格的品格。

从 1840 年英国发动鸦片战争起，中国从封建社会一步步变为半殖民地半封建社会。这个时期中国的制度文化和精神文化都发生了根本变化：政治上由一个独立的主权国家开始沦为半殖民地半封建社会，经济结构被侵蚀而改组，社会结构出现了新的买办阶层；清末施新政：改革官制，裁减冗员，改革刑律，振兴商务，奖励创办实业，废科举，兴学校，改革兵制，扩编新军；民主革命思想勃兴，学术思维出现了新变化，兴起了向西方学习新思潮等。源于此类文化导因，汉语里又新生了众多语言风格。例如：“门户开放，天朝田亩制度，有田同耕，有饭同食，有衣同穿，有钱同使，无处不均匀，无人不饱暖也。”（洪秀全）“公车上书”，“寓富于强”，“有心杀贼，无力回天，死得其所，快哉！快哉！”“我自横刀向天笑。”（谭嗣同）“吾中国四万万人，无贵无贱，当今日在覆屋之下，漏舟之中，薪火之上，如笼中之鸟，釜底之鱼，牢中之囚，为奴隶，为牛马，为犬羊，听人驱使，听人割宰。此四十年中二十朝未有之奇异。加以圣教式微，种族沦亡，奇惨大痛，真有不能言者也。”（康有为）“扶清灭洋”，“先拆电线杆，再拆火车站；杀尽外国人，再与大清闹”。（义和团）立宪派、通商口岸、资本主义、民族工业、民族资产阶级、无产阶级、马列主义、民族统一战线、解放区、土地革命、农村革命根据地、国统区、戊戌六君子、兴中会、光复会、中国同盟会等，以及“今天是济济一堂，到会同志都是学业充实、志气坚锐、魄力雄厚的人，而且多数能文能武，从事革命事业，一定是英雄大有用武之地。我和诸君见面，第一个感觉就是中国前途大有希望！……现在国内局势十分危急，列强虎视眈眈。但我说革命事业怕的是自己内部不统一，这一省想起事，那一省也想起事，各自为战，这样，力量不集中，既不能推翻清政府，革命力量也保存不住。列强还会乘机谋利”。（孙中山）“驱除鞑虏，恢复中华，创立民国，平均地权”，“民族、民权、民生”。（孙中山）“清政府这样的腐败无能，中国人任意受外国人的欺负，作为中华儿女就应该要担负起挽救国家危亡的重任”，“革命就要流血，我要成为中国女子为革命流血的第一人”。（秋瑾）辛亥革命，军政府，“中华民国”，公仆，洪宪，中华革命党，讨袁檄文，“杀此民贼，以救我民国”，“‘五四’运动、废除军阀、打倒列强”，“取消卖国的二十一条”，“拒绝和约签字”，“联俄、联共、扶助农工”，“革命尚未成功，同志仍须努力”。（孙中山）1926 年 5 月，毛泽东在广州主持第六届农民运动讲习所时向学员指出，“搞革命就是刀对刀、枪对枪，要推翻地主武装团防局，必须建立农民自己的武装，刀把子不掌握在自己人手里，就会出乱子”。（《广州文摘报》2015 年 2 月 2 日）黄埔军校、北洋军阀、北伐军、南昌起义、井冈山根据地、“九一八”事变、东北抗日联军、遵义会议、长征、西安事变、卢沟桥事变、皖南事变、中国远征军、日本投降、国共重庆谈判、国民党溃退台湾，及鲁迅的杂文、小说如《友邦惊诧论》《故乡》，毛泽东诗词如《长征》《雪》，郭沫若的诗如《女神》，郭小川的诗如《青纱帐——甘蔗林》，田间的诗如《义勇军》，赵树理的小说如《小二黑结婚》，周立波的小说《暴风骤雨》，老舍的戏剧《龙须沟》等语言风格手段和格调都是导因于半殖民地半封建社会的语言风格现象。

1949 年 10 月 1 日，中华人民共和国的建立，标志着中国新民主主义革命的基本胜利，封建主义压迫、帝国主义侵略、国民党反动统治被埋葬，开创了中国历史的新纪元。从此，中国进入了新民主主义社会和社会主义社会，这个阶段开始至今经历了各级新政权的建立、抗美援朝、土地改革、农业合作化、对资本主义工商业改造、公社化、“大跃进”、四清、“文革”、改革开放、教育改革、市场经济和正在进行的反腐败斗争，以及各种既有联系又有区别的政治、经济、教育、思想、文学艺术、社会风尚等文化运动。根植于这些特定的文化运动，汉语里新生了难以胜数的烙有新时代印迹的风格现象。例如，词语风格手段：人代会、人民委员会、中央人民政府、中央人民政府革命军事委员会、国务院、中顾委，中国人民志愿军、爱护朝鲜人民一草一木、最可爱的人、朝鲜停战协定，过渡时期总路线、土改队、斗争恶霸，互助组、农业生产合作社、自留地，公私合营、公方代表，人民公社、“大跃进”、多快好省地建设社会主义、四清运动、社教、暴发户、三同户，“文化大革命”、革委会、工宣队、上山下乡、五七干校、牛鬼蛇神，拨乱反正、开放政策、市场经济、经济特区、开发区、经济协作区、对外开放、一国两制、港人治港、香港特别行政区、和平共处五项原则、网上政府、一个中心两个基本点、国民经济体系、社会主义文化、邓小平理论、“三个代表”、小康社会、第三世界、科学发展观、“九二共识”、和谐社会、中国梦，证券公司、上市公司、裸官、裸婚、股民、股神、买车族、拉票跑票、“一带一路”、亚投行、新常态。熟语：“百家争鸣，百花齐放”，“十年树木，百年树人”，走后门，抓辫子，扣帽子，穿小鞋，打小报告，吃大锅饭，菜篮子工程，摸着石头过河等。又如修辞格比喻，“信息化社会的基本构成：集成电路是信息社会的细胞，通信网络是信息社会的神经，计算机是信息社会的大脑，信息资源建设是信息社会的血浆，人工智能技术是信息社会的营养，安全技术是信息社会的免疫系统”。（汪成为《增进中文信息处理和语言文字研究的结合》）借代，“英雄的前辈，英雄的后代，千万个雷锋又站起，一代新人接班来!”（贺敬之《伟大的祖国》）别解，“衣锦还乡大采购，精明广州商家专赚外币”。（《广州日报》，1999 年 11 月 11 日）换算，“原子分裂时放出的能量很大，例如，1 公斤的铀核分裂发出的能量，相当于 250 万公斤煤燃烧时放出的能量”。（《十万个为什么》，上海人民出版社）。再如话语格调：《毛泽东选集》第五卷、《周恩来选集》下卷、《邓小平文选》第二卷和第三卷里的众多论文和讲话，新中国成立以来《人民日报》和《红旗》杂志的许多社论、《中共中央关于完善社会主义市场经济体制若干问题的决定（2003)》《中共中央关于全面推进依法治国若干重大问题的决定（2014)》、江泽民、胡锦涛与习近平任中共中央总书记、国家主席、中央军委主席时的许多讲话和文章，以及新中国成立以来问世的诸多文艺作品如诗歌：毛泽东《卜算子·咏梅》、贺敬之《雷锋之歌》，散文：华莎《母女浪游中国》、秦牧《长街灯语》，小说：周立波《暴风骤雨》、王蒙《春之声》等的语言风格手段和格调气氛都是根植于 21 世纪的精神文化导因的产物。

第六节　汉语言时代风格的语言文化标志

任何时代的语言风格都是在特定时代的物质文化、制度文化和精神文化的制导下运用语汇、语法、辞格等主要风格手段构成的格调气氛。风格手段是语言时代风格的物质体现，是各个时代的语言风格相互区别的语言文化标志。

一、语汇文化标志

时代语言风格的文化标志最突出地表现在语汇上。语汇是语言中对社会时代发展变化的反应最为敏感的因素。举凡特定时代的物质、制度、精神文化的变化都会在语汇中迅速得到反映。例如，20 世纪早期，北京各高校女生择婿排序是

“北大老，师大穷，清华燕京好通融”。这个谚语正是当时北京各校女生择婿观的折光。1949 年后，中国社会数度转型，婚恋流谚不断随着时代变迁：“五十年代爱英雄，六十年代爱贫农，七十年代爱文凭，八十年代爱经营，九十年代爱忠诚。”其中，1955 年授衔后，军人十分吃香，马上出现相应谚语“不爱金、不爱银、最爱肩上有星星”。“文革”时成分突显，家庭出身十分重要，于是有“只要成分好，别的不计较”。“文革”后，沪女郎择偶标准大幅调整，最著名的谚语是“姑娘找老公，专找海陆空”。20 世纪 80 年代沪女郎找对象的谚语是“身份是党员，身体像运动员，卖相像演员，工资像海员，脑子像驾驶员”。90 年代沪女郎择婿的谚语是“一张文凭，两国语言，三房二厅，四季名牌，五官端正，六亲不认，七千月薪，八面玲珑，酒（九）烟小沾，十分老实”。2010 年一个 20 岁的女模特在一婚恋节目上以谚语“宁愿在宝马车上哭，不愿坐在自行车后面笑”成名。最新沪上择婿谚语是“只要学问深，便把绣球抛”。（见裴毅然《婚恋流谚的时代变迁》，《广州日报》2015 年 7 月 2 日）

谚语是如此迅速地反映时代文化的发展变化，其他语汇也会对时代文化的变迁做出迅速的折射。折射特定时代文化变化的语汇既蕴含时代文化意涵，又带有时代印记。

“五四”前后，词语同义，文白不同，体现出时代语言风格的差异。有一首打油诗风趣地说明了这一差异：“古人叫做‘欲’，今人叫做‘要’，古人叫做‘至’，今人叫做‘到’，古人叫做‘溲’，今人叫做‘尿’……古人悬梁，今人上吊，古人乘舆，今人坐轿，古人加冠束帻，今人但知戴帽……”

从第二次鸦片战争至新中国成立，汉语风格手段系统里新生了大批印有这个时代制度文化和精神文化标志的语汇风格手段。例如，自强，求富，“中学为体，西学为用”，门户开放，公车上书，百日维新，扶清灭洋，“驱除鞑虏，恢复中华，创立民国，平均地权”，振兴中华，同盟会，民族、民权、民生，解放区，共产党，三青团，童子军，保长，甲长，巡捕，租界等，透过此类语汇文化现象，明显可见半殖民地半封建社会逐渐走向终结，以及中国新时代的曙光，捕捉到这个时代不同于奴隶社会、封建社会的语言风格。

社会主义阶段经历三个不同时期，各个时期都新生了众多烙有自己文化印迹的语汇。例如，人代会、人民委员会、人民政府、国务院、当家做主、自力更生，土改、分田分地、斗争恶霸，保家卫国、志愿军、最可爱的人、朝鲜停战协定、朝鲜解放纪念章，公私合营、赎买政策、统购统销、公进私退、私营批发商，农业生产合作社、人民公社、生产队、工分、卫星田、公共食堂、挑战书，“大跃进”、总路线、大炼钢铁、社会主义满堂红、人民公社万年青、全国粮票——到处通行、红领巾、广播站、文化宫、工读生、夜校、保健站、广播操、全运会、半导体、核电站等，便是新中国诞生、社会主义制度建立、土地改革、抗美援朝、资本主义工商业改造、农业合作化、公社化等各个时段语言风格的语汇文化标志。革委会、大鸣大放、“大串连”、工宣队、上山下乡、知青、工农兵大学生、五七干校、样板戏、二月逆流、洲际导弹等，都是“文革”十年的语言风格的语汇文化标志。经济特区、开发区、“菜篮子工程”“希望工程”“三个代表”、上市公司、“换车族”“买车族”、小康社会、窗口行业、一国两制、“九二共识”、和谐社会、中国梦、社会主义荣辱观、科学发展观、软着陆、“电脑红娘”、电子警察、周边外交、“一带一路”、亚投行、出口新优势、“天宫二号”“神舟十一号”等，都是改革开放、建立和谐社会时期新生的语汇，是鲜明的当今时代语言风格的语汇文化标志。

二、语法文化标志

语法风格手段有极大的稳固性，它的历史变化比起语汇风格手段要缓慢得多，但由于它是人们交流思想的实际运用单位，所以它也必然随着社会的发展而逐渐发生变化。因而，不同时代的语言风格在语法文化方面也有不同的标志。

汉语语法中最能体现时代风格差异的是虚词和句式。虚词有的表现为意同而形式不同，有的是古代没有而现代新生的；句式主要表现为文白有别，或长短不同。这些表现通过对古今话语的对比分析，明显可见。例如：

①时运交移，质文代变，古今情理，如可言乎！

昔在陶唐，德盛化钧，野老吐“何力”之谈，郊童含“不识”之歌。有虞继作，政阜民暇，“薰风”诗于元后，“烂云”歌于列臣。尽其美者何？乃心乐而声泰也。……故知歌谣文理，与世推移，风动于上，而波震于下者。

（刘勰《文心雕龙·时序》）

②随着世运的推移，时代风貌的质朴和文华也起着相应的变化。古往今来，这样的现象和规律，应该可以谈谈吧！

从前在唐尧之世，帝尧德泽深厚，教化广被，一位乡野的老头儿，倾吐了“尧何力于我”的心声，一个村郊的小孩子，嘴里哼着“不识不知”的童谣。虞舜接着为帝，政治清平，人民安乐，人君吟了《南风》之诗，朝臣唱了《卿云》之歌。为什么对生活现实能够尽情地赞美呢？乃是由于心情舒坦，因而声音才会这样的泰然自若。……由此可知，诗歌中的思想感情，跟着时代而变化发展，正如同风在上面吹动，波浪就在下面跟着摇荡一样。

（赵仲邑《文心雕龙译注·时序》）

③欧阳子方夜读书，闻有声自西南来者，悚然而听之，曰：“异哉！”初淅沥以萧飒，忽奔腾而砰湃。如波涛夜惊，风雨骤至。其触于物也，鏦鏦

铮铮，金铁皆鸣。又如赴敌之兵，衔枚疾走，不闻号令，但闻人马之行声。余谓童子："此何声也？汝出视之。"童子曰："星月皎洁，明河在天，四无人声，声在树间。"予曰："噫嘻，悲哉，此秋声也。胡为而来哉。盖夫秋之为状也，其色惨淡，烟霏云敛。其容清明，天高日晶。其气栗冽，砭人肌骨。其意萧条，山川寂寥。故其为声也，凄凄切切，呼号愤发，丰草绿缛而争茂，佳木葱茏而可悦。草拂之而色变，木遭之而叶脱。其所以摧败零落者，乃其一气之余烈。……"

（欧阳修《秋色赋》）

④还有苹果，那驰名中外的红香蕉苹果，也是那么红，那么鲜艳，那么逗人喜爱；大金帅苹果则金光闪闪，闪烁着一片黄澄澄的颜色；山楂树上缀满了一颗颗红玛瑙似的红果；葡萄呢，就更加绚丽多彩，那种叫"水晶"的，长得长长的，绿绿的，晶莹透明，真像是用水晶和玉石雕刻出来的；而那种叫红玫瑰的，则紫中带亮，圆润可爱，活像一串串紫色的珍珠。

（峻青《秋色赋》）

例①②属科学语体，论述语言时代风格，语意相同；例③④属文艺语体，描写秋天的景色，语意相似，但两者语法文化有别，时代色彩不同。例①③用古代语体、文言句式，大都对仗整齐，形体短小，结构简单，虚词是"乎""之""者""也""而""故""哉"等，格调简约优雅；例②④用现代语体、白话文句式，参差不齐，形体较长，结构复杂，虚词是"的""和""着""吧""了""呢""由于"等，格调繁丰绚丽。这些都明显体现出古、现代语法文化的差异。

现代汉语由于接受了印欧语系的影响，产生了一些新兴的句式。例如：

①这种矛盾，这种不同的要求，在整个新民主主义的阶段上，不会也不应该使之发展到超过共同要求之上。

（毛泽东《论联合政府》）

②把从早到晚为生活忙碌着的你吵得睡不安宁。

（巴金《爱的十字架》）

③经过两年多的工作以后，我国对国民经济提出了"调整、改革、整顿、提高"的八字方针。

（邓小平《目前的形势和我们的任务》）

例①成分共用句，例②代词修饰语句，例③同一性语句，都是古代汉语所没有的，是具有鲜明的新时代语言风格特征的语法文化标志。

三、辞格文化标志

辞格是人们在长期运用语言的过程中形成的固定格式，有相对的稳定性，但也不免伴随着其他修辞手段的变化而盛衰兴灭、丰富发展。

陈望道在《修辞学发凡》中曾论及“修辞现象的变化和统一”，指出“修辞现象也不是一定不易”，“辞格方面，也常有上落，有的是自然演进，有的是有意改动”，“辞格的项目，也不是一定不易，现在已有的或许要消灭了，现在未有的也许要产生出来”。汉语的实际情况确实如此。有些辞格受某些条件的限制，逐渐失去了作用而趋于退化或消亡了；有的辞格富有生命力，在语言发展变化过程中不断更新，始终闪烁着夺目的光彩。与此同时，应交际的需要，许多新的辞格产生出来了，这些发展变化使辞格留有演变的痕迹，带有时代烙印，因而出现于言语作品中也是语言时代风格的标志。这集中表现在两个方面：

（一）消亡与新生

有些修辞格很早便已产生，但仅盛行于古代，近代和现代很少用或者不用了。例如：

①迢迢牵牛星，皎皎河汉女。

（《古诗十九首》）

②花朵几枝柔傍砌，
柳丝千缕细摇风。
霞明半岭西斜日，
月上孤村一树松。

（薛涛《春》）

③一欣侍温颜，再喜见友于。

（陶渊明《庚子岁五月中从都还阻风于规林二首》）

例①是互辞，互辞就是把一个完整的意思拆开，分别置于前后两个词句之中。这里的“迢迢”和“皎皎”是指牵牛星和织女星，意思是说，迢迢皎皎牵牛星，皎皎迢迢河汉女。例②是回文，回文是无论顺读倒读都可成文，此例也可以读成“松树一村孤上月，日斜西岭半明霞。风摇细缕千丝柳，砌傍柔枝几朵花”。例③是藏词，即是将一个成语割裂开来，隐没表示本意的那个词而用成语里的其他部分来代替，这例的“友于”本出《尚书》：“惟孝友于兄弟。”后人把“友于兄弟”割裂开来，隐去“兄弟”而用“友于”代本词“兄弟”。互辞、回文、藏词都已在古代产生，而且在古代盛行一时，有一定的修辞风格作用，但或因专门追求形式上的出奇，近似文字游戏；或因肆意割裂完整意思造成晦涩难解；或因任意割裂前人成句，造成文理不通，所以逐渐退化或被淘汰，在现代作品中已经不用了，它们是古代语言风格特有的文化标志。

有些辞格是适应表现现代物质、制度、精神文化的需要而新生的，这样的辞格也是现代汉语言时代风格有别于古代汉语言时代风格的辞格文化标志。例如：

①她的身材也很优美、修长、苗条、亭亭玉立。

（《这是一片神奇的土地》，《小说月报》1992 年第 12 期）

②她的心情好像沉重，又好像轻松，好像难过，又好像振奋，发生的这一场斗争好像出于她的意料之外，又好像都在她的意料之中。

（黎汝清《万山红遍》）

③金瓜锤、天方戟、青龙刀、梨花枪、八褂衣、鸡毛扇、飞镖、袖箭、前镗炮、红衣大袍、三八步枪、迫击炮、水焊机关枪、飞机、坦克：人类一千年来的武器同时并现。

（茅盾《我们这文坛》）

例①是在主体“身材也很优美”之后增设补语“修长、苗条、亭亭玉立”，以增强表达效果。例②“心情好像沉重，又好像轻松，好像难过，又……之中”这些语句表面看来似乎不合事理，但仔细一想，却觉得含义深远、余味不尽，这种有意违反常理、用互相对立的语句构成相反相成说法的修辞方式叫矛盾格。例③是以长连串的并列语句“金瓜锤……坦克”铺陈排比，集中细腻地描绘事物，以增强艺术魅力的迭现格。这些都是新生的辞格，也是现代汉语言时代风格的辞格文化标志。

（二）继承与发展

汉语里有些辞格早已产生，一直沿用到现在，但在使用过程中有继承有发展，古代、近代、现代不尽相同，或是类型的增加，或是形式的演进，或是内容的差异，这样的辞格也是时代风格的语言文化标志。

例如，借代早在先秦时期便已产生，并且出现了多种类型，但此后各个时期都有发展。又如，汉魏六朝时期就创立了一些新的类型，如以官名代人名：“公孙创业于金马，骠骑发迹于祁连。”（扬雄《解嘲》）“骠骑”代霍去病，因他曾被汉武帝封为骠骑大将军。以地名代人名：“淮阴，王也，受械于陈。”（司马迁《报任安书》）“淮阴”代韩信，因他是淮阴人，后又被封为淮阴侯。唐宋以后又新生了以古代今：“汉家烟尘在东北，汉将辞家破残贼。”（高适《燕歌行》）“汉家”指唐代，“汉将”代唐将（参看于广元《汉语修辞格发展史》）。以颜色词代事物：“是处红衰翠减，苒苒物华休。”（柳永《八声甘州》）“红”代花，“翠”代叶。现代汉语新生的借代方式主要是以商标代产品：“他穿的一枝花，你穿的小白兔，一样都是精细做出来的棉质休闲装。”（《读者》2006 年第 23 期）以商标“一枝花”“小白兔”分别代服饰“梦特娇”“花花公子”（参见曾毅平《华语修辞》）。以数字代事物：“斗笠村的一大半男子汉，都出外捞钱去了，村里只剩下 3861 部队留守阵地……”“3861 部队？”“妇女儿童呀！”（《语文学习》1987 年第 4 期）“3861”代“三八”妇女节、“六一”儿童节。（参见谭永祥《汉语修辞美学》）以具特定象征意义的物体代替事物：“在精神上摧残中国人的民族意识。在太阳旗下，每个中国人只能当顺民，做牛马，不能有一丝一毫的中国气。”（毛泽东《论持久战》）用“太阳旗”代替日本国。借代在本体和借体的内容上也能显现出时代的标志，例如，“先生，给现洋钱——袁世凯，不行吗?”（叶圣陶《多收了三五斗》）“职工当天就知道自己一天能挣多少钱，这就是关天梅创造的百元销售工资率分配法”。“‘大团结’发挥了诱人的迷力，不爱上班的人也被吸引到柜台前来了”。（李岩林《一九八七年中国第五代新闻人物》）用“大团结”代替十元面额的钞票，即用十元钞票代替金钱。这些分别导因于袁世凯当“总统”时期和现代钱文化的借代，也是各自的时代语言风格的辞格文化标志。

对偶也是一种传统辞格，它在先秦时期就已产生。此后一直被运用，在运用的过程中，其结构形式有宽严之变化，这宽严便体现出时代的特色，成为展现语言时代风格的辞格文化标志。例如，先秦时代的对偶形式不十分工整，全是宽对。例如“道可道，非常道，名可名，非常名。无名，天地之始，有名，万物之母”。（老子《道德经》上篇）“朝饮木兰之坠露兮，夕餐秋菊之落英”。（《楚辞》）前者有相同的字面出现，后者字数不等同。六朝和唐初时期，对偶走上了严的道路，前者的骈文如“崩于巨鹿之沙，碎于长平之瓦”。（庾信《哀江南赋》）后者的律诗如“水光潋滟晴方好，山色空蒙雨亦奇”。（苏轼《饮湖上初晴后雨》）对对偶的要求十分严格，从形式到内容都有许多讲究，不仅要求结构两两相对，还要实字对实字，虚字对虚字，意义相配，平仄协调。宋元明清时期的对偶大都为宽对，都各有不同于六朝和唐朝的时代特色。如宋词的对偶不避同字相对，不限平仄相对，不在固定的位置上相对，有的还带逗字。例如“树绕村庄，水满陂塘”，（秦观《行香子》）“愁一箭风快，半篙波暖”。（周邦彦《兰陵王》）元曲中的对偶有别于唐宋时代的特色，主要表现在带衬字和三句对。例如“你则合眠霜卧雪驱兵队，披星戴月排戈戟”，（李直夫《虎头牌》）“美人自刎乌江岸，战火曾烧赤壁山，将军空老玉门关”。（张可久《卖花声・怀古》）明清时期章回小说中的对偶具有自己的特色：每一回的回目都是对偶的句子，正文中也有对偶。例如“二僧荡怪闹龙宫　群圣除邪获宝贝”。（《西游记》第六十三回回目）“恋风流情友入家塾　起嫌疑顽童闹学堂”。（《红楼梦》第九回回目）“真个是：初登上界，乍入天堂。金光万道滚红霓，瑞气千条喷紫雾。只见那南天门，碧沉沉琉璃造就，明晃晃宝玉妆成……”（《西游记》第四回）“一双丹凤三角眼，两弯柳叶吊梢眉。身量苗条，体格风骚。粉面含春威不露，丹唇未启笑先闻。”（《红楼梦》第三回，参见于广元《汉语修辞格发展史》）现代的对偶，在结构形式上严宽都有，比较灵活，不强求工整，不讲究平仄，只要结构匀称、音调和谐就行了。例如，“红花一朵朵——开遍千山万壑，红霞一片片——照亮莽原大地”。（郭小川《春歌》之二）“青山险恶，犹如乱石穿天；林涛汹涌，恰似巨海狂啸”。（曲波《林海雪原》）“‘鸟巢’深情依依，北京爱意融融”。（《自强不息的生命壮歌——热烈祝贺北京二〇〇八年残奥会闭幕》，《人民日报》，2008 年 9 月 18 日）“中华民族是不屈的民族，灾区的人民是自强的人民”。（《自力更生　奋起自救》，《人民日报》2008 年 6 月 6 日）

此外，如比拟，《神舟天宫再演“太空之吻”》（《参考消息》，2016 年 10 月 20 日）的“神舟十一号载人飞船”和“天宫二号空间实验室”都是现代的精神文化的成果，以之作拟体与人才有的动作“吻”构成拟人，蕴含现代的文化内容，就成为汉语言现代风格的语言文化标志。

上面分别论述了语汇、语法、辞格文化风格手段体现语言时代风格的主要语言文化标志。生于特定时代的语言文化风格手段是构成语言时代风格的语言物质因素，把握具有时代文化烙印的语言风格手段是分析研究语言时代风格的重要课题。分析研究语言时代风格必须从体现语言时代风格的语言文化标志入手，但风格手段不等于时代风格，诸种时代风格手段综合成的风格特点呈现出来的格调气氛，即表现风格才是语言时代风格。各个时代的语言表现风格都不是单一的，都有基调和众调，分析研究时代风格必须把握基调，才能显示语言时代风格的特质。如前面说过的，所谓“古文尚简，今文尚繁”“古朴而近华，古拙而近巧”“古体劲而质，近体婉而妍”，（刘熙载《艺概》）所谓“黄唐淳而质，虞夏质而辨，商周丽而雅，楚汉侈而艳，魏晋浅而绮，宋初讹而新”，（刘勰《文心雕龙·通变》）所谓“魏晋风骨”，（鲁迅《魏晋风度及文章与药及酒之关系》）所谓“五四”时代的语言风格刚健、清新，抗战时期的语言风格悲壮、雄浑，“文革”时期的语言风格清冷、晦涩，当代的语言风格明快、直率、刚健、畅达等，都是指各个时代语言风格的基调，都是从各个时代的语言文化手段的特点升华出来的美学形态。

第十章　汉语言风格类型的文化窥探（三）

——地域风格和流派风格

语言的地域风格和流派风格是根植于亚文化的群体共性风格，是语言民族风格的地域变异、流派变异的结晶，是语言运用中常见的客观现象，对其进行深入研究也是语言风格研究的一个重要课题。

第一节　汉语言地域风格的文化含义与文化价值

一、地域风格的文化含义

蒋伯潜说："风格因地不同"，"一个地方有一个地方的风格。"[①] 语言的地域风格早已存在，但对其研究甚少，我们所见到的只有王德春主编的《修辞学词典》给"乡土风格"下了定义，概述了其形成的语言基础，说："乡土风格是言语作品中所表现的地域特征的综合。乡土风格的形成以方言的运用为基础，各种方言作品、民间文学具有相应完整的地域风格……在使用标准语的言语作品中由于表述的需要，有规律地使用方言的词汇、语法结构等等，也会带有乡土风格。"[②] 张德明的《语言风格学》论述了"文学的地域风格和语言的地域风格，掌握地域风格的重要意义"，"学术界和方言界对用方言进行创作和表现的不同主张和倾向性意见"[③]。郑颐寿主编的《文艺修辞学》论述了"什么是文艺修辞的地域风格"，"文艺修辞地域风格的表现"[④]。借鉴传统的地域文学风格论与现代语文学家、修辞学家、文学史家的研究成果，我们认为语言地域风格是语言民族风格的地域变异，是同一地区的人们在地域文化和自身的个性文化制导下运用地域语言的特征综合呈现的格调风貌。这个定义包含以下文化含义：①地域风格是地域群体的共性风格；②地域性是地域风格的本质属性；③地域文化是制导地

---

① 蒋伯潜：《文体论纂要》，正中书局，1946 年。

② 王德春主编：《修辞学词典》，浙江教育出版社，1987 年，第 163 页。

③ 张德明：《语言风格学》，东北师范大学出版社，1989 年。

④ 郑颐寿主编：《文艺修辞学》，福建教育出版社，1993 年。

域风格生成的客观因素；④语用主体自身的个性文化是制导地域风格生成的主观因素；⑤地域语言是地域风格的物质表现；⑥格调风貌是地域风格的美学升华。

二、地域风格的文化价值

汉语地域风格的文化价值主要表现为具有地域风格手段和风貌的言语作品中蕴含着富有价值的地域文化信息。

汉语地域风格是汉语使用中常见的一种群体风格现象，在古今方言作品、民间文学中都有相应完整的语言地域风格。例如，《诗经》里的《国风》大部分产生于黄河流域的中原地区，是北方各地的文学作品的代表，富有北方地域格调。《楚辞》产生于荆楚地区，是一部南方诗歌的总集，富有南方地域风韵。南北朝时期的南朝民歌与北朝民歌语言风格也很不同。例如，南朝的《子夜歌》"始欲识郎时，两心望如一。理丝入残机，何悟不成匹"，语言柔婉；北朝《企喻歌》"男儿欲作健，结伴不须多。鹞子经天飞，群雀两向波"，语言刚健，呈现出南北地域的不同风格。陕北信天游、苏州评弹、广东粤剧、现代文学中京派与海派的不同，它们生成的基础都是地域文化。现代文学很多名著的语言也带有鲜明的地域风貌现象。例如，老舍的小说《骆驼祥子》和剧本《茶馆》都选用了不少北京方言的语汇、语法结构，呈现出浓郁的"京味"。赵树理的小说《小二黑结婚》《李有才板话》都吸收了众多山西农民的口语，有鲜明的地域色彩。周立波的《山乡巨变》用了不少湖南方言土语，具有鲜明的地域韵味。欧阳山的《三家巷》《苦斗》和陈残云的《香飘四季》等，都用了不少广州、珠江三角洲地区的方言土语，具有浓郁的乡土气息。

语言地域风格现象也有见于政论语体和新闻语体的，前者如毛泽东《在延安文艺座谈会上的讲话》和《反对党八股》中都用了好些湖南或其他地区的方言；后者如《广州日报》和《澳门日报》都时有粤语出现，这些方言土语风格手段都使其所在的言语作品具有地域韵味，蕴含着独特的地域文化。

在我国，由于地域文化的差异以及由此而形成的经济、教育、风俗等文化环境的差异，文学的地域色彩一直是很鲜明的，作家作品是这样，民间歌谣也如此。民间歌谣来自下层劳动群众，是劳动群众的物态文化、精神文化的语言文化体现，具有鲜明的地域风格，从地域风格中可以考察到各地的物态、政治和精神文化的状况。例如，南歌细腻柔婉，北歌刚健朴实。又如清末知名诗人黄遵宪的客家山歌"买梨莫买蜂咬梨，心中有病无人知，因为分梨（离）故亲切，谁知亲切转伤梨（离）"。广东梅县地区的客家山歌"郎系花瓶妹系花，有好花瓶爱有花，有好花瓶无花插，甘愿同郎共一家"；"入山看到藤缠树，出山看到树缠藤。藤生树死缠到死，树死藤生死也缠。"客家童谣"蟾蜍罗，咯咯咯，唔读书，无老婆"。客家山歌和童谣语言生动形象，诙谐有趣，通俗易懂，素为客家人爱唱，逢年过节、喜庆场合、农闲假日，打歌助兴的传统习俗相传不断。它富含客家民俗文化信息和传统文化智慧，是客家文化的活化石，地域韵味非常浓郁。

珠江是中国境内第三大河，它源远流长，风情万种，文化底蕴十分深厚。历代文人描写、歌咏珠江及其沿岸风情的作品不计其数，而给人印象最深的是竹枝词。例如，清朝王士祯的《广州竹枝词》：

①潮来濠畔接江波，鱼藻门边净绮罗。

②海珠石上柳阴浓，队队龙舟出浪中。
一抹斜阳照金碧，齐将孔翠作船篷。①

又如清朝查慎行的《珠江棹歌词》：

③一生活计水边多，不唱樵歌唱棹歌。
疍子裹头长泛宅，珠娘赤脚自凌波。

④剪得青蒲织作篷，平铺如席卷如筒。
往来惯是乘潮便，不使朝南暮北风。

这些歌词以声音洪亮的中东韵“波”“罗”“歌”“多”和声音柔和的梭波韵“浓”“中”“筒”“风”，以及优美的语辞“江波”“绮罗”“柳阴浓”“一抹斜阳照金碧”“平铺如席卷如筒”等构织成刚健、优柔的格调描写，赞美珠江岸边的市场文化与市民生活文化、江中的赛龙舟文化或疍民的水上生活娱乐文化等，都极具珠江流域物质、政治、精神文化和地域风貌之意蕴。文人文学作品如前面说到的老舍的《骆驼祥子》、赵树理的《小二黑结婚》、欧阳山的《三家巷》和毛泽东的《湖南农民运动考察报告》等有众多的语言地域风格现象，都折射出各式各样带有民族性、时代性、地域性、个人性的地域物质、制度、精神和语言等文化信息。基于以上种种文化事实，我们认为对语言地域风格进行深入研究，揭示其所蕴含的地域文化现象，不仅有助于加深对民族历史、民族精神文化现象的了解和把握，而且对文化学、文化语言学、文化语用学、文化修辞学、文化风格学等的研究和建构也有重要的价值。

第二节 汉语言地域风格形成的文化导因

语言地域风格形成的文化导因包括地域文化和语用主体文化。

① 孙忠铨、潘超、钟山编：《广东竹枝词》，广东高等教育出版社，2010年，第82页。

一、地域文化

地域文化包括地域物质文化、制度文化、精神文化等，这些是对地域风格形成起制导作用的因素。

我国地域辽阔，人数众多，自然环境复杂多样，各地区的物质文化、制度文化、精神文化发展水平不一，因而不同的地域产生不同的文化。人们生活在不同的地域中必定会感受到地域性的文化信息，运用语言进行交际、作家进行创作，必然会自觉或不自觉地渗入地域文化因素，因而其语言风格必定会呈现出一种地域特点。对此，周作人曾精辟地指出："风土与住民有密切的关系，大家都是知道的。所以各国文学各有特色，就是一国之中也可以因地域显出一种不同的风格。"[①] 严家炎说："对于20世纪中国文学来说，地域文化产生了有时隐蔽，有时显著，然而总体上却非常深刻的影响，不仅影响了作家的性格气质、审美情趣、艺术思维方式和作品的人生内容、艺术风格、表现方法，而且还孕育出了一批特定的文学流派和作家群体。"[②] 段崇轩认为"三晋文化"是"山西文学之魂"，"三晋地域文化蕴藏着丰富的内涵和强劲的生机，只要山西作家脚踏实地开放思想，不断从本土文化中汲取营养和精华，去掉陈腐和糟粕，构筑自己与时俱进的思想文化体系"[③]。三位学者关于地域文化影响和支配文学地域风格和语言地域风格发展的论述是符合汉语实际的。熟语说："南腔北调。"汉民族南北语言地域风格不同，很大程度上是地域文化特点造成的。老舍和赵树理都是现代努力追求文学语言中国化、大众化的卓越作家，但因受不同地域文化的制导，各自作品的语言风格具有不同的地域特色。老舍生于北京，长于北京，从小到大都受到北京文化的熏陶，北京地域文化给了他艺术生命，他热爱北京，写好北京是其毕生的艺术追求，根源于此，他的小说和剧本，大都是写发生在北京的事象，作品所用的语言不少是来自北京方言，显示出其作品的语言具有浓郁的"京味"，地域色彩十分浓烈。赵树理出身于山西农民家庭，从小就在山西农村参加生产劳动，向劳动人民学习，在山西上学，在山西工作，是山西这块土地和三晋文化养育出来的。他热爱山西，热爱三晋文化，热爱山西劳动人民。根源于这些地域文化因素，其小说的语言风格，呈现出鲜明的山西地域风貌。

人类的文明多是由大河流域哺育的，文学作品作为人类文明的一种精神文化，与大河流域的关系尤为密切。黄河、长江是我国屈指一二的大流域，由其哺育出来的文学作品不胜枚举。而因流域文化特点不同，各自孕育出来的文学作品

---

① 周作人著，杨扬编：《周作人批评文集》，珠海出版社，1998年，第65页。

② 严家炎：《"山药蛋派"与三晋文化·总序》，湖南教育出版社，1995年，第3页。

③ 段崇轩：《地域文化与文学走向》，北岳文艺出版社，2012年，第36页。

语言风格迥异。试比较刘白羽的两篇散文《黄河之水天上来》和《长江三日》。前者："黄河在我的记忆中永远是奔腾呼啸的激流啊！第一次给我的印象特别深，那是四十年前了，我从风凌渡口眺望黄河，滚滚狂涛冲着巨大冰排，万雷轰鸣，天崩地裂，一泻而下，那是何等惊心动魄的气概。""黄河""奔腾呼啸""滚滚狂涛""巨大""万雷""轰鸣""天崩地裂"等雄伟壮丽的名词、遒劲有力的动词以及富有铺张意味的形容词、范围阔大的数量词组合成句，雄健遒劲，读来豪迈之气扑鼻，给人以强烈的美学享受。后者："早晨，一片通红的阳光，把平静的江水照得像玻璃一样发亮，长江三日，千姿万态，现在已不是前天那样大雾迷蒙，也不是昨天'巫山巫色萧森'，而是'楚地阔无边，苍茫万顷连'了。""通红""阳光""平静"叠韵连用，"长江""前天"叠韵，"迷蒙"双声，"苍茫"叠韵，叠韵双声错综，词语"通红""发亮""千姿万态"和比喻句"把平静的江水照得像玻璃"，均体现了作品绚丽华美的风格，同一作者用同一体式同写大河，语言风格不同，根源在于文学作品赖以生长的土壤，即两河流域的文化特点不同。

中华民族素来崇尚美食，美食文化源远流长，表现美食文化的语言丰富多彩。而不同的地域有不同的美食民俗文化，根于地域美食民俗文化的语言有不同的地域色彩，以之构织话语，创造风格，就有不同的地域风貌。北方和南方是两大不同的地域，反映各自美食文化习俗的语言地域色彩迥异。

我们中国南北两方的人，长相有差异，吃东西的习惯各自不同。北方人的主食是面，南方人的主食是大米。主食的不同，造成了整个饮食结构以及吃法的巨大差异。北方人吃得粗，南方人吃得细；北方人爱吃咸，南方人爱吃淡；北方人喜欢大块吃肉，大碗喝汤，大口喝酒，南方人要把肉切得细细的，煨得烂烂的，炒得嫩嫩的，汤要用小器皿炖煮，酒要烫得温温的；北方人把吃读成"痴"，痴痴地只管吃，南方人把吃叫"七"，叫"食"，叫"噎"，叫"夹"，叫"塞"。南北两方人所选择的主食和吃法有别，也是地域饮食文化习俗熏陶出来的。

再如，北方的食品名"面茶""杏仁茶""油炸圈""打卤面""羊肉刀削面""面疙瘩""馍馍头""狗不理包子""北京烤鸭""羊肉串"等都蕴含着北方地域的美食文化信息，是北方语言地域风格的展现手段。南方的食品名"艇仔粥""及第粥""炒河粉""鸡仔饼""白斩鸡""姜汁撞奶""蚂蚁上树"（细肉丝炒米粉）"金钱满地"（冬菇烧青菜），以及与饮食有关的"一颗荔枝三把火"，"饥食荔枝，饱食黄皮"，"食得系福，着得系禄"，"鲮鱼骨炒饭——唔食饿死，食又鲠死"，"白糖炒苦瓜——同甘共苦"，"豉油捞饭——整色整水"等都是导因于南方饮食民俗文化的词语，都有南方地域的美食文化意涵，是体现南方语言地域风格的手段。

二、语用主体文化

语用主体文化是语言使用者自身的个性文化，包含思想感情、价值观念、生活经历、文化素养、性格爱好和审美追求等，这是对语言地域风格的形成起引导作用的主观因素。

地域文化是语言地域风格生成的根本因素，但不是唯一因素。如果是唯一因素，就会像“种瓜得瓜，种豆得豆”那么单纯，同一地域文化孕育出来的语言地域风格就会是相仿或者相同的了。地域文化在语言地域风格形成中的制导作用是通过语用者的引导或推介才得以实现的。地域文化对语用者构建语言地域风格如前所说有极大的影响，但语用者对其影响有主观能动性。一个语用者“是否接受一个地方的地域文化的影响，接受哪种类型的地域文化的影响，或者说，在哪一种层面上，哪一种程度上接受一个地方的地域文化的影响”[①] 与他的个性文化是有密切关系的。语言风格因地而异又因不同的语用者而有不同的个性表现。语言的地域风格既包含地域文化，也包含语用者的个性文化，是地域文化与语用者个性文化相互融合的结晶。例如，老舍文学作品的语言风格“京味”特色的生成除了根源于北京地域文化的土壤，还有作者个性文化的营养。他在国内读过私塾，在师范学校受过古典文学语言的熏陶，也到英国和美国讲过学，有很高的文学素质和语言修养；他热爱北京的山水、人物和生活，热爱北京人民的思想感情和语言；他以用北京语言写好北京的山水、人物、生活和社会风貌为毕生的艺术追求；他有正确的语言观和审美理想；他写小说和剧文喜用北京话，但很注意适量和效用，也不是照搬照抄，而是经过文学思维的过滤加工。正如他所说：“假如‘油条’比‘油炸鬼’更普通一些，我就用‘油条’，同样地，假如‘墙角’比‘嘎栏儿’更普通，我就用‘墙角’。地方色彩并不仗着几个方言中的词汇支持着。不深入一个地方的生活，而只用几个地方上的特殊字眼，……是得不到甚么好处的。它们适足以增加语言的混乱和分歧。”[②] 他在五四新文化运动影响下走上文学创作道路，深受五四白话文学语言的启发，他不赞成一味地模仿西方语法的句法形式，但注意吸收西方句法中有益的成分。他说：“热爱我们自己的遗产并不排斥从世界各国文学中吸取营养”，“我们应当全面利用语言，把语言的潜力都挖掘出来听候使用。”[③] “……有时我自己也用一点欧化，但因为极留神，所以不感觉太别扭。假如我能用自己的语法来说明的，我永远不借重欧化语

---

① 曾大兴：《文学地理学研究》，商务印书馆，2012 年，第 26 页。

② 黎运汉、张维耿编著：《现代汉语修辞学》，商务印书馆，1986 年，第 64 页。

③ 老舍：《老舍文集（第十四卷）》，人民文学出版社，1989 年，第 345 页。

法，我的作品里没有太长的句子，总是把一些长句分成一些短句。”[①] “我们写作不能不用人民的语言。五四传统有好的一面，在写理论文字时，可以采用。创作还是应该以老百姓的话为主。我们应该重视自己的语言，不应当多用欧化的句法。”[②] 如此的个性文化与北京地域文化相融合，老舍的小说和剧本的语言便形成了以北京方言为主要特征，具有浓郁“京味”，既通俗而不失典雅，严谨又不失简洁，幽默而不油滑的风韵。

欧阳山，湖北荆州（江陵）人，1908 年生于一个贫苦家庭，七岁与养母定居广州，接受广州地域文化熏陶培育，1924 年开始在广州参加广东进步文化活动，1926 年进中山大学学习，1927 年组织“南中国文学会”，1932 年主编《广州文艺》，抗战开始在广州积极参加抗日文化活动，新中国成立后一直在广州担任广东省华南文学艺术界联合会主席、华南人民文学艺术学院院长、广东人民代表大会常务委员会副主任。他从事文艺活动、政治活动经验丰富，文化素质、语言修养品位高，而且有正确的创作观、语用观和审美观。例如，“自己对于所想写的东西是有种种预先拟定的条件的……一是这些小说、诗歌必须稍识汉字的人们读得懂，而不识汉字的人们听得懂。二是不要把读者对象假定成全国民众、各民族民众，却必须运用本省民众或当地民众的口语给以艺术的提炼而成的文学用语。三是作品中必须充分提高能够压倒一切旧形式作品的故事性和（有趣味的）吸引性”。“谈到语言的学习和修养，我认为……要采用一个‘古今中外法，东西南北调’，……‘古今中外法’，意思是说，学习文学语言要善于吸收古今中外的语言精华。……‘东西南北调’，意思是说，学习文学语言首先要从群众、从本民族中吸收和选择语言，要东西南北各个地区都吸收。我们的文学语言是要以普通话为基础的，但是光有这些基础还不够，所以作家都很注意吸收方言……我们的作品是写给工农兵大众看的，他们和基层生活联系最密切，他们的语言生动丰富，因此必须十分熟悉他们，写出来的语言才能使他们感到亲切，愿意看。如果我能够‘古今中外东西南北’四面八方地吸收语言，把这些精华糅合起来，造成一种丰富多彩的、使群众喜闻乐见的现代文学语言，不是比只用普通话或只用一种方言更好些么?”[③] 诸如此类的个性文化和广州地域文化相融合，便造成了欧阳山的小说《三家巷》语言绚丽多姿、通俗易懂而且广州地域气息浓郁的格调。

赵树理与马烽都出生于山西的贫苦农民家庭，都在家乡参加过生产劳动、受过教育，同是山西土地和山西文化养育出来的，又同是崛起于革命根据地和解放

---

① 陈震文、石兴泽：《老舍创作论》，辽宁大学出版社，1990 年，第 371 页。

② 老舍：《老舍文集（第十六卷）》，人民文学出版社，1991 年，第 115 页。

③ 欧阳山：《欧阳山文集（第十卷）》，花城出版社，1988 年，第 402 页。

区特定的政治、精神和物态文化环境中的山西“新乡土作家”，同为“山药蛋派”的领军人物。基于这共同的地域文化，其文学作品的语言形成了统一的基调。例如，前者的《登记》和后者的《结婚》的语言风格都具有“山药蛋派”的乡土风味。

鲁迅说：“从血管里流出来的是血，从水管里流出来的是水。”共同的山西地域文化制导出赵树理和马烽的文学作品的语言风格同具有“山药蛋派”的乡土风味，各自的个性文化特别是创作思想和审美追求又导引出二人的文学作品语言在“山药蛋派”共同基调上出异，前者简朴、通俗、风趣，带有浓郁说唱文学的意味；后者精致、灵活、幽默，带有接近新小说的品格。同理，探究古代文学名著的语言地域风格，例如，同是周朝文学，楚地文学和中原文学语言风格大别；同是汉赋名家，司马相如和扬雄的赋恢雄瑰丽，而班固和张衡的赋却质朴典雅；同是唐诗巨擘，李白的诗歌语言风格豪放雄健，而杜甫的诗歌却沉郁顿挫；同是一派戏曲，南戏的语言风格柔婉，而杂剧却是激昂劲切。如此的风格差异，都是地域文化和个性文化相融合所使然。因此创造和构建语言地域风格既要遵守地域文化制约，又要应合自身个性文化；解读和阐释语言地域风格生成的文化导因，既要着力于地域文化，也要重视语用主体自身的个性文化，忽略哪一方面都会带来偏颇后果。

第三节　汉语言地域风格的语言文化标志

语言地域风格的形成，除了上节所讲的地域制导文化，还有地域语言文化，地域语言文化因素是语言地域风格展现的语言文化标志。

一、地域风格主要表现于口语和方言土语的运用

语言地域风格的语言文化标志，首要是口语和方言土语的运用。下面看语例：

①男：深不过（呀）那个黄土地，高不过那个天。
吼一嗓信天游，唱唱咱庄稼汉。
水圪灵灵的女子呦，虎圪生生的汉。
人尖尖就出在这九曲黄河边。

山沟沟里那个熬日月，磨道道里那个转。
苦水里那个煮人人，泪蛋蛋漂起个船。
山丹丹那个河沟沟里，兰花花开满山。

庄稼汉的那个信天游，唱也（是）唱不完。

女：东去的那个黄河呀，北飞的那个雁。
走西口的那个哥哥呀，梦见了可不见。

山涧涧的那个流水呀，两条条那个线，
死活咋的那个好上呀，死活就咋的那个断。

山丹丹那个河沟沟里，兰花花开满山。
庄稼汉的那个信天游，唱也（是）唱不完。

（西北信天游《庄稼汉》）

②讨海人（渔民），倚（住）海港，
船顶做厅船肚（船舱）房。
船尾做灶脚（厨房），
船头好抛网。
囝仔（小孩）缚在船杆蜷蜷动（手脚不停地动）。

（厦门渔歌《翁某船》）

例①信天游是陕西省北部民歌的主要形式，通常在黄河黄土高原上咏唱爱情、婚姻，表现人们对自由幸福的爱情婚姻的追求，以及对不幸婚姻的反抗。这首信天游最突出的语言文化标志是音乐曲调，高亢悠扬，富于变化；叠词衬字频现，口语、方言词形象生动；句子长短交错，变化自由，地域色彩浓厚，充分体现出西北人朴实敦厚的生活面貌和繁丰雄健的语言格调。例②厦门渔歌是海边闽人常唱的歌谣，大都用厦门方言土语写成，文字朴实，简洁通俗，几近口语，很直白地描写生活。这首渔歌使用大量富有厦门地域特色的方言土语描写一家渔民终年生活在海上，生活条件艰苦，凭着一身本领，迎风斗浪，始终不屈不挠，表现出渔民特有的乐观坚毅，语言格调富有厦门地域风味。

二、作家作品语言地域风貌的语言文化标志

（一）老舍作品“京味”的语言文化标志

老舍是我国著名的爱国作家、人民艺术家。他的小说和话剧语言格调中“京味”的语言文化标志十分鲜明，突出表现在：

1. 北京物态文化语言鲜明突出

老舍的文学创作多以北京为背景，他非常喜爱和熟悉北京物态文化，无论是北京人的衣食住行文化，还是北京的山水景物文化，在其文学作品中都有极为精彩的表现，都以真实具体的语言画面呈现在读者面前，使作品的语言呈现出浓郁

的京味。例如：

①因为环境与知识的特异，又使一部分车夫另成派别，生于西苑海淀的自然以走西山、燕京、清华较为方便；同样，在安定门外的走清河、北苑；在永定门外的走南苑……他们还不如东交民巷的车夫气儿长，这些专拉洋买卖的讲究一气儿由东交民巷拉到玉泉山、颐和园或西山……

因为拉着洋人，他们可以不穿号坎，而一律的是长袖小白褂，白的或黑的裤子，裤筒特别肥，脚上是宽双脸千层底青布鞋：干净、利落、神气。……

歇了老大半天，他到桥头吃了碗老豆腐，醋酱油、花椒油、韭菜末，被热的雪白的豆腐一烫，发出点顶香美的味儿，香得使祥子要闭住气；捧着碗，看着那深绿的韭菜末儿，他的手不住的哆嗦……

走到积水潭，他四下看了看，没有人，他慢慢地、轻手轻脚地往湖边去……一些小鱼，眼睛亮得像些小珠忽聚忽散，忽来忽去，有时候头顶着一片嫩萍，有时候口中吐出一些泡沫。靠沟边，一些已长出腿的蝌蚪，直着身儿，摆动那黑而大的头。水忽然流得快一些，把小鱼和蝌蚪都冲走，尾巴歪歪着顺流而下，可是随着水也又来了一群挣扎着想要停住。一个水蝎极快地跑过去，水流渐渐地稳定，小鱼又结成了队，张开小口去啃一个浮着的绿叶，或一段小草。稍大些的鱼藏在深处，偶尔一露背儿，忙着转身下去，给水面留下个旋涡及一些碎纹。翠鸟像剑似的由水面擦过去，小鱼大鱼都不见了，水面上只剩下浮萍……净业湖畔的深绿肥大的蒲子，拔着黄金色的蒲棒儿，迎着风一摇一摇地替浪声击着拍节。什刹海中的嫩荷叶，卷着的像卷着一些幽情，放开的像给诗人托出一小碟诗料。

（《骆驼祥子》）

②地点：北京，裕泰大茶馆。

幕启：这种大茶馆现在已经不见了。在几十年前，每城都起码有一处。这里卖茶，也卖简单的点心和饭菜。玩鸟的人们，每天在遛够了画眉、黄鸟等之后，要到这里歇歇腿，喝喝茶，并使鸟儿表演歌唱。商议事情的、说媒拉纤的，也到这里来。那年月，时常有打群架的，但是总会有朋友出头给双方调解；三五十口子打手，经调解人东说西说，便都喝碗茶，吃碗烂肉面（大茶馆特殊的食品，价钱便宜，做起来快当）就可以化干戈为玉帛了。……王利发高高地坐在柜台里。

…………

王利发：跟大家说一声，中午咸菜饭，没别的办法！晚上吃那两只鸡！……

王利发：嗯！要有炸酱面的话，我还能吃三大碗呢，可惜没有了！……

王利发：我开过几十年茶馆，也没有听说过！可是，您圣明，茶叶、煤球儿都一会儿一个价钱，也许您正喝着茶，茶叶又涨了价钱！您看，先收茶钱不是省得麻烦吗？……

王利发：您！就凭您，办一二桌满汉全席的手儿，去给他们蒸窝窝头？……

常四爷：我这儿有点花生米，（抓）喝茶，吃花生米，这可真是个乐子！……

王利发：改良，我老没忘了改良，总不肯落在人家后头……该贿赂的，我就递包袱。……我得罪了谁？谁？皇上、娘娘那些狗男女都活得有滋有味的，单不许我吃窝窝头，谁出的主意？

（《茶馆》）

以上语例展现出的北京物态文化丰富多彩，而且切合实际。有关衣食住行实物的命名，如长袖小白褂、千层底青布鞋，老豆腐、韭菜末、窝窝头、烂肉面、咸菜饭、满汉全席，西山、燕京、安定门、北苑、永定门、东交民巷、玉泉山、颐和园，净业湖畔的深绿肥大的蒲子、什刹海中的嫩荷叶等都有现实依据。对其表述、描写，或惋惜，或赞美，都合情合理。例如对龙须沟小杂院破旧景况的平实表述，流露着作者对贫民生存困境的同情和惋惜；对净业湖和积水潭美景的描写，语言华丽，情趣盎然，充满着赞美爱恋之情，这是作者热爱北京物态文化之情的折射。因此，其作品语言富含北京地域文化意涵，充盈着“京味”特色。

2. 北京口语、方言精彩运用

老舍的小说话剧被看作是带着浓郁“京味”的乡土文学。其中有一重要原因，就是北京口语和方言的精彩运用，其突出的语言文化标志主要表现为：

（1）具有“京味”音乐美。

老舍自我要求写小说、话剧必须是可以读的，这“可以读”使他写作时对“一个虚字‘了’‘吗’‘啊’等等都不轻易放过”①。他还说：“即使是散文，平仄的排列也还应该考究。‘张三李四’好听，‘张三王八’就不好听。前者是一平一仄，有起有落；后者是四字皆平，缺乏抑扬，四字尚且如此，那么连说几句，就更该好好地安排一下了。”②“感觉到北平话，特别是在腔调上，有些太漂浮的地方，就故意地去避免，于是，一来二去，我的话就变成一种稍稍忘记过去，矫正过的北平话了。”③ 北京口语本身就具有音乐美，老舍在上述审美文化

① 老舍：《老舍文集（第十六卷）》，人民文学出版社，1991年，第95页。

② 老舍：《老舍文集（第十六卷）》，人民文学出版社，1991年，第96页。

③ 老舍：《老舍文集（第十五卷）》，人民文学出版社，1990年，第509页。

观的导引下，有意识地将其在艺术改造后用在作品里，既有个性文化特色，又有“京味”的音乐美。其语言文化标志突出地表现在语气词的变异用法和平仄、押韵的调配上。例如：

①等人家说完，他睁开左眼，低声地说：“他呀，我给他做过媒。”“真离婚吧，他才正乐意。”

（《离婚》）

②老张的地位：村里的老人都称他为“先生”。有的呢，把孩子送到他的学堂，自然不能不尊敬他；有的呢，遇着开殃榜……

（《老张的哲学》）

③不要说王三胜输给他，沙子龙也不是他的对手。不过呢，王三胜到底和老头子见了个高低。

（《断魂枪》）

④半空中，黑黄上下，渐渐混合，结成一片深灰的沙雾，遮住阳光。

（《正红旗下》）

⑤齐母我买什么也不在你这儿买！你给我现了眼！赵姐下了乡，买东西得我自己忙，已经苦难当！

你还瞒着我，到这儿来卖糖！卖糖，这么大的大姑娘！你还受戏耍，妈妈陪着出洋相，越想越窝囊！凌云，凌云，你怎么这么不要强！

（《女店员》）

例①②③中的语气词“呀”“吧”“呢”都不是表示强烈的感情或疑问的常规用法，而是起调节语速作用，表示人物不紧不慢心态的变异用法。这种用法既符合北京人的语言习惯，又符合北京人的心理特征，[①] 所以蕴含着北京心理文化意涵，呈现出北京地域风味。例④“中”“下”“合”“雾”“光”是“平仄平仄平”交错使用，抑扬顿挫，婉转悦耳。例⑤“乡”“忙”“当”“糖”“娘”“相”“囊”“强”都押“ang”，雄劲动听，富有音律美。这样的韵律美和人物心态的变化相吻合，是作者对北京话的音乐美作艺术加工的体现，所以它有“京味”，又有个性文化特色。

（2）融入北京方言表现力强的语汇。

老舍先生曾说过：“我生在北京，一直到十多岁，才去糊口四方。因此我写小说和剧本的时候，总难免用些自幼儿用惯了的北京方言中的语汇。”[②] 他也如前面所说：“用土语也应该有选择。这个土话的确有表现力，是普通话多没有的，应该把它升为普通话，是可以用的。不是凡用土话都好，都有表现色

① 韩经太等著：《老舍与京味文学》，北京大学出版社，2011 年，第 117 页。

② 老舍：《老舍文集（第十五卷）》，人民文学出版社，1990 年。

彩，……你想表现北京的地域色彩写‘油炸鬼’而不写作‘油条’，并不能表现北京的特点。”① 他写《龙须沟》用了很多北京口语，表现出浓郁的北京色彩，但南方人看不懂。他举了个例子，说他写一个人“从凳子上‘出溜’下去了，意思是这个人突然病了，从凳子上滑了下去，一位广东读者来信问：“这人溜出去了，怎么还在屋子里呢?”基于这样的语用美学文化观，在他较多的文学作品中都适量地融进了一些北京方言中表现力强的语汇，使其作品语言兼有地域色彩和个性特色，这也是其鲜明的语言文化标志。例如：

①我所要介绍的是祥子，不是骆驼，因为“骆驼”只是个外号……

北京的洋车夫有许多派：年轻力壮，脚腿灵活的，讲究赁漂亮的车，拉“整天儿”，爱什么时候出车与收车的都有自由；拉车出来，在固定的“车口”（即停车处）或宅门一放，专等坐快车的主儿，……也许白耗一天，连“车份儿”也没着落，但也不在乎……比这一派岁数稍大的，总是“拉晚儿”（是下午四点以后出车拉到天亮以前）……年纪在四十以上、二十以下的不敢“拉晚儿”，只能拉出“车份儿”和自己的“嚼谷”（即吃用）……

看着那高等的车夫他计划着怎样杀进他的腰（即把腰部勒得细一些）去，……杀好了腰，再穿上肥腿的白裤，裤脚用鸡肠子带儿系住，露出那对“出号”的大脚！……

我跟太太横打了鼻梁（保证），我说太太走吧，我看着。

“我说是不是?”虎姑娘拿着时候（估量看到了一个适当的时刻）进来了。

他心里计算：自己拉，每天好歹一背拉（平均）总有五六毛钱的进项。……不但在这个院里，就是在西城各车口上，谁不知道祥子是头顶头的（第一等的）棒小伙子。……祥子在家，小福子是按照虎妞的想法，“来吊棒”（下流）！好不要脸！她无可如何，只得到“转运公司”（给暗娼招生意的地方）去报名。可是“转运公司”并不需要她这样的货……她以为小福子的减价是故意地气她，她才不能吃这个瘪子（受窘）。……

他叫来个“打鼓儿的”（北京收旧货的小贩）一口价卖了十几块钱……原先他不懂得行情，现在他也出上四十铜子的份子，或随个“公议儿”（共同商定的礼物）……有时候也把半截烟头放在耳朵上夹着，不为那个地方方便，而专要个飘儿（耍俏）。

他买了十个煎包儿，里边全是白菜帮子，外边又“皮”（不焦）又牙碜。（坏面不纯净，吃时候咬着沙土的那种感觉）……一个人能有什么嘣儿（前途）？……

① 老舍：《老舍文集（第十六卷）》，人民文学出版社，1991 年。

“出来吧，傻乖乖！”那个人头说了话。……他心中很喜欢遇上了她，常听人说，白房子有个“白面口袋”，这必定是她。“白面口袋”这个外号来自他那两个大妈……赶到老叉杆（娼主）跟她去收账的时候，才见屋里躺着个男人。

（《骆驼祥子》）

②“那个丫头片子，比谁也坏！”……李太太不难看，脸上挺干净，有点发整（京语不活泼）。……

我少年的时候是个野驴，中年结了婚，做了事，变成了贼鬼，溜滑的皮驴。……你个不知好歹的，没皮没脸，没人搭理，你个臭娘们！……我可以叫笛耳吧？管他们呢，一群糟蛋，没再往下问。

（《离婚》）

③毛毛虫太太又打扮得花枝招展的出来卖呆儿（在大门口闲站着看来往行人，也有意让别人看自己），……毛毛虫是大学毕业，可是家中有个倒倒脚（形容缠小脚走路迈不开步，一走三扭），梳高冠的老婆。

（《月牙儿》）

④娘子：乖！外边呀，精湿烂滑的，滑到沟里去可怎么办！

赵老：那敢情好！

大妈：新鞋不踩臭狗屎呀！

四嫂：甭拉不出屎怨茅房呀！

…………

大妈：我的小姑奶奶，你少说话！

狗子：你们上晓市作生意，要有黑旋风大太爷的人拿你们的东西，就是赏你们脸。

大妈一张纸画个鼻子，好大的脸！

（《龙须沟》）

以上语例用了诸多北京市民常用的口语词、方言词，包括政治术语、经济术语、行业语、习俗语、敬语、谦语、称呼语、外号、戏谑语、轻蔑语和熟语等。它们都蕴含着北京地区特有的制度文化、心理文化的意涵，地域色彩十分浓郁，而且富有表现力，作品将其融进人物对话和叙述语言中，取得了比用普通话更为理想的语用文化效果，这主要表现为：适应表达特殊事物的需要，如“牙碜”“倒倒脚”等；使语言概括、简洁，如“拉晚儿”“卖呆儿”等；使语言形象、新鲜，如“横打了鼻梁”“新鞋不踩臭狗屎”等；使语言含蓄、文雅，如“老叉杆”“转运公司”等；表示爱憎感情色彩，如“丫头片子”“臭娘们”“狗子”“贼鬼”“糟蛋”“吊棒”等。其中有的是浅白易懂的，有的是北京市民不易懂而加了注释的。这样，老舍作品的语言格调便呈现出质朴、新颖、简洁、通俗、风趣兼有“京味”的神韵。

（3）运用具有北京口语特色的句法。

老舍先生在《出口成章·语言与生活》中说过：“我们写作就该首先想想为谁服务了……给人民写呢，我们就必须用人民的语言，……我们应当学习人民的语言，也别忘了他们的说法。”又说：“我自己写文章，总希望七八个字一句，或十个字一句，不要太长的句子。每写一句时，我都想好了，这一句到底说明了什么，表现什么感情，我希望每一句话都站得住。当我写了一个较长的句子，我就想法子把它分成几段，断开了就好念了，别人愿意念下去；断开了也好听，别人也容易懂。”① “一个好句子，念起来，嘴舒服，耳朵舒服，心里也舒服。”② 根植于这样的句法审美文化观，他的作品大量使用具有北京特色的句法，这一特色也是其语言“京味”的语言文化标志。例如：

①赵老：……好嘛，沟一堵死，下点雨，咱们这儿还不成了海？程疯子常说什么“沟不臭，水又清，国泰民安享太平”。他说得对，他不疯。

…………

二春：这孩子！

大妈：他慌里慌张的，看摊儿行吗？

娘子：现在的三岁娃娃也行！该卖多少钱，卖多少钱，言无二价。小偷儿什么的，差不多快断了根！（低声）听说，官府上正加紧儿捉拿黑旋风。一拿住他，晓市就会天下太平了。他不是土匪头子吗？哼，等拿到他，跟那个冯狗子，我要去报报仇！能打就打，能骂就骂。至不济也要对准他的脸啐几口，呸！呸！呸！偷了我的东西，还打了我的爷们，狗杂种们！我说，我的那口子在家哪？

…………

二春：疯哥，您在家哪？

疯子：有道是，在家千日好，出外一时难！

娘子：又是疯话！

…………

娘子这么说行不行？一修沟啊，连我们的疯爷们都有事做，我感激政府！

二春：行，你呢，四嫂？

四嫂：要问我，我就说，政府要老这么做事呀，龙须沟就快成了大花园啦！

（《龙须沟》）

---

① 老舍：《出口成章》，作家出版社，1964年，第64页。

② 老舍：《老舍文集（第十五卷）》，人民文学出版社，1990年，第509页。

②他决定去拉车，就拉车去了。赁了辆破车，他先练练腿。第一天没拉着什么钱，第二天生意不错，可是躺了两天，他的脚脖子肿得像两条瓠子似的，再也抬不起来。他忍受着，不管是怎样的疼痛。他知道这是不可避免的事，这是拉车必须经过的一关。非过了这一关，他不能放胆地去跑。

…………

"喝吧，吃了这个鸡，我已早吃过了，不必让！我刚才用骨牌打了一卦，准知道你回来，灵不灵？"

"我不喝酒！"祥子看着酒盅出神。

"不喝就滚出去；好心好意，不领情是怎着？你个傻骆驼！辣不死你！连我还能喝四两呢，不信，你看看！"她把酒盅端起来，灌了多半盅，一闭眼，哈了一声，举着盅儿："你喝！要不我揪耳朵灌你！"

（《骆驼祥子》）

这里既有人物对话，也有叙述语言，二者的句法都有鲜明的北京口语色彩，呈现出扑鼻的京味，其突出的语言文化标志是：第一，语句简略，较多使用省略句和独词句。例如，"呸！""呸！""呸！""这孩子！""又是疯话！""行，你呢，四嫂？""喝吧，吃了这个鸡"，"不喝就滚出去，好心好意，不领情是怎着？你个傻骆驼！辣不死你！"第二，句子结构简单，多用短句，少有描绘类的附加语，即使有时要表达比较复杂的意念，也尽量不用长句，而改用几个短句子，语句之间的意义很少用介词、连词之类来表示。例如，"该卖多少钱，卖多少钱"，"偷了我的东西，还打了我的爷们"，"他决定去拉车，就拉车去了"，就没有说成"只要该卖多少钱，就卖多少钱"，"不仅偷了我的东西，而且还打了我的爷们"，"他既然决定去拉车，就拉车去了。"第三，语句多变。话题时有转移，语句之间有脱落现象。例如，"偷了我的东西，还打了我的爷们，狗杂种们！我说，我的那口子在家哪？"第四，语调富于变化，各种语气的句子交错使用，用了不少"啊、呀、哪、呢、吗"之类的语气词。例如"他不是土匪头子吗？哼，等拿到他，跟那个冯狗子，我要去报报仇！能打就打，能骂就骂。至不济也要对准他的脸啐几口，呸！呸！呸！偷了我的东西，还打了我的爷们，狗杂种们！我说，我的那口子在家哪？""喝吧，吃了这个鸡，我已早吃过了，不必让！我刚才用骨牌打了一卦，准知道你回来，灵不灵？""好心好意，不领情是怎着？你个傻骆驼！辣不死你！连我还能喝四两呢，不信，你看看！"陈述语气、疑问语气、祈使语气、感叹语气错综使用，几乎有停顿的地方都有语气词，表示出各种感情的变化。第五，句式生动活泼。如"行，你呢，四嫂？"五字三顿，既肯定了娘子说得好，又自然转向四嫂，一转一接，灵活自如，富于变化。老舍作品的句法如此精彩，正如梁实秋先生曾经评价的“以纯粹的北京口语写小说颇为别致”①。

（二）欧阳山《三家巷》语言地域风味的语言文化标志

欧阳山是卓有成就的著名作家，《三家巷》是其代表作。这本小说集中体现了他“东西南北，古今中外”的语用文化观。其语言是以大众语的普通话为基调，同时吸收各地的方言精华糅成一体的现代文学语言。在其吸收的方言中最突出的是广州方言语汇，其作品的语言风格带有浓郁的广州乡土风味。下面看代表性语例：

①出三家巷往南不远，就是窦富巷，在窦富巷上，有一间熟药铺子，叫百和堂。……那些刻薄的人就给她起了个诨名叫“钉子”，别人因为她姐姐陈杨氏绰号叫“钉子”，就给她取了诨名叫“傻子”。“这真是同人不同命，同伞不同柄！”……第四个孩子生下来，还是个女的。陈万利很不高兴，就给这三姑娘取个名字叫陈文婕，是“截”止再生女孩的意思，今年也有十三岁。谁知截也截不住，第五个孩子生下来，又赫然是个女的，陈万利生气极了，就给这四姑娘取了气势汹汹的名字，叫做陈文婷，是命令所有的女儿停止前来的意思，但是这么一停，就连什么都停掉，陈杨氏就再没有生养。……起了一座纯粹官家样式的“古老大屋”全家居住。

②她是有名豪爽泼辣的，因此人家给她起个诨名叫“辣子”。她的第一个女儿区桃年纪虽然还小，却已经长得顾盼不凡，人才出众，见过她的人都赞不绝口，认为她长大了必定是个“生观音”……又过几天，周炳就去陈家“上契”。陈万利给周炳打了一把金锁，封了一枚“金仔”，二十元“港纸”给周炳做上契的礼物。……陈万利有三个女佣人，一个使妈叫亚发，一个“住年妹”叫亚添。

③区桃听见是他，只好叫了一声：“大姨爹！”周炳刚冲过凉，打着赤膊，穿着牛头裤，从家里走出来。……两双木屐一同发出踢哩塔啦的细碎响声……“称呼她‘细妹’，有什么为难？全省城都这么叫……要是将来我高兴，我把她赏给阿仁做妾侍，也是可以的……总之，肥水不流过别人田。”

④周扬氏却舍不得这幢竹筒式的破烂平房。……“你瞧咱们门官神位两旁那副对子：‘门从积德大，官自读书高！’咱们积德也积了不少，就是读书还读得不多。”……周铁笑着说道：“妇道人家的见识！”……有一天，陈文雄约周炳去逛荔枝湾。他俩租了一只舢板，顺着弯弯曲曲的水道向珠江的水面划去，风凉水冷，暑气全消。……周炳冲完了凉，走进姐姐房间，问周泉道：“姐姐，你为什么只管乐，像是喝门官茶一样的？……”“俗语说

① 韩经太等著：《老舍与京味文学》，北京大学出版社，2011年，第114页。

‘穷不与富斗，富不与官争’嘛！”

⑤在广州，每年清明前后，都要刮一场风，人们把那场风叫做“秃尾龙拜山”，意思是说“秃尾龙”回家扫墓，因此就有风灾，“秃尾龙”本身就代表着叛逆、破坏、灾难。……大家都低声咒骂他道：“捣蛋鬼。”……“小炳，你不出去玩玩儿，看看海去?”广州人是把珠江叫做海的。……又不过几天，郭标就公然唆摆他“漏柜底”。郭标把柜台的抽屉打开，对他说道：“你瞧这些银圆铜板！咱们拿几毛钱出来分了花，谁也不会知道。”……郭标越发放手行事，银钱货物，大胆盗窃；周炳越看越怕，可是黑狗偷食，白狗当灾，掌柜越来越疑心他。

⑥麻雀牌馆的“事头婆”骚情地对李民魁说：“你这个斩头鬼！我才三十多岁，你怎么咒我四五十岁?”

⑦二女儿区桃，今年十八岁，在电话局里当接线生，人家都不叫她本名，只管叫她“美人儿”，拿省城话来说，就叫她“靓女”……这八个少年一直在附近的横街窄巷里游逛卖懒，一边走路一边唱：“卖懒，卖懒，卖到年三十晚。人懒我唔懒！”……“眼看咱们这懒是卖不成的了，咱们散了吧！”

⑧车手修理匠丘照抢先说：“要是到了那个好日子，坐汽车我管租，坐花轿我管定轿，仪仗、吹打，我都包……”裁缝师傅邵煜接着说：“那么，凤冠、霞帔、长衫、马褂、喜幛、彩屏、桌围、椅垫，全归我管。”蒸肠粉师傅马有笑起来道：“既然如此，所有的松糕、大发、糖人、糖马、春果、煎堆、红包、红蛋，理所当然是归我的了。”

⑨“这真是山中方七日，世上几千年，如今这个省城，整个变了样儿了”……“我说，‘蛇有蛇路，鼠有鼠窝’，让我来找……”“……一个是‘茶居’工会的工贼……”

⑩这些使妈都是青春年少的女人，在名誉上有结了婚的有没有结过婚的，有拖儿带女的，也有自称“梳起”不嫁的，……有的牙尖嘴利，……有的知书识墨。

⑪有一天，周榕千辛万苦借了五十块钱回家，假说是发了薪水……他们两个并排儿坐在周家的神厅里，亲切地低声交谈着，神楼上的玻璃盏发出低微的光……周炳摇摇头叹惜道：“当真不是冤家不对头！我这也是由不了自己。”

综观上引语例，明显可见，《三家巷》语言风格中最突出广州韵味的语言文化标志是其大量运用了蕴含广州地域文化意涵的方言语汇。例如表现物态文化的，如肠粉、松糕、糖马、糖人、窦富巷、古老大屋、荔枝湾、竹筒式的破烂平房、看海、舢板、花轿、木屐；表现制度文化的，如事头婆、漏柜底、金仔、梳起、住年妹、妾侍、年三十晚、卖懒、上契、靓女；表现精神文化的，如牙尖嘴利、知书识墨、神楼、神厅、门官茶、陈文婕（截止再生女孩）、妇道人家、秃尾龙拜山等。此外，还有不少蕴含着广州地域文化意涵的熟语，如同人不同命，同伞不同柄；肥水不流过别人田；黑狗偷食，白狗当灾；蛇有蛇路，鼠有鼠窝；不是冤家不对头等。这些词语中，有的是表现广州地域特有文化需要的，如梳起、住年妹、卖懒、松糕、三家巷、荔枝湾、古老大屋等；有的在普通话中有同义词语，如"事头婆"与普通话的"老板娘"同义，用在作品中，增添了乡土气息；有的若改为普通话的相应说法，如"漏柜底"改为"店员偷老板的钱"，就没有那么生动形象了；"斩头鬼"意思跟普通话"你这个该死的家伙"相近，用在作品中，不仅语言简洁、生动，而且把老板娘的那股风韵充分地表现出来了。可见，在《三家巷》中，由于表达的需要而有规律地运用蕴含广州地域文化意涵的词语，正是欧阳山"东西南北中"语用文化观和审美文化意识的折光。

第四节　汉语言流派风格的文化含义与文化价值

语言流派风格是语言民族风格的流派变异，它跟语言地域风格一样是一种群体共性风格，蕴含着丰富的民族文化、流派文化和个人文化意涵，具有重要的文化价值。

一、流派风格的文化含义

语言的流派风格与文学流派，和文学流派风格有着密切的联系，但又有所区别。

文学流派是在一定历史时期里，一些文学作家由于政治立场、思想倾向、文学观点、创作方法、审美情趣、艺术风格等文化因素基本相同或近似而自觉或不自觉形成的文学派别。一般说来，有了文学流派，也就有文学流派风格的表现。文学流派风格是指一些在思想感情、文学观念、审美趣味、创作主张、题材选择、主题提炼、形象塑造、表现方法、语言格调等方面相同或相近的作家在文学创作上所形成的共同特色，综合呈现出来的格调风貌，是一种群体文化的文学体现。例如，我国古代文学史上的王孟派、高岑派、江西诗派、公安派、桐城派，现代文学史上的文学研究会、创造社、鸳鸯蝴蝶派、现代评论派、新月派等都在各自的流派文化制导下形成了自己的文学流派风格。

同一流派的作家，有个人独特风格，又有流派共性风格。周扬说："一个作家、艺术家往往不是一开始就形成自己的风格的，随着他的艺术才能的发展和创作经验的增多，就逐渐形成自己独特的风格，为众人所注目和仿效。仿效的人一多，就会形成一个特定的艺术流派。”[①] 流派风格是在个人风格基础上逐渐形成的。文学的语言流派风格出自文学流派，同一个文学流派在语言文化的运用上有共同的特点，而形成风格体系时，从作家语言风格的共性来看，就可以说是语言的流派风格。语言的流派风格是从属于文学流派风格的，是文学流派风格里最重要的组成部分，但与文学流派风格有别。文学流派风格是从文艺学的角度说的，是指不同的文学流派在各自的流派文化制导下，所创作的文学作品呈现出来的文学格调风貌；语言流派风格是从语言学的角度说的，是指不同的文学流派在各自的流派文化制导下，所创作的文学作品的语言呈现出来的格调风貌，是源于民族文化、时代文化，受语言民族风格、时代风格、语体风格规范，与地域文化、语言地域风格相关的群体性风格现象。

二、流派风格的文化价值

语言的流派风格是一种客观存在的群体共性风格，对其研究和掌握，有多种文化价值，其中最重要的：

首先，是有助于语言流派风格的形成和繁荣发展。茅盾认为：“文艺作品中也有可以容许模仿的。例如《易泥伊德》拟荷马。……这是体裁上风格上的模仿。这种模仿也不会妨碍了作品的伟大。这种模仿，正确地说，就不是在模仿某某而是在某某的影响之下。一个作家可以有他自己独特的风格，然而也可以有这么一部东西是规拟着过去一位大作家的风格，萧伯纳的《黑女求神记》是属于这一项下。”“模仿是最初的学习。人类从原始人进化到现在，有许多知识是从‘模仿’起源的。”（茅盾《茅盾论创作·论模仿》）我国古今文学史上都有许多文学流派风格和语言流派风格，它们各自都有优秀作家的独特语言风格，深入研究各个文学流派的语言风格，总结出各个流派形成风格体系及其优秀成员的个人风格生成规律，可以为语言风格的模仿和创造提供学习的范例，有助于促进语言流派风格的形成和发展，更好地繁荣社会主义的语言艺术。

其次，是有助于文学流派风格的分析、欣赏与评论。语言风格手段是文学流派风格形成的重要因素，是文学流派风格的语言文化标志。因而，研究文学流派的语言风格，揭示其风格手段体系及其综合运用呈现出来的格调风貌，有助于从语言文化因素上认知和把握其文学流派风格。

再次，是有助于文化学、文化语言学、文化修辞学、文化语言风格学的研究和建立。语言流派风格是既受民族文化、时代文化的制约，又根植于流派文化的群体风格，蕴含着丰富的文化信息。从文化的视角对其进行研究，总结其文化成

① 周扬：《关于社会主义新时期的文学艺术》，《人民日报》，1979年2月24日。

因，揭示其蕴含的文化现象，有助于文化学和语言文化学等的研究和建立。

此外，研究和掌握语言流派风格，也有助于文学理论、文学史和语文的教学与研究。

第五节　汉语言流派风格生成的文化导因

语言流派风格生成的文化导因是流派文化和流派成员的个性文化。

一、流派文化

茅盾说："在阶级社会中，由于世界观的不同，统治阶级的文人选择题材、塑造艺术形象时所用的创作方法，同劳动人民的民间文学的创作方法，会有差异。属于同一阶级的文人世界观基本一致，但由于对文艺的观点和主张不同，也会采用不同的创作方法，产生内容和形式以及风格完全不同的作品，这在历史上，被称为不同的流派，创作方法有多少种，文学流派也有多少种。"（《漫谈文艺创作》）文学流派风格和语言流派风格的形成既受社会文化、政治文化和时代精神文化的影响，又为文学流派文化所直接孕育。

文学流派文化是指一个文学流派成员的人生观、哲学观、文学艺术观、审美观和语用观相近或相似的文化因素，这是对文学流派风格和语言流派风格的形成起直接制导作用的因素。我国古今各种文学流派风格和语言流派风格都是根源于不同流派文化而异的。如唐代韩愈和柳宗元有自己的明确文学主张，倡导古文运动，所谓"文起八代之衰"，奋起反抗。齐梁以来，盛行骈文的浮靡之风，提倡先秦两汉的古文。柳宗元在《报崔黯秀才论为文书》中，就明确反对"贵辞而矜书，粉泽以为工，遒密以为能"的颓废风格。后经北宋欧阳修、王安石、曾巩、苏门父子（苏洵、苏轼、苏辙）的继承发展遂产生"唐宋八大家"这一文坛上有深远影响的文学流派①及其流派语言风格。再如宋代以黄庭坚为代表的"江西诗派"。黄庭坚在诗歌创作上有一套理论，他在《答洪驹父书》中称："老杜作诗，退之作文，无一字无来处；盖后人读诗少，故谓韩、杜自作此语耳。古之能为文章者，真能陶冶万物，虽取古人之陈言入于翰墨，如灵丹一粒，点铁成金也。"在文学语言风格上，主张写诗要做到"无一字无来处"，要在前人的基础上"点铁成金"，脱胎换骨。这样做出来的诗"既可以达到'荟萃百家句律之长，究极历代体制之变'，避免学晚唐的柔弱、学西昆的浮艳，又不需要学欧、

① 吴功正：《文学风格七讲》，上海文艺出版社，1983 年，第 111－112 页。

苏的天才，所以有不少人要学黄庭坚，成为一个流派了"①。其流派语言风格基调严谨、清新，但典故过多，略嫌枯燥乏味。

元代杂剧"本色派"的曲辞多用口语，格调朴实；"文彩派"的曲辞多用雅语，格调藻丽，是其不同的流派文化导致的差异。

文学研究会是我国现代文学史上的一个著名文学流派，它是由一些政治思想倾向、文学艺术、审美趣味相近的进步小资产阶级作家、评论家组成的，他们的文学主张是"为人生而艺术"，公开发表宣言，明确提出："将文艺当作高兴时的游戏，或失意时的消遣的时候现在已经过去了。""文学是一种工作，而且又是于人生很切要的一项工作，治文学的人也当以文学为他的终身事业。"② 他们反对把文学当作个人的娱乐和消遣的工具，主张文学要反映人生疾苦，表现社会问题以及促进社会人生的改革。表现在创作上，这一派的作家大多取材于中下层的社会生活，注重表现小资产阶级知识分子、小市民和底层群众的平民生活和苦闷心理，暴露社会的黑暗，探索人生的出路。在艺术倾向上，对于生活作客观而细致的现实主义的描写。例如叶绍钧、王统照、冰心的小说都有一些共同的特色：对半殖民地半封建社会的黑暗现实深感不满，向往于朦胧的"美"和"爱"，探索着人生的意义和出路，以朴素的写实手法描绘自己周围的生活和熟悉的人物。正是这些相近的思想倾向和共同的创作特色等流派文化因素使他们成为一个文学流派，③ 并在"现实主义"的共同旗帜下从事文学创作和文艺评论活动，展现出独特的文学流派风格和语言流派风格。叶绍钧的《一生》和《潘先生在难中》是该流派的代表作品，比较完整地展现出这个流派的语言风格。

"新月派"也是现代文学史上的一个著名的文学流派，这个流派从徐志摩开始，是非常讲究格律的，后来陈梦家等仍然沿着自徐志摩以来追求格律的老路。陈梦家在《新月诗选》的序言中说："主张以字音节的谐和，句的均齐和节的匀称，为诗的节奏所必须注意而与内容同样不容忽视的。"主张雕琢，注意音节，追求含蓄，这是"新月派"诗人作品的语言风格的一个鲜明的文学主张与作诗追求。而继"新月派"之后的"现代派"则另有主张与追求。他们的作品大都发表在1932年以后的《现代》杂志上。该刊编辑施蛰存说："有许多诗的作者曾在他们的诗篇中采用一些比较生疏的古字，甚或是文言中的虚字，但他们并不是有意地在'搜扬古董'。对于这些字，他们没有'古'的或'文言'的观念。只要适宜于表达一个意义，一种情绪，甚或是完成一个音节，他们就采用了这些字。所以我说它们是现代的辞藻……《现代》中的诗，大半是没有韵的，句子

① 周振甫：《文学风格例话》，上海教育出版社，1989年。

② 蔡元培：《文学研究会宣言》，《小说月报》1921年第12卷。

③ 以群主编：《文学的基本原理》，上海文艺出版社，1980年，第232页。

也很不整齐，但它们都有相当完美的‘肌理’，它们是现代的诗形，是诗!”[①]“现代派”不像“新月派”注重整齐的音律，其主要诗人戴望舒在他堪称现代派诗的艺术纲领的《诗论零札》中明确主张诗应该去掉音乐成分，他认为“诗的韵律不在字的抑扬顿挫上，而在诗的情绪的抑扬顿挫上，韵律和整齐的字句会妨碍诗情，或使诗情成为畸形的”[②]。这两个流派文学观和审美观有别，诗篇的语言风格各有特色。

二、流派成员的个性文化

文学流派的形成总有其相同或相近的流派文化基因，随之而来，一般也有共同的文学流派风格和语言流派风格，但流派各成员的文化观并不完全一致，而是各有个性的，因而在流派的共同风格之下，又有个人风格特点。例如清代著名的文学流派——桐城派，其主要成员方苞、刘大櫆、姚鼐都讲古文创作，他们讲的古文创作既与明代七子派“文必秦汉”、模仿秦汉文的语言格调有别，也与明代唐宋派的模仿唐宋文的开阖首尾、经纬错综之法有异，但各人的见解不尽相同，语言格调各有特色。方苞提出“古文义法”，重在文以明道，按照明道的要求是义，根据这个要求来取材谋篇是法，所以法随义转。刘大櫆提出了“因声求气”，讲写古文重在文，讲神气，即讲求古文的艺术性，认为作品能够表达神气，就是具有自己风格的作品，就是具有艺术的作品，就是成功之作品了。刘大櫆还讲到风格：“行文最贵者品藻，无品藻便不成文字，如曰浑、曰灏、曰雄……不可胜数，……文章品藻最贵者，曰雄、曰逸。……”风格之重要，风格的各种类型都讲到了，而且特别推崇雄和逸。[③] 姚鼐继承了老师刘大櫆的文论，提出了“阴阳刚柔”说：“鼐闻天地之道，阴阳刚柔而已。文者，天地之精英，而阴阳刚柔之发也……其得于阳与刚之美者，则其文如霆，如电，如长风之出谷，如崇山峻崖，如决大川，如奔骐骥；其光也，如杲日，如火，如金镠铁；其于人也，如凭高视远，如君而朝万众，如鼓万勇士而战之。其得于阴与柔之美者，则其文如升初日，如清风，如云，如霞，如烟，如幽林曲涧，如沦，如漾，如珠玉之辉，如鸿鹄之鸣而入寥廓；其于人也，漻乎（清貌）其如叹，邈乎其如有思，暖乎其如喜，愀乎其如悲。观其文，讽其音，则为文者之性情形状，举以殊焉。且乎阴阳刚柔，其本二端，造物者糅而气有多寡进绌（消长），则品次亿万，以至于不可穷，万物生焉。故曰：一阴一阳之为道。夫文之多变，亦若是

① 施蛰存：《又关于本刊中的诗》，《现代》1933 年第 4 卷第 1 期。
② 戴望舒：《诗论零札》，见《望舒草》，上海复兴书局，1936 年。
③ 周振甫：《文学风格例话》，上海教育出版社，1989 年。

也。"① 他把各种语言表现风格概括为阳刚、阴柔两大类，认为两类的形成跟作者的性情、作品的文辞有关，二者相对应，但并非绝不相容，刚柔可以兼济，或刚多柔少，或柔多刚少，互相作用，造成风格的各种变化，这是刘大櫆风格论的继承和发展，是新的语言风格文化观的体现。

前面说过文学研究会是现代文学史上的一个比较进步的文学流派，其成员都主张"为人生而艺术"，都向往朦胧的"美"和"爱"。在"写实主义"的共同旗帜下进行文学创作和文学评论，但各成员在各自的个性文化主导下有不完全一致的创作思想和审美情趣、艺术格调。例如，叶绍钧的小说表现的是小市民、知识分子的灰色生活，以所谓"美"和"爱"来渲染人生的光明；王统照的小说揭露了"人生"的苦难和烦恼，而以"美"和"爱"来暗示生活的理想；冰心的小说是通过描写青年知识分子的日常生活，来探索所谓"爱对于人生的力量"②。这些反映了他们各自的风格个性，促进了其共同流派风格的发展。

历史上同一流派的成员由于个性文化不尽相同而个人风格不完全一致是一种普遍性现象。因为实际上，文学流派风格和语言流派风格都是共性风格和个性风格的融合现象，其生成和发展变化的动因是流派共性文化和流派成员个性文化的统一体。因此，要正确认知和解释文学流派风格和语言流派风格生成发展变化的根源，揭示其语用文化的规律，就既要着眼于共同的流派文化，也要用力于流派成员的个性文化，不能有所偏颇。

第六节　汉语言流派风格的语言文化标志和基调

一个语言流派风格的成员，在流派文化的制导下，在语言的运用上，一般都有共同的语用文化观和语言艺术审美观，有共同常用表达手段和修辞风格技巧，从而形成语言流派风格的基调与众调，这是语言流派风格的主要语言文化标志。

一、语言流派风格的语言文化标志

下面从语言风格手段和格调风貌两个方面分析几个著名流派风格的语言文化标志。

（一）王孟派

唐朝王维和孟浩然诗篇的表现对象，偏重于山川林木的描写和田园生活的再现，而艺术特点和格调风貌又有共同之处，形成了王孟派，常建也是其主要成

① 姚鼐：《复鲁絜非书》，见郑奠、谭全基编：《古汉语修辞学资料汇编》，商务印书馆，1980 年。
② 以群主编：《文学的基本原理》，上海文艺出版社，1980 年，第 437 页。

员。看代表作：

①空山新雨后，天气晚来秋。明月松间照，清泉石上流。竹喧归浣女，莲动下渔舟。随意春芳歇，王孙自可留。

（王维《山居秋暝》）

②渔舟逐水爱山春，两岸桃花夹古津。坐看红树不知远，行尽青溪不见人。

（王维《桃源行》）

③故人具鸡黍，邀我至田家。绿树村边合，青山郭外斜。开轩面场圃，把酒话桑麻。待到重阳日，还来就菊花。

（孟浩然《过故人庄》）

④春眠不觉晓，处处闻啼鸟。夜来风雨声，花落知多少？

（孟浩然《春晓》）

⑤清晨入古寺，初日照高林。竹径通幽处，禅房花木深。山光悦鸟性，潭影空人心。万籁此都寂，但余钟磬音。

（常建《题破山寺后禅院》）

这些作品共同的语言文化标志是：声调优美，如“秋”“流”“舟”“留”遥条韵呼应，“晓”“鸟”“少”油求韵相应；声律柔和，如“春”“津”“人”人辰韵相押，“家”“麻”“花”发花韵呼应。词语通俗生动，形象鲜明，如“照”“流”“逐”“爱”“明月”“清泉”“桃花”“青溪”“绿树”“青山”“高林”等；词句清新优美，颇富生活情趣，如“空山新雨后”“明月松间照”“清泉石上流”“渔舟逐水爱山春”“两岸桃花夹古津”“邀我至田家”“把酒话桑麻”“还来就菊花”“处处闻啼鸟”“夜来风雨声”“初日照高林”等综合呈现出清新秀丽的风格基调。

（二）高岑派

与王维、孟浩然同一时代的高适和岑参喜欢而且善于运用乐府歌行去描写塞外风光与征戍生活，表现奋勇进取精神，二者表现手法和语言格调相近，形成了高岑派，王之涣也属高岑派。其鲜明的语言文化标志是：

①结束浮云骏，翩翩出从戎。且凭天子怒，复倚将军雄。
万鼓雷殷地，千旗火生风。日轮驻霜戈，月魄悬雕弓。
青海阵云匝，黑山兵气冲。战酣太白高，战罢旄头空。
万里不惜死，一朝得成功。画图麒麟阁，入朝明光宫。
大笑向文士，一经何足穷。古人昧此道，往往成老翁。

（高适《塞下曲》）

②千里黄云白日曛，北风吹雁雪纷纷。莫愁前路无知己，天下谁人不识君。

（高适《别董大》）

③君不见走马川行雪海边，平沙莽莽黄入天。轮台九月风夜吼，一川碎石大如斗，随风满地石乱走。匈奴草黄马正肥，金山西见烟尘飞，汉家大将西出师。将军金甲夜不脱，半夜军行戈相拨，风头如刀面如割。马毛带雪汗气蒸，五花连钱旋作冰，幕中草檄砚水凝。虏骑闻之应胆慑，料知短兵不敢接，车师西门伫献捷。

（岑参《走马川行奉送封大夫出师西征》）

④九月天山风似刀，城南猎马缩寒毛。将军纵博场场胜，赌得单于貂鼠袍。

（岑参《赵将军歌》）

⑤黄河远上白云间，一片孤城万仞山。羌笛何须怨杨柳，春风不度玉门关。

（王之涣《凉州词》）

⑥白日依山尽，黄河入海流。欲穷千里目，更上一层楼。

（王之涣《登鹳雀楼》）

这六首唐诗，音律随内容而变，如例①“戎”“雄”“风”“弓”“冲”“空”“功”“宫”“穷”“翁”属中东韵，隔句相押；例②“曛”“纷”“君”属人辰韵，一、二、四句呼应；例③句句用韵，三句一转，节奏急促，气势浩大；例④“刀”“毛”“袍”为遥条韵，一、二、四句呼应；例⑤“间”“山”“关”属言前韵，一、二、四句呼应，与内容互为表里，音响洪亮，气势雄伟；例⑥“流”“楼”为油求韵，二、四句相押，音律柔美。词语富有“铺张扬厉”意味，如范围阔大的数量词“万鼓”“千旗”“万里”“千里”“万仞”，动作性强的动词“怒”“冲”“吼”“走”，形象宏大的名词“将军”“黑山”“青海”“雪海”“平沙”“黄河”等。句式整齐对仗，五字句“结束浮云骏，翩翩出从戎”，七字句“黄河远上白云间，一片孤城万仞山”，符合韵律要求；陈述句、疑问句“莫愁前路无知己，天下谁人不识君”随内容感情而变。辞格生动、适度，如比喻“一川碎石大如斗”“风头如刀面如割”“九月天山风似刀”，夸张“万里不惜死”“天下谁人不识君”“欲穷千里目”等交错构织诗篇，描写塞外风光与征戎生活，表现胸襟开朗和奋斗进取精神，呈现出一种与“王孟派”相反的刚健、壮丽的基本格调。

（三）山药蛋派

山药蛋派又称山西小说派。这是成立于1942年延安文艺座谈会之后，以赵树理为首，马烽、西戎、孙谦、束为、成一、韩石山等为主要成员的现代文学流派。他们遵循文艺为工农兵的方向，深入实际，反映农民的斗争生活。他们的作品以小说为主，其小说追求“土气”，要求通过自己的作品体现为人民群众喜闻乐见的中国作风和中国气派，其语言风格有独特的表现手段和鲜明的基调。其突出的语言文化标志是：

①小飞蛾哭了一阵子以后，屁股蛋痛得像谁用锥子剜，摸了一摸满手血，咬着牙兜起裤子，站也站不住。

（赵树理《登记》）

②写过了契，老万和本家一商量，要教训这个败家子，晚上王家户下来了二十多个人，把福贵绑在门外的槐树下，老万发命令“打”，水蘸麻绳打了福贵满身红龙。福贵像杀猪一样干叫喊，跪在老万面前死祷告。

（赵树理《福贵》）

③正在这时，忽听得前边“嘚——吆叽，嘚——吆叽”的喊叫声。忙抬头一看，只见一辆三套胶皮轮大车陷在泥坑了。车上满载着一车货物：有木箱子、有麻袋，垒得像座小山。赶车的拼命甩鞭子，拼命叫喊。牲口浑身都淌汗了，鼻孔里喷着粗气，好像拉风箱一样，蹄子把路都刨成了坑，车却一动也不动。春生跑过去帮着赶了半天，仍然一点事也不顶。赶车的一面咒骂牲口，一面又狠狠地甩了几鞭子，辕骡前腿一打弯，索性爬到稀泥了。赶车的把鞭子往地下一丢，气得蹲在旁边了。春生搓搓手上的泥问道：

“这是从哪拉的货？”

“这是从区上拉的慰劳品呀，往车站送咧！”赶车的用袖子揩揩头上的汗，着急地说：“今天各区都要送到，下午就装火车往朝鲜送。还有八十里路咧！这，这，真倒霉！”

春生一听，这是群众慰劳志愿军的礼物，知道耽误不得。

…………

（马烽《结婚》）

④大车进了城。

因为逢集，今天的人比往日多，街道两旁，已经撑满了布棚，摆满了瓜果摊子。宋老大拢着牲口，响着鞭子，不住地吆喊，好像钻高粱地似的，费了很大劲，大车才从拥挤的人群里，滚到了供销社的门口。

（西戎《宋老大进城》）

⑤山下有个大村子，名叫康家寨。东南七里是桃花庄，东北六里是望春崖。三个村正好形成了鼎脚。……

康家寨全村有百来户人家，村中有一家土老财，名叫康锡雪，年纪五十上下，长得圆头圆脑，脑门心秃得光溜光，酒糟红鼻子，三绺黄胡须，不管冬天夏天经常戴一顶徽绒瓜皮帽。他有两个儿子，大儿佳玉，在晋绥军里当副官，敌人打来的那年，随着晋绥军逃到陕西去了；二儿佳桂，二十来岁，在家游手好闲，横草不拿，竖草不拈，每天起来，嫖破鞋串媳妇，赌博抽洋烟，那颗脑袋瘦得像个干萝卜一样，没有一点血色，外号人叫“康家败”。

康锡雪在旧政权统治的时候，衙门里当过师爷，当过保长。家有土地四百多垧，开着几座炭窑，村里人大半都是他的佃户。这人满肚子阴谋诡计，横行霸道。仗着有钱有拐，与衙门里有来往，硬把桦林山这座天生天化的东西，霸成他自己的家产。谁要上山砍一背柴，刨一点药，都要给他纳捐上税，因此外号人叫“桦林霸。”

…………

鸡叫时分，张勤孝一睁眼，见窗外泛起白色，赶快穿衣起床，叫醒老婆做饭，出门到村里喊各家起床。

外面有雪花飘打，满天乌云，天空如锅底一般，家家房顶上，冒起一缕缕炊烟，好像浓雾一样，罩着村子。张勤孝见各家都已生火做饭了，心里非常高兴……

康家祠堂门前，好像赶集一样，人越来越多了，拿着家具，带着干粮，一群一伙向这里聚集。天气异常冷。老汉们呼出来的气，在胡须上结成了霜，年轻人的脸上冻得通红。人们吵嚷着，踏着脚，兴奋地谈论着，好像出征前的队伍。张勤孝周毛旦负责查点完人数，便领队出发，人群随后一溜长蛇阵地走着。

北风越刮越大，阴云越阴越厚，不一阵，鹅毛大雪漫天飞舞，举目一看，四山白茫茫的一片，好像银铸玉塑一般。砍山队迎风冒雪，刚走出村外不远，看见对面山梁上，望春崖、桃花庄的砍山队也来了。唱的笑的喊的叫的，人们的心，都烈火一般。路被雪盖没了，领队从排头传下话来“上山了，大家操心！”人们便一个拉一个，喊着叫着往上爬，好像一条铁链。

（马烽、西戎《吕梁英雄传》）

⑥说老实话，当时，我真想给我哥去赔情道歉，但是，坦白地说，我又缺少那种勇气，心里结了疙瘩，精神就很烦躁。我无缘无故地又和小凤怄了一次气，这么一来，我就更烦了。偏偏这时候又发生了干旱现象，一伏没落雨，二伏没落雨，到三伏了，还是不落，农业社的庄稼都卷了叶子，干黄干黄的，像火燎过似的。

（孙谦《伤痕的故事》）

从以上代表作品中明显可见，山药蛋派语言风格最突出的语言文化标志是：

1. 词语平实易懂，富有乡土生活气息

例如胶皮轮大车、牲口、布棚、瓜果摊子、徽绒瓜皮帽、生火做饭、康家寨、桃花庄、望春崖、桦林山、康家祠堂、小飞蛾、福贵、张勤孝、春生、宋老大、老汉、土老财、败家子、康败家、桦林霸、屁股蛋、脸上冻得通红、兜起裤子、甩鞭子、砍一背柴、游手好闲、嫖破鞋串媳妇、横草不拿、竖草不拈、横行霸道、满肚子阴谋诡计、赔情道歉等，这些蕴含着农村物质文化的事物词语、农村景物词语、人物名和绰号，以及活在人民群众口头上的词语和熟语，都是山药蛋派经常用来描写农村劳动人民和老财恶霸的词语风格手段，它们或质朴平实，或生动形象，口语味极浓，富有乡土风味，而且通俗易懂，体现出大众化风格。

2. 句子简洁上口，合乎自然语流，多用短语短句，很少使用多重修饰语的长句

例如，“赶车的拼命甩鞭子，拼命叫喊。牲口浑身都淌汗了，鼻孔里喷着粗气，好像拉风箱一样，蹄子把路都刨成了坑”，“大车进了城”，“山下有个大村子，名叫康家寨。东南七里是桃花庄，东北六里是望春崖，三个村正好形成了鼎脚”，“心里结了疙瘩，精神就很烦躁。我无缘无故地又和小凤怄了一次气，这么一来，我就更烦了。偏偏这时候又发生了干旱现象，一伏没落雨，二伏没落雨，到三伏了，还是不落，农业社的庄稼都卷了叶子，干黄干黄的，像火燎过似的”。全是口语，单句、复句中的分句，都很简短，没什么华丽的附加语，复句也没有成套的关联词语，语言质朴易懂，自然流畅，具有浓郁的乡土气息。

3. 辞格简洁，通俗朴素

例如，比喻“屁股蛋痛得像谁用锥子剜”，“有木箱子、有麻袋，垒得像座小山”，“鼻孔里喷着粗气，好像拉风箱一样”，“好像钻高粱地似的”，“那颗脑袋瘦得像个干萝卜一样，没有一点血色”，“满天乌云，天空如锅底一般”，“人群随后一溜长蛇阵地走着”，“四山白茫茫的一片，好像银铸玉塑一般”，“人们的心，都烈火一般”。这些都是比喻中的明喻，喻词多为口语词“像……一样”，喻体通俗具体，用来写人状物，浅显易懂，感情色彩鲜明，语言简洁、生动，表现出浓郁的乡土气息。

上述三个方面的语言文化手段融合用来反映农村的风土人情和农民的斗争生活，鲜明地表现出乡土气息浓郁、情趣清新和质朴平易、生动简洁的语言流派风格。

（四）荷花淀派

荷花淀派起源于抗日战争时期，形成于解放初期，一直到现在还继续发展。这个文学流派的领军人物是孙犁，其主要成员有刘绍棠、从维熙、张庆田等。他们以创作小说最有代表性，小说的表述对象主要是河北农村，特别是冀中平原、运河水乡的生活。其语言风格尽管各个成员不太相同，但都有与孙犁相同或相近的特点。从维熙说：“我非常崇敬我的启蒙老师孙犁同志，在我看来，孙犁同志

是中国文坛群峰中的一座奇峰。"[①]"孙犁同志的东西对我写作有着很大的刺激。"[②] 这个流派各个成员的小说都有与孙犁小说语言风格一样的基调，即反映农村生活，着力描写风俗画和乡土风情，语辞简洁、色彩明丽、气息清新。下面看其代表作：

①水生笑了一下，女人看出他笑得不像平常，

"怎么了，你？"

水生小声说：

"明天我就到大部队去了。"

…………

她们向荷花淀里摇，最后，努力地一摇，小船窜进了荷花淀，几只野鸭扑楞楞地飞起，尖声怪叫，掠着水面飞走了。就在她们耳边响起了一排枪声。

整个荷花淀全震荡起来。她们想，陷在敌人的埋伏里了，一准要死了，一齐翻身跳到水里去。渐渐地听清楚枪声只是向着外面，她们才又扒着船帮露出头来。她们看见那不远的地方，那宽厚肥大的荷叶下面，有一个人的脸，下半截身子长在水里。荷花变成了人？那不是我们的水生吗？又往左右看去，不久各人就找到了各人丈夫的脸，啊！原来是他们！

（孙犁《荷花淀》）

②老头子很喜欢这两个孩子，大的叫大菱，小的叫二菱。把他们接上船，老头子叫他们睡一觉，他说："什么事也没有了，安心睡一觉吧，到苇塘里，咱们还有大米和鱼吃。"

（孙犁《芦花荡》）

③汉根和玉人儿不赏权儿的脸，权儿气出半个牛肚子，像一条疯狗狂叫乱咬。她一要花轿花团锦簇，二要嫁妆五光十色，花轿行街三日，鼓乐吵闹三天，吵得汉根三日不敢出门，闹得玉人儿三天睡不着觉。强压一头，开心取乐，七窍才能出净了火气。黄狗杂儿在权儿面前是一团软胎子的粘泥，捏成狗是狗，搓成猫是猫，就是叫他上天摘星星，他也一口答应，忙搬梯子。……权儿怀胎一个月，不知不觉；权儿怀胎两个月，不知不觉；权儿怀胎三个月，不知不觉；权儿怀胎五个月，黄狗杂儿的手刚一碰权儿的肚皮，就被肚皮里的胎儿打了一拳踢了一脚。黄狗杂儿两只手横掐竖算，二一添作五，逢五进一十，怎么掐算也不像是自己撒的种子。他虽然不怕戴绿帽子，可也不想吃这个哑巴亏。

① 从维熙：《要认识你自己》，《钟山》1984年第2期。

② 张炯等编：《当代文学研究丛刊（第一辑）》，中国社会科学出版社，1980年，第38页。

一不打，二不骂，三不审，四不问，黄狗杂儿枕边上花言巧语，想套得权儿口吐真言摸她的底。权儿不是沾酒就醉的孬种，迷魂汤连喝几水筲，方寸一点不乱。黄狗杂儿的花花肠子三丈三，抽出来绕在权儿腰上像一条蛇。一个男盗，一个女娼，勾心斗角不下三四百回合。

（刘绍棠《锅伙》，见《村妇》卷一）

④老福蹲在树根下，榆树上滴达下大水点子，从老福的脖梗流到腰根。老福咬咬牙，站起来，朝四处瞟瞟，大步流星地迈到地边，掰下十来个青棒子，扔在草筐里，手刚拉着另棵青秸，二林打棒子地小道上跑来，喘着气，滴溜圆的小眼睛，盯着老福，雨瓢泼似的浇下来。

…………

“哈新皇历旧皇历的，泼出的水又收不回来；好在你爹是个明白人，响鼓不沉捶，明白人一点就过来！”满秋娘声音小得很难听见，吞吞吐吐地说：“雨过地皮湿，卖个眼前俏就行了……”

满秋娘两只眼，瞅着老福，老福打开被窝垛，嘟囔着：“得了，你爹是把没骨头的伞——支撑不开啦！”

老福扬脖一瞅，白云彩像谁打翻了棉花篓，忽忽悠悠往西涌，西角云天，一道道的红闪，像棉花团里，喷出一条条火舌……

（从维熙《七月雨》）

以上是荷花淀派主要成员代表作的摘录，既有叙述语言，也有人物对话，从中明显可见他们共同的语言文化标志是：

1. 词语通俗易懂，乡土味浓，优美清新

例如“一准”“船帮”“老头子”“行街”“吵闹”“黄狗杂儿”“睡一觉”“搬梯子”“孬种”“迷魂汤”“青棒子”“青秸”等接近日常生活的口语词语，生活气息浓厚，乡土风味浓郁；又如“尖声怪叫”“扑楞楞地飞起”等既通俗易懂，又优美新颖；再如“花团锦簇”，“二一添作五，逢五进一十”，“戴绿帽子”，“吃这个哑巴亏”，“花言巧语”，“男盗”，“女娼”，“勾心斗角”，“泼出的水又收不回来”，“响鼓不沉捶”，“雨过地皮湿”，“没骨头的伞——支撑不开”等成语、惯用语、谚语、歇后语，言简意赅，生动形象，清新活泼，具有民族色彩和地域风味。

2. 句式简短，灵活多变，明快晓畅

短句为主，长短变换，语势有缓有急，如“老头子很喜欢这两个孩子，大的叫大菱，小的叫二菱”，“她们向荷花淀里摇，最后，努力地一摇，小船窜进了荷花淀，几只野鸭扑楞楞地飞起，尖声怪叫，掠着水面飞走了。就在她们身边响起了一排枪声”。有完全句，有省略句，有单句，有复句，复句无关联词语，附加语都很简单，散句为主，整散相映成趣，如“汉根和玉人儿不赏权儿的脸，权儿气出半个牛肚子，像一条疯狗狂叫乱咬。她一要花轿花团锦簇，二要嫁妆五光十色，花轿行街三日，鼓乐吵闹三天，吵得汉根三日不敢出门，闹得玉人儿三天睡不着觉。强压一头，开心取乐，七窍才能出净了火气”。又如“一不打，二不骂，三不审，四不问，黄狗杂儿枕边上花言巧语，想套得权儿口吐真言摸她的底。权儿不是沾酒就醉的孬种，迷魂汤连喝几水筲，方寸一点不乱。黄狗杂儿的花花肠子三丈三，抽出来绕在权儿腰上像一条蛇。一个男盗，一个女娼，勾心斗角不下三四百回合”。整句对仗和谐，富有气势，散句调遣自如，灵活多变，奇偶相间，洒脱灵活，跌宕起伏。常式为主，时插变式，常变奇巧，如“水生笑了一下，女人看出他笑得不像平常，‘怎么了，你?’水生小声说：‘明天我要到大部队去了。’”陈述为主，语气错综，活泼生动，如“她们看见那不远的地方，那宽厚肥大的荷叶下面，有一个人的脸，下半截身子长在水里。荷花变成了人?那不是我们的水生吗?又往左右看去，不久各人就找到了各人丈夫的脸，啊！原来是他们!”语气形式不同，语势轻重、强弱有异，随表意变化，交错使用不同语气的句式，语言波涛起伏，活泼生动。

3. 辞格乡土味浓，意丰清新，生动逼真

例如比喻：“权儿气出半个牛肚子，像一条疯狗狂叫乱咬”，“黄狗杂儿在权儿面前是一团软胎子的粘泥，捏成狗是狗，搓成猫是猫”，“老福扬脖一瞅，白云彩像谁打翻了棉花篓，忽忽悠悠往西涌，西角云天，一道道的红闪，像棉花团里，喷出一条条火舌”等既土又俗，而且语约情深，富有艺术魅力，十分生动传神。又如比拟“那宽厚肥大的荷叶下面，有一个人的脸，下半截身子长在水里”，一个“长”字把人当作荷花来写，生动传神。再例如夸张“叫他上天摘星星，他也一口答应，忙搬梯子”，既通俗易懂，生动形象，又合乎情理地突出了黄狗杂儿对权儿唯命是从的性格特征，颇能引人联想，加深印象。

上述三个方面的语言文化手段熔冶一炉，构织话语，描绘农村生活风俗画面和乡土风情，呈现出简洁明快、清新秀丽、淳朴自然的基本格调，这是荷花淀派流派文化及其成员的个性文化相融合的语言文化折光。

当代文学史上正在逐渐形成的文学流派，例如，以刘绍棠和汪曾祺等为代表的风俗乡土小说派，由韩少功、郑义、李杭育、郑万隆等占主导地位的文化乡土小说派，以何士光、周克芹、高晓声、路遥、陈忠实等为代表的现实乡土小说派，包括张承志、贾平凹、郑义、阿城等的文化寻根小说派，以及台湾由现代诗人纪弦发起，叶泥、郑愁予、羊令野、罗门、林冷等数十人加盟的现实主义诗派，由台湾的本土作家陈映真、黄春明、杨青矗、王拓等组成的乡土小说派和香港由刘以鬯、昆南、李维陵、叶维廉等组织的现实主义文学派，以金庸、梁羽生、亦舒、梁凤仪、倪臣、梁厚甫、李英豪等为代表的通俗文学派，包括西西、梁秉钧、黄国彬、何福仁、杜国威、钟景辉等的本土文学派等[1]，这些新文学流派的代表作品大都具有在各自的流派文化制导下，运用现代汉语所生成的含基本风格手段和统一风格基调的语言文化标志。例如文化寻根小说派在共同“寻根”的文学宣言和“返回”的文学意向导引下糅合现实主义和现代主义的多种修辞艺术手法，表现具有地域特色的乡土或民间文化的事象，从而呈现出统一的风格基调：简洁、质朴、新颖。

二、语言流派风格的基调和众调

语言流派风格具有基本的风格倾向或统一的基调，这是其得以形成的必不可少的语言文化因素，没有统一的基调，就没有流派风格，一个流派的统一基调消失了，这个风格流派也就不复存在了。但是一个流派风格具有一个统一的基调并不意味着单调，同时这个基调也不是一成不变的。同一个流派风格的成员总是各以自己的语言个性来丰富发展自己的流派风格的，这是流派风格得以继续存在的必要的语言文化因素。一个流派风格如果只有统一的风格基础，而没有丰富的成员个人风格，或者这个基调趋向僵化，不继续丰富发展，这个流派风格就不会有生命力，就成为过去的了，流派风格只有既有统一的基调，又有多样的众调，而且不断地丰富发展，才能经久不衰。[2] 现代文学史上的“新月派”的语言风格在讲究格律节奏的基础之上是“百花齐放”的，陈梦家专心追求语意的含蓄，卞之琳注意于语言的绚丽，李广田的语言单纯朴素，何其芳的语言自然华丽，这就是“新月派”语言风格的众调。著名的语言流派总有其领军作家或代表作家，他的语言风格常常是这个流派语言风格的基调。例如山药蛋派可以说是以赵树理的朴素平实的乡土风貌为基调。荷花淀派的语言风格是以孙犁的优美朴素、富有乡土味和泥土气的风格为基础的。而属于这个流派的刘绍棠、从维熙、张庆田等人的作品语言一方面有着与孙犁相似的基本格调倾向，另一方面也各有个性。

---

① 王庆生主编：《中国当代文学史》，高等教育出版社，2003 年。

② 黎运汉：《汉语风格探索》，商务印书馆，1990 年，第 108 页。

第十一章　汉语言风格类型的文化窥探（四）

——个人风格

语言的个人风格是与语体、民族、时代等语言共性风格相对的个性风格。它是共性风格的剩余部分，而共性风格又寓于其中，其生成的机制是主客观文化因素的融合体。它广泛存在于人们的语言运用之中，对其进行深入的文化透视，揭示其生成的规律，有重要的文化价值。

第一节　汉语言个人风格的文化含义与生成的文化导因

一、语言个人风格的文化含义

语言的个人风格是一种在主客观因素制约下由个人文化因素造成的个性风格，是个人创造性地运用本民族的语言的各种特点综合呈现出来的格调和气氛。这个定义包含的文化意涵是：①语言个人风格是主客观文化机制相互融合而生成的独特的个性风格，它广泛存在于个人言语活动及其建构的言语作品之中，包括口头的和书面的、作家的和非作家的，作家包括文艺作家，也包括非文艺作家，如政论作家和科技论著的作家等；②语言个人风格的基础是语体风格、民族风格和时代风格文化因素，并蕴含着这些风格文化意涵，但其本质是个人文化因素；③每一个人说话或写文章，其语言都有个人风格，但因个人的文化因素不相同而有个人特点，或有定型和不定型之异，或鲜明程度高低有别，语言个人风格愈定型、愈鲜明，就愈显著、愈独特，具有鲜明独特的语言个人风格，是语言修养高和使用语言成熟的标志，是使言语作品的思想内容能够完善表达的一个重要条件；④语言个人风格是个人创造性综合运用语言文化风格手段的美学形态的升华，是语言文化的表现风格。

二、语言个人风格生成的文化导因

语言个人风格是文化复合体，既蕴含着客观文化或外部文化成分，也含有主观文化或内部文化元素，前者是基础部分，后者是本质部分。它生成的导因既有共性文化因素，也有个性文化因素，而个性文化因素是体现特质的因素，是使不同的语言风格相互区别的根本性东西。

语言修养品位高者，“他们的文学语言是有个性的，这个性就构成了他们各自的独特风格”①。优秀作家写文章和创作文学作品总是努力追求独特的个性的。秦牧在《花城》后记中就明确表示：“我在这些文章中从来不回避流露自己的个性。总是酣畅淋漓地保持自己在生活中的语言习惯。”（作家出版社，1964 年）峻青也说：“我一生追求创造有自己风格的优美的语言，也就是要有自己的朴素美。”② 具有独特语言风格的作家运用语言都有鲜明的个性，这个性的导因就是其个性文化。个性文化，如前面所说，包括思想意识、心理状态、价值观念、性格、生活经历、兴趣爱好、审美情味等。在这些因素的制导下运用风格手段构织话语，展现格调气氛，会呈现出鲜明的个性。这可以用富有语言修养的作家作品佐证，例如：

李贺的诗如“江娥啼竹素女愁……芙蓉泣露香兰笑，十二门前融冷光”（《李凭箜篌引》），“老兔寒蟾泣天色”（《梦天》），“花城柳暗愁杀人”（《三月》），“神血未凝身问谁”（《浩歌》），“文章何处哭秋风”（《南园》二），“长卿牢落悲空舍”（《南园》三），“忆君清泪如铅水……天若有情天亦老。携盘独出月荒凉”（《金铜仙人辞汉歌》），“老夫饥寒龙为愁……杜鹃口血老夫泪。蓝溪之水厌生人，身死千年恨溪水”（《老夫采玉歌》），“泰山之下，妇人哭声”（《猛虎行》），“古祠近月蟾桂寒，椒花坠红湿云间”（《巫山高》）等，常用“啼”“愁”“泣”“冷”“老”“寒”“暗”“血”“哭”“悲”“空”“泪”“厌”“死”“恨”之类带伤感、血泪、厌恨、老死意味的字词写成诗句，构成冷峭的风格特点，这是由他生活地位的低落、穷愁潦倒的际遇、苦闷悲愤的心绪等个性文化因素决定的。苏轼的词，如“大江东去，浪淘尽，千古风流人物。故垒西边，人道是，三国周郎赤壁。乱石穿空，惊涛拍岸，卷起千堆雪。江山如画，一时多少豪杰”（《念奴娇·赤壁怀古》），“明月几时有，把酒问青天。不知天上宫阙，今夕是何年？我欲乘风归去，又恐琼楼玉宇，高处不胜寒。起舞弄清影，何似在人间？转朱阁，低绮户，照无眠。不应有恨，何事长向别时圆？人有悲欢离合，月有阴晴圆缺，此事古难全。但愿人长久，千里共婵娟”（《水调歌头》），“老夫聊发少年狂。左牵黄，右擎苍。锦帽貂裘，千骑卷平冈。为报倾城随太守，亲射虎，看孙郎。酒酣胸胆尚开张。鬓微霜，又何妨？持节云中，何日遣冯唐？会挽雕弓如满月，西北望，射天狼”（《江城子·密州出猎》），“凭高眺远，见长空万里，云无留迹”（《念奴娇·中秋》），“半壕春水一城花，烟雨暗千家”（《望江南·超然台作》）等用了众多“大江”“千堆”“千里”“千骑”“千家”

① 茅盾：《关于“歇后语”》，《人民文学》1954 年第 6 期。

② 彭嘉强：《文学语言艺术谈·兼谈言语交际艺术》，上海交通大学出版社，1994 年。

“万里”“一城”“青天”“长空”“江山”“宫阙”“琼楼”“玉宇”“朱阁”“风流人物”“豪杰”“老夫”“拍”“卷”“射”等范围广大、庄重雄健、动感性强的词语；节奏明快、急促有力的短句“大江东去，浪淘尽”，“转朱阁，低绮户，照无眠”，“左牵黄，右擎苍”，“西北望，射天狼”；整齐匀称、节奏鲜明、气势雄浑的对偶、排比“乱石崩云，惊涛拍岸”，“人有悲欢离合，月有阴晴圆缺”，“随太守，亲射虎，看孙郎”等。通过这些创造出高远清新的意境、壮丽的画面，表现出笔力雄健、气势磅礴的豪放风韵，这正是诗人豪迈的精神、旷达的襟怀、乐观处世的态度、潇洒豪放的为人和横溢的才思、精锐的笔锋等个性文化的艺术表现。

伟大的作家，在不同的历史时期，由于个性文化有变化，语言个人风格也表现出不同的特点。对此吴功正有过具体的论述：“作家的思想、精神发生了变化，在风格上也会出现变化。”他以唐代王维的诗为例说：“早年思想积极进取，颇有一番热情。这时他的创作追求浩大壮美的意境。‘新丰美酒斗十千，咸阳游侠多少年。相逢意气为君饮，系马高楼垂柳边。’意态飞扬，何等昂奋！‘大漠孤烟直，长河落日圆’，开阔雄伟，艺术风格堪称壮美。而他的后期思想发生了重大的变化。早年的进取奋发精神消失了，转而抱着‘无可无不可’的无为态度，他在《与魏居士书》里写道：‘君子以布仁施义，活国济人为适意，纵其道不行，亦无意为不适意也。苟身心相离，理事自如，则何往而不适?’思想是多么淡泊。这一变化了的思想、精神对于他生活的影响，是隐居终南、辋川；对于他的创作见解来说，是用淡彩清墨去反映隐居生活的风物、景况，去表达自己的闲情逸致，追求清幽的意境，常常在恬静的抒情小曲中传送空寂的心情。他的《竹里馆》‘独坐幽篁里，弹琴复长啸。深林人不知，明月来相照’，就是其代表作品，又由于他创作思想、审美理想上执着地追求‘诗中有画’的意境，这样，他就在发掘和表现自然美方面，获得了精湛的艺术成就，例如‘明月松间照，清泉石上流。竹喧归浣女，莲动下渔舟’，‘渡头余落日，墟里上孤烟’等等。王维因前后期思想、精神的质的变化，带来了创作见解上的变化，形成了他前后期分别以壮美、优美为特征的风格。”①《现代汉语修辞学》②《汉语风格探索》③分别以“丁玲，一九三六年以前生活工作在上海，她的作品如《一九三〇年春上海》和《水》等的语言，知识分子腔调比较浓，带有欧化色彩。一九三六年入延安之后，生活思想发生了很大变化，她的作品如《太阳照在桑干河上》等便是加工提炼了的劳苦大众的语言了”，“李清照的一生可分为南渡以前和南渡

① 吴功正：《文学风格七讲》，上海文艺出版社，1983年，第98-99页。
② 黎运汉、张维耿编著：《现代汉语修辞学》，商务印书馆，1986年。
③ 黎运汉：《汉语风格探索》，商务印书馆，1990年。

以后两个阶段。前后生活经历、思想感情迥然有别，语言风格明显不同。前期的词……如《如梦令》语言清新明丽，优美动人；后期的词……如《武陵春》和《永遇乐》……语言风格由清新明快转向含蓄凄艳了”为例，着力从语言风格的文化视角较为深入地阐述了作家个性文化的变化会导致个人语言风格的变化。

由于个人文化因素不同，即使是在同一民族、同一时代、同一题材，甚至同一题目的不同作家作品中也会体现出不同的个人风格。拙著《汉语风格学》[①] 曾对朱自清和俞平伯于1923年8月的一个晚上，同游秦淮河之后，以同题撰写的两篇散文《桨声灯影里的秦淮河》中描写月华灯光并存景象的语言风格作过比较分析，认为二者的语言风格明显不同，是作家个人的思想意识、观念心态、审美情趣、语文修养等制导文化因素相融合的体现。再比较：

①我倒不急着出谷，索性站到窗前，望着对山乍开的樱花。风雨能摧残樱花，但是冲风冒雨，樱花不是也能舒开笑脸么？赶明儿，风雨消歇，那霜雪也似的花儿该开得多么美多么盛啊。如果樱花可以象征日本人民，这风雨中开放的樱花，才真是日本人民的象征。

（杨朔《樱花雨》）

②当我们穿过树林发现一个小湖，沿着湖边走去，忽然看见千树万树樱花完全盛开了。真是“春风扫尽茫茫雪，一片樱花耀眼明”，不久前我们到苏州观赏过香雪海，这日本的樱花确实像一片无垠的雪海呢！你看，这一簇簇，一片片，压满枝头，开满晴空，你分不清花朵、花瓣、花萼、花蕊，只是一球球，一串串，在春风微荡之中，像银色的霜花，像透明的玉屑，像水洗的胭脂，樱花把日本的春光渲染得多么鲜明、浓艳啊。

（刘白羽《樱花》）

③我的心猛然地跳了一下，像点着的焰火一样，从心灵深处喷出了感激漫天灿烂的火花……

清晨的山路上没有别的车辆，只有我们这十一辆汽车，沙沙地飞驰。这时我忽然看到，山路的两旁，簇拥着雨后盛开几百树几千树的樱花！这樱花，一堆堆，一层层，好像云海似的，在朝阳下绯红万顷，溢彩流光。当曲折的山路被这无边的花云遮盖了的时候，我们就像坐在十一只首尾相接的轻舟之中，凌驾着骀荡的东风，两舷溅起哗哗的花浪，迅捷地向着初升的太阳前进。

（冰心《樱花赞》）

例①②③是同写于1961年，同以日本樱花为题材的三篇散文中的片段。杨朔运用生动形象的辞格如拟人“舒开笑脸”、比喻“霜雪也似的花儿”、象征

① 黎运汉：《汉语风格学》，广东教育出版社，2000年。

"如果樱花可以象征日本人民，这风雨中开放的樱花，才真是日本人民的象征"和优美的语句"冲风冒雨""风雨消歇""多么美多么盛"等，使语言细致秀美，笔调婉转自如，富有诗意；刘白羽运用华丽的辞藻"一簇簇""一片片""压满枝头，开满晴空"，"花朵、花瓣、花萼、花蕊"，"一球球，一串串，在春风微荡之中"，"樱花把日本的春光渲染得多么鲜明、浓艳"等刻画渲染，用雄伟优美的博喻"像银色的霜花，像透明的玉屑，像水洗的胭脂"铺陈描绘，使语言显得绚丽多姿，气势雄浑；冰心赞美樱花用了一连串描绘性的修辞方式如比喻"像点着的焰火一样"，"好像云海似的"，"花云"，"就像坐在……轻舟之中"，比拟"簇拥着……樱花"，"樱花……绯红万顷，溢彩流光"，"凌驾着骀荡的东风"，夸张"漫天灿烂的火花"，"云海"，"无边的花云"，摹拟"沙沙地飞驰"，"一堆堆，一层层"，"哗哗的花浪"等构织绘声绘色的话语，生动形象、新颖细致地描绘和赞美所见到的樱花情貌，语言充满着浓郁的诗情画意，格调纤秀柔婉。三者同写樱花，格调有别是各自的个性文化的外在表现。

同一民族、同一时代、同一流派甚至同一流派的父子、兄弟的作家作品，由于个性文化不同，也会在共性的基础上，呈现出自己的独特个性。这从上一章对语言流派风格的阐释中已明显可见，这里不再赘述。

第二节　汉语言个人风格的语言文化标志和格调风貌

语言个人风格的成因，除了上面说的文化导因，还有物质文化。物质文化是语言个人风格的语言文化标志，包括风格手段、风格特点、格调气势。

一、个人风格的语言文化标志

人们运用语言，尤其是善于运用语言的优秀作家在其个性文化的导引下，都有惯用的语言风格手段以及对其运用而生成的风格特点，这种风格手段和风格特点就成为其个人语言风格有别他人的语言文化标志。

刘白羽和秦牧都是我国当代的知名作家，其小说和散文都是耀眼的奇葩，语言风格卓然，但因个性文化不同，各有特色，各有不同的语言文化标志。下面看散文的语例：

①但是我却看到了一次最雄伟、最瑰丽的日出景象。不过那不是在高山之上，也不是在大海之滨，而是从国外向祖国飞航的飞机飞临的万仞高空上。现在想起，我还不能不为那奇幻的景色而惊异。是在我没有一点准备，一丝预料的时刻，宇宙便把它那无与伦比的光华、丰彩，全部展现在我的面前了。当飞机起飞时，下面还是黑沉沉的浓夜，上空却已游动着一线微明，

它如同一条狭窄的暗红色长带，带子的上面露出一片清冷的淡蓝色晨曦，晨曦上面高悬着一颗明亮的启明星。飞机不断向上飞翔，愈升愈高，也不知通过多少云层，远远抛开那黑沉沉的地面。飞机好像惟恐惊醒机座上人们的安眠，马达声特别轻柔，两翼非常平稳。我一直守着眩窗，注视外边的变幻，这时间，那条红带，却慢慢在扩大，像一片红云了，像一片红海了。暗红色的光发亮了，它向天穹上展开，把夜空愈抬愈远，而且把它们映红了。下面呢？却还像苍莽的大陆一样，黑色无边。这是晨光与黑夜交替的时刻；这是即将过去的世界与即将到来的世界交替的时刻。你乍看上去，黑夜还似乎强大无边，可是一转眼，清冷的晨曦变为磁蓝色的光芒。原来的红海上簇拥出一堆堆墨蓝色云霞。一个奇迹就在这时诞生了。突然间从墨蓝色云霞里矗起一道细细的抛物线，这线红得透亮，闪着金光，如同沸腾的熔液一下抛溅上去，然后像一支火箭一直向上冲，这时我才恍然大悟，原来这就是光明的白昼由夜空中迸射出来的一刹那。然后在几条墨蓝色云霞的隙缝里闪出几个更红更亮的小片。开始我很惊奇，不知这是什么，再一看，几个小片冲破云霞，密接起来，融合起来，飞跃而出，原来是太阳出来了。它晶光耀眼，火一般鲜红，火一般强烈，不知不觉，所有暗影立刻都被它照明了。一眨眼工夫，我看见飞机的翅膀红了，窗玻璃红了，机舱座里第一个酣睡者的面孔红了。这时一切一切都宁静极了，宁静极了。整个宇宙就像刚诞生过婴儿的母亲一样温柔、安静，充满清新、幸福之感。再往下看，云层像灰色急流，在滚滚流开，好让光线投到大地上去，使整个世界大放光明。我靠在软椅上睡熟了。醒来时我们的飞机正平平稳稳，自由自在，向东方航行。黎明时刻的那种红色、灰色、黛色、蓝色，都不见了，只有上下天空，一碧万顷，空中的一些云朵，闪着银光，像小孩子的笑脸。这时，我忘掉了为这一次看到日出奇景而高兴，而喜悦，我却进入一种庄严的思索，我在体会着“我们是早上六点钟的太阳”这一句诗那最优美、最深刻的含义。

（刘白羽《日出》）

②我一个人走到甲板上，这时江风猎猎，上下前后，一片黑森森的，而无数道强烈的探照灯光，从船顶上射向江面。天空江上一片云雾迷蒙，电光闪闪，风声水声，不但使人深深体会到“高江急峡雷霆斗”的赫赫声势，而且你觉得你自己和大自然是那么贴近，就像整个宇宙，都罗列在你的胸前。

…………

早晨，一片通红的阳光，把平静的江水照得像玻璃一样发亮，长江三日，千姿百态，现在已经不是前天那样大雾迷蒙，也不是昨天“巫山巫峡气萧森”，而是“楚地阔无边，苍茫万顷连”了。

…………

下午三时，天转开朗。长江两岸，层层叠叠，无穷无尽的都是雄伟的山峰，苍松翠竹绿茸茸的遮了一层绣幕。近岸陡壁上，背纤的纤夫历历可见。你向前看，前面群山在江流浩荡之中，则依然为雾笼罩，不过雾不像早晨那样浓，那样黄，而呈乳白色了。现在是"枯水季节"，江中突然露出一块黑白礁石，一片黄色浅滩，船常常在很狭窄的两面航标之际迂回前进，顺流驶下。山愈聚愈多，渐渐暮霭低垂了，渐渐进入黄昏了，红绿标灯渐次闪光，而苍翠的山峦模糊为一片灰色。

（刘白羽《长江三日》）

③只见碧海青天之上，浮着一片苍茫云雾，云雾中突露出白皑皑的一个山顶。日本人称为"雪笠"，我看像倒垂的白莲花。啊，这就是富士山了！这时，阳光射在山上，我忽然觉得那一道道雪痕，像是一条条皱纹。富士山！今天你怀有无限忧愁吗？你曾经爆发过火焰，而今天，你不是也饱含着多少烈火将要喷射出来吗？……这烈火就在这碧海、这大地、这棱棱山谷、这漠漠森林、这珊瑚般的海洋、这碧玉圈似的海湾、这上面的民族、这上面的人民。

（刘白羽《樱花》）

④你在这个五色土坛上面走着走着，仿佛又回到公元前几千年去，会见了古代的思想家。他们白发苍苍，正对着天上的星辰，海里的潮汐，陶窑的火光，大地的泥土沉思。那时的思想家没有什么书籍可以阅读参考，日月经天，江河行地，四时代谢，万物死生的现象，都使他们抱头苦思。

…………

根据这几种东西的颜色：树木是苍翠的，火光是红艳艳的，金属是亮晶晶的，深深的水潭是黝黑的，中原的泥土是黄色的。于是青、赤、白、黑、黄五种颜色就被拿来配木、火、金、水、土，成为颜色上的五行了。

（秦牧《社稷坛抒情》）

⑤"风生白下千林暗，雾塞苍天百卉殚"的日子过去了，大地的花卉越种越美，人们怎能不热爱这个风光旖旎的南国花市，怎能不从这个盛大的花市享受着生活的温馨呢！

…………

人人穿上整洁的衣服，头面一新，男人都理了发，妇女都修整了辫髻，大姑娘还扎上了花饰。那"糖瓜祭灶，新年来到，姑娘要花，小子要炮，老头儿要一顶新毡帽"的北方俗谚，多少描述了这种气氛。

（秦牧《花城》）

⑥这种寒冷气候，对南方人是一个大考验。出门衣服穿少了，仿佛自己

变成了一根冰棒；衣服穿多了，又很像一个“果蒸粽”。……北京东西长安街那十三户一簇的街灯，本来就够美丽璀璨的了，这些年来，其它许多大街又出现了碘钨灯、高压钠灯等光量特强的路灯，使入夜的北京到处闪闪发光，构成色彩瑰丽的灯海。……

……旧时代过春节时那种戒慎恐惧，充满神秘气氛的色彩，在北京可以说是破得差不多了。……爆竹不是因为用来“驱邪”，而是点来玩玩，因而也就无须疯狂般地大放特放。北京春节凌晨的爆竹声实际并不多，……可见，“禁忌”什么的，也已经驱除殆尽了。倒是那些穿新衣服啦，吃团年饭啦，包饺子啦一类的习俗，却继续好好保持着。可以说，春节的风习也已经受到“扬弃”了。发扬了好的、健康的，而扬弃了坏的、腐朽的了。

（秦牧《北京春节》）

⑦看着莽莽苍苍，一片锦绣，“河水萦带，群山纠纷”的大地……

望着翡翠似的原野，俯瞰着名闻世界的这个叫做三元里的乡村……

你在这里纵览低徊，会禁不住想起整个黑暗的十九世纪的事情……

在这庙里，凝视着那些历史文物，端详陈列在庙中的当年的武器和……

盘桓在这个古战场上，想着帝国主义已经日近黄昏了，眺望着早降的绿野春光……

（秦牧《古战场春晓》）

⑧……它们有的像老人，有的如巨象，有的赛似骆驼，有的宛若瓶子。

（秦牧《桂林山水之美》）

⑨这里我想来谈谈大地，谈谈泥土。

当你坐在飞机上，看着我们无边无际的像覆盖上一张绿色地毯的大地的时候；当你坐在汽车上，倚着车窗看万里平畴的时候；或者，在农村里，看到一个老农捏起一把泥土，仔细端详，想鉴定它究竟适宜于种植什么谷物和蔬菜的时候；或者，当你自己随着大伙在田里插秧，黑油油的泥土吱吱地冒出脚缝的时候，不知道你曾否为土地涌现过许许多多的遐想？想起它的过去，它的未来，想起世世代代的劳动人民为要成为土地的主人，怎样斗争和流血，想起……

…………

让我们捧起一把泥土来仔细端详吧！这是我们的土地啊！怎样保卫每一寸的土地呢？怎样使每一寸土地都发挥它的巨大的潜力，一天天更加美好起来呢？党正在领导和率领着我们前进。青春的大地也好像发出巨大的声音，要求每一个中国子民都作出回答。

（秦牧《土地》）

⑩每个人都有在夜里仰望天空的时候，看着暗蓝色的天幕里，银河茫

茫，繁星闪烁，人们很容易想起一种深沉的感情，想着过去的历史，思索着人类的未来。

（秦牧《星下集》）

⑪……水库和运河像闪亮的镜子和一条衣带一样缀满山谷和原野。……水网和湖泊熠熠发光，大地竟像是一幅碧绿的天鹅绒，公路好似刀切的一样笔直，一丘丘的田野又赛似棋盘整齐。

（秦牧《土地》）

例①②③是刘白羽散文代表作的摘录，其最突出的语言文化标志是：

（1）语音优美动听。

常用双声叠韵、叠音等语音文化手段，使语言声情并茂。如例②“通红”“阳光”“平静”叠韵连用，“长江”“前天”叠韵，“迷蒙”双声，“苍茫”叠韵。叠韵、双声错综，读来荡气回肠。例①用半叠音词“黑沉沉”和“一堆堆”分别描写“浓夜”和“墨蓝色云霞”的景状，用叠音词“细细”“平平稳稳”分别描写“抛物线”“飞机”的状态；例②用叠音词“闪闪”“层层叠叠”和半叠音词“绿茸茸”分别描写“电光”“山峰”和“苍松翠竹”；例③用半叠音词“白皑皑”“一道道”“一条条”分别描写“浮着一片苍茫云雾”的“山顶”“雪痕”和“皱纹”等，形象生动，体现出藻丽的特点。

（2）词语多样壮美。

将雄伟庄重的名词、遒劲有力的动词、色彩浓艳的形容词和范围幅度大的数量词熔为一炉，铸造成一种宽广的、壮观的、跳动的、强烈的、绚丽的艺术图景，使语言呈现出绚丽壮美的特色。如例①用“黑沉沉的浓夜”“暗红色长带”“淡蓝色晨曦”“红云”“红海”“暗红色的光发亮了”“苍莽的大陆”“强大无边”“磁蓝色的光芒”“簇拥出一堆堆墨蓝色云霞”“红得透亮”“闪着金光”“一直向上冲”“飞跃而出”“晶光耀眼”“火一般鲜红”“火一般强烈”“宇宙”“整个世界大放光明”“上下天空”“一碧万顷”“闪着银光”“瑰丽”等，组成有色彩、有形象的语句，工笔细致地刻画出从万仞高空的飞机上所看到的冉冉升起的太阳，高悬着的一颗明亮的启明星；层层分明地画出了由“黑沉沉的浓夜”到“整个世界大放光明”的万姿千态；含蓄蕴藉地折射出旧中国已经过去，赞颂了在启明星中国共产党的照耀下旭日东升般的新中国的瑰丽景象，而且渗透着作者对美的事物的热爱，寄寓着“我们是早上六点钟的太阳”的最优美、最深刻的含义。语言风貌壮美绚丽、灿烂多姿。

（3）句式错综多变。

善将长句短句、整句散句、陈述句、疑问句、感叹句有机组合在一起，使语言多变而又富有奔放气势。如例①“突然间从墨蓝色云霞……一刹那”是长复句，分句却短小，接着的“然后在几条墨蓝色云霞的隙缝……的小片”是长单句，接着的“开始我很惊奇，不知这是什么”结构短小，再接着“再一看，几个小片冲破云霞……照明了”是两个长复句，分句却很短小。例③的“只见……出来吗”既有长复句，也有短单句和独词句。长句一气呵成，气势畅达；短句急促有力，语气刚健，二者交替错综，自然连用，语势有缓有急，波澜起伏，气势汹涌。整句对仗和谐，富有气势；散句参差错落，灵活多变，整散交错，奇偶相映，语言气势缓急，曲折生姿。例①的“几个小片冲破云霞……都被它照明了”就有这样的品格。陈述句、疑问句、感叹句语气形式不同，表现出语势轻重、强弱差异，交替使用，能使语言生动活泼，有起有落。如例①写飞机起飞看到的浓夜和晨曦时的情景都是用平淡的语气直接陈述，而转看下面的情景改用上扬的语气“下面呢?”语言就起了波澜。接着说“却还像苍茫的大陆一样……”，语调又趋平直。再说“不知这是什么”，语言又掀起了新的波澜，接着又是平实语气，作品的语言就显得涟漪起伏，生动活泼。

（4）辞格华美豪壮。

巧用华美、豪壮的辞格，使语言绮丽、刚健。如例①比喻“它如同一条狭窄的暗红色长带”，“像一片红云了，像一片红海了”，“这线红得透亮，闪着金光，如同……上去，然后像……上冲”，“火一般鲜红，火一般强烈”，“整个宇宙就像……安静”，“一些云朵……像小孩子的笑脸”，排比“红色、灰色、黛色、蓝色”；例②比喻“阳光……像玻璃一样发亮”；例③比喻“日本人称为‘雪笠’，我看像……白莲花”，“一道道雪痕，像是一条条皱纹”，排比套比喻“这碧海……这上面的人民”等。

刘白羽散文的以上语言文化标志，是他革命的理想、坚定的信念、体现时代精神的文学追求等个性文化因素的折射。

例④至例⑪是秦牧散文名篇的摘录，其最突出的语言文化标志是：

（1）语音铿锵悦耳。

秦牧十分注意追求散文语言的声韵美。他在《语林采英·掌握文学语言的音乐美》中说在语言技巧方面，众多的要素之中，有一项就是它的音乐美。“注意语言文字的音乐美，不但可以让读者阅读起来朗朗上口，而且，还可以增强作品艺术感情的力量。……不但写作诗歌之类的韵文，是应当注意音乐美的，就是写作散文、小说、随笔之类的东西，也应当注意一定程度的音乐美。”秦牧散文的语言音节匀称，韵脚和谐，声调抑扬交替，叠音自然，读起来朗朗上口，听起来铿锵悦耳。如例④的“星辰”和“潮汐”是上下句平仄相重，“火光”和“泥土”是上下句平仄相错，“日月经天”和“江河行地”是上下平仄相对，“四时代谢”和“万物死生”是平仄错综，声律波澜起伏、优美动听；例⑤在对年节花市欢腾景况的描写语言中，分别引入了韵律很强的诗句和俗谚，分别押言前韵、遥条韵，这不仅给散文增添了文采，而且大大增强了作品语言的音律美，使人吟有余声，如在耳边回响。

（2）语汇丰富多彩。

秦牧的散文领域十分宽阔，知识面非常宽广，趣味性极强，构成一个巨大的艺术画廊，而装扮这个艺术画廊的最重要的语言手段是丰富多彩、生动形象的语汇。他认为：“一幅精妙的彩画或者刺绣，它的颜色所以那么逼真，原因之一，也是由于画家或者刺绣者的颜料和丝线的色彩是异常纷繁的，……文学的道理也是这样，要描绘出给人以立体感而不是平面感的事物，手段中有一项是必须依靠丰富的词汇，如果不能把事物的细微不同处描绘出来，就不可能有栩栩传神的魅力。”（《艺海拾贝·在词汇的海洋中》）其散文中的语汇如海洋，丰赡优美、广积荟萃、文采缤纷。这集中表现在各种语汇兼收并蓄，善用各种各样的词语来表述和描写同一类事物或动作的差异，以及词语同义形式的选用。如例⑥“驱邪”“无须”“凌晨”“禁忌”“殆尽”“扬弃”都是古语词，“考验”“街灯”“路灯”“闪闪发光”“灯海”是新词；“璀璨”“瑰丽”“戒慎”“恐惧”“驱除”“习俗”“健康”“腐朽”是书面语；“差不多”“玩玩”“啦”“好好”“好”“坏”是口语词；“冰棒”“神秘”“气氛”是外来词；“碘钨灯”“高压钠灯”“光量”是专门术语词；“果蒸粽”是方言词。尤其最后一句中的“好的、健康的”和“坏的、腐朽的”都是同义形式连用，而“好”与“坏”多用于口语，“健康的”与“腐朽的”则多用于书面。两段话中各种语汇交错相间，而又恰到好处，使语言丰富多彩、情趣盎然，足见秦牧散文语言如词汇的海洋，具有丰赡多姿的特点。例⑦这篇散文是写作者登览古战场，抚今追昔抒发情怀的，自然要有许多“看”的动作，但由于观赏的对象不同，所写“看”的方式也自然需要有别。作者共用了“看”“望”“俯瞰”“纵览”“凝视”“端详”“眺望”等词来写，既丰富多彩，又准确妥帖。例⑧中的“像”“如”“赛似”“宛若”等都是互相可以替换的同义形式，作者这样用，是为了避免字面上的机械重复，使语言生动活泼、富于变化，增加文采。

（3）句式灵活多变。

秦牧写散文善于根据具体的语境，潜意锤炼句子，精心选用最恰当的句式。他的句子或自然平易，朗朗上口；或长短尽意，潇洒自如；或亦整亦散，工尽其妙；或语气多变，跌宕起伏；或叠句如珠，联辞结彩；或多见疑问感叹，叩人心扉。如例⑨的前段先用两个短句启领下文，接着便用了一个由两个复杂介词结构作修饰语的长单句，这个长单句把劳动人民开发垦掘、改造利用神圣土地的情景，像一幕幕特写镜头，推到读者面前，对启发读者深远地遐思有着积极的作用。然后又是一连几个短句，引导读者逐一深入遐想。整段话一气呵成，结构紧凑严密，寓意深远，作者对祖国大地热爱赞美之情似大河巨浪，奔涌向前，上下句之间，长短有致，长者殊长，短者殊短。读长句如重船逆风，发人联想；诵短句如快水行舟，启人深思。语气紧凑连贯，语势波浪起伏，修辞效果殊佳。例⑨的后段是《土地》的结束语，这是突出文意重心的关键之处，先后用了四种不同语气的句子表达，造成声音和意境上的美，对全篇来说可谓锦上添花。作者先用一个祈使句，强烈呼唤人们热爱我们的祖国大地；接着用一个感叹句直抒胸臆，把热爱土地是我们每一个人的神圣职责这一感情基调推到更高峰；然后连用两个设问句，敲击人们热爱祖国大地的心灵，唤起人们更多的深思和遐想，这是感情的进一步升华；最后用两个直陈句，像是从语势上平缓一步，其实是这首散文乐曲的最强音，“于无声处听惊雷”，对前面所提出的问题，作了坚定有力的回答。这里有激情，如大江东去，汹涌澎湃；这里有余韵，似舞台咚咚作响的竖琴。短短的一段话，走笔行文，欹斜横生，语势急缓有致，起伏跌宕，足见作者选择和锤炼句式的苦心。例⑩是《星下集》的开篇语，散句中插着整句，急缓有致，感情起伏，写出了美妙的意境，很能发人深思。

（4）比喻琳琅满目。

秦牧非常重视比喻的文化价值，他曾经说过：“美丽的比喻简直像一朵朵色彩瑰丽的花照耀着文学。”（《譬喻——语言艺术之花》）他的散文作品，笔端所及甚广，纵横几万里，上下几千年，星罗宇宙、花鸟虫鱼、山川景物、轶闻趣事，尽收笔下，神思飞越，贯通古今，辽阔深邃，色彩斑斓。读秦牧的散文，总是可以随时看到许多精彩的比喻。正像他自己所说：“就像春天到山林里去，到处都可以看到美丽的花朵似的；秋夜仰首蓝空，到处都可以看到繁星闪烁一样。”（《譬喻——语言艺术之花》）如例⑧⑪所体现的，他善于借助比喻，寄寓于描绘山河壮丽和讴歌人物风流之中，寄寓于剖析事理幽微与探索宇宙奥秘之中，使作品增添无穷的情趣和文采，意境深远，发人遐思。

秦牧写散文经常将上述四个方面的语言文化手段冶于一炉，铸造艺术形象，展现出与刘白羽散文语言的刚健、绚丽风格有别的基调：清新、明快、凝练、优美。这是他个性鲜明的文学语言艺术观的外现——“我对文学语言艺术的看法是：从事文学写作的人非认真掌握它不可，否则就不能写出流畅、清新、简练、生动以至美妙、精彩的文字来。运用经过提炼的口语来写作，才能写出曲折达意、栩栩传神的作品……对于有生命力的若干古语、大量谚语、成语等等，也都必须融会贯通，使之与口语冶于一炉。语言必须富于个性，才能显出特色”①。

二、个人风格的格调风貌

上面说过，善于运用语言的人，尤其是优秀作家在其个性文化的引导下创造语言风格，都有惯用的风格手段，这些惯用的风格手段在一定时间内，在其一系

① 黎运汉、李剑云：《秦牧作品语言艺术·序》，广西教育出版社，1992 年。

列作品中反复而持续地出现，达到相对稳定时，就会呈现出一种统一的基调或主调，但是具有统一的主调，并不意味着其语言风格的单调。布封说："一个大作家绝不能只有一颗印章，在不同的作品上都盖着同一印章，这就暴露出天才的贫乏。"① 张涤华、胡裕树认为："一个具有个人风格的作家，一般都有一种基本的语言格调，但同时也不排斥多种笔墨的运用。"② 古今优秀的大作家，他们的语言个人风格大都是既有鲜明的基调，又有多姿多彩的众调的。下面分开论述。

（一）鲜明的主调

鲜明的主调是语言个人风格的重要语言文化标志，是语言个人风格互相区别的重要语言文化因素。郭小川说，语言风格具有鲜明的基本格调的作家，"即使他的作品不署名，你也可以大致猜中是他的"。（郭小川《月下集·权当序言》）

茅盾在论述赵树理语言个人风格时曾指出："如果把他的作品的片段混在别人的作品之中，留心的读者可以辨认出来。凭什么辨认呢？凭它的独特的文学语言。独特何在？在于明朗隽永而时有幽默感……就它的整个风格来说，应当认为明朗隽永是主导的。"赵树理语言的主导风格能给读者深刻而强烈的可感性，而且是贯串于他全部作品的片段中的，所以即使是片段也能跟其他作家的作品区别开来。

毛泽东是无产阶级革命的导师，同时也是语言巨匠、大作家，他的政论文章和讲话是政论语文体式的光辉典范，其语言风格具有十分鲜明的主调：通俗、明快、生动、豪爽。其生成的语言文化手段主要是：

1. 乐用群众语言

毛泽东说："言语必须接近民众。"（《新民主主义论》）又说："要向人民群众学习语言。人民的语汇是很丰富的，生动活泼的，表现实际生活的。"（《反对党八股》）在这个语用文化观制导下，他写政论文章和讲话非常乐用人民群众的语言。这是生成其风格主调的重要语言文化手段，例如：

①在一大群肩不能挑手不能提的学生面前做一点劳动的事，比如自己挑行李吧，也觉得不像样子。

（《在延安文艺座谈会上的讲话》）

②合作化迅速完成，有些人担心会不会出毛病。幸好，毛病有一些，不大，基本上是健全的。……

在我们的社会中，群众闹事是坏事，是我们所不赞成的。但是这种事情发生以后，又可以促使我们接受教训，克服官僚主义，教育干部和群众。从这一点上说来坏事也可以转变成为好事。乱子有二重性。我们可以用这个观

---

① 布封：《论风格》，见石尔编：《外国名作家创作经验谈》，浙江人民出版社，1981年。

② 张涤华、胡裕树：《〈语法修辞词典〉语体风格词条选登》，《当代修辞学》1985年第4期。

点去看待一切乱子。……

我们对待这个问题的态度，同对待一切“乱子”的态度一样，第一条，反对；第二条，不怕。

（《关于正确处理人民内部矛盾的问题》）

③遵化县的合作化运动中，有一个王国藩合作社：二十三户贫农只有三条驴腿，被人称为“穷棒子社”。他们用自己的努力，在三年时间内，“从山上取来了大批的生产资料”，使得有些参观的人感动得下泪。

（《书记动手，全党办社》的按语）

④如果我们连党八股也打倒了，那就算对于主观主义和宗派主义最后地“将一军”，弄得这两个怪物原形毕露，“老鼠过街，人人喊打”，这两个怪物也就容易消灭了。……真是“懒婆娘的裹脚，又长又臭”。……俗语说：“到什么山上唱什么歌。”又说：“看菜吃饭，量体裁衣。”我们无论做什么事都要看情形办理，文章和演说也是这样。……

（《反对党八股》）

⑤人是要有帮助的。荷花虽好，也要绿叶扶持。一个篱笆要打三个桩，一个好汉要有三个帮，单干是不好的，总是要有人帮，在这样的问题上尤其要有人帮。……

小孩子有点骄傲情绪，那是比较合理的。上了年纪的人，有了这么多经验，还骄傲，把尾巴翘得那么高，可以不必。俗语说：“夹紧尾巴做人。”人本来是没有尾巴的，为什么要夹紧尾巴呢？好比那个狗，有翘尾巴的时候，有夹尾巴的时候。大概是打了几棍子的时候它就夹紧尾巴，大概是有了几批成绩的时候它的尾巴就翘起来了。我希望，我们所有的同志，首先是老同志，不要翘尾巴，而要夹紧尾巴，戒骄戒躁，永远保持谦虚进取的精神。

（《在中国共产党全国代表会议上的讲话》）

上述语例是在毛泽东众多的政论文章和讲话中精选出来的，很有代表性，其语言文化有两个突出的特点：一是满目口语词和熟语。例如“肩不能挑手不能提”，“不像样子”，“闹事”，“三条驴腿”，“老鼠过街，人人喊打”，“懒婆娘的裹脚，又长又臭”，“到什么山上唱什么歌”，“看菜吃饭，量体裁衣”，“荷花虽好，也要绿叶扶持”，“一个篱笆要打三个桩，一个好汉要有三个帮”，“夹紧尾巴做人”，“翘尾巴”等，都是活生生的经常挂在群众嘴边的口语，它们或为口语词，或为俗语，或为谚语，或为歇后语，或为方言土语，都饱含中华文化意涵，富于生活气息，毛主席用来表达自己的思想感情都极大地提高了语用文化的品位。例如用“坏事也可以转变成为好事”“乱子有二重性”来代替惯用的术语，说明事物的反面可以向正面转化，就使得文章更加通俗了。又如用俗语“尾巴翘得那么高”来形容人的骄傲，以“不要翘尾巴，而要夹紧尾巴”来阐明要戒骄戒躁的宗旨，用北京歇后语“懒婆娘的裹脚，又长又臭”比喻党八股的第一条罪状“空话连篇，言之无物”等，都十分精当，富含革命文化意蕴，语言通俗浅近，使人感到亲切，乐于接受。二是多为口语化的句子，这些语例几乎都用口语化的句子组成，写得明白如话，但又是提炼过的。例如“幸好，毛病有一些，不大，基本上是健全的”这样简洁明了、两字一停顿的句式，是跟口语完全一样的，人们读了，丝毫也不感到他在作文章。又如“我们对待这个问题的态度，同对待一切‘乱子’的态度一样，第一条，反对；第二条，不怕”也是完全口语化的句子，但这口语化不是自然主义式的照搬，而是经过苦心提炼加工的。像这样量大而又用得精当的口语词和口语化句子，在别人的政论文章中是非常罕见的。这是毛泽东政论语言风格具有独特文化个性的一个十分鲜明的特点，是生成其语言风格基调的重要语言文化手段。

2. 善于炼词择句

毛泽东说：“写文章……还要讲文法。许多同志省掉了不应当省掉的主词、宾词，或者把副词当动词用，甚至于省掉动词，这些都是不合文法的。还要注意修辞，怎样写得生动些。总之，一个合逻辑，一个合语法，一个较好的修辞，这三点请你们在写文章的时候注意。”（《农业合作化的一场辩论和当前的阶级斗争》）他写政论文章和做报告都非常讲究遣词择句，因而其中有无数精炼、贴切、新鲜，而又朴素、传神的词语和言简意深而又生动精辟的句子。这些词语和句子很有个性文化特色，这是生成其政论文章和讲话语言风格基调的又一个重要的语言文化手段。他的“敌人一天天烂下去，我们一天天好起来”就是锤炼词句的典型。精约意丰，通俗鲜明，十六个字，极其深刻地揭示了资本主义和社会主义二者截然不同的本质及其历史发展的必然趋势，就像把一幅色彩鲜明的图画摆在人们的面前，人们能够看到社会主义春色满园、欣欣向荣，日子越过越美好；资本主义满目凄凉、日暮穷途，一天天腐烂下去的景象。一个“好”字，一个“烂”字，完美而又恰切地表达了全句的精神，同时也表现了作者强烈的爱憎情感。这是他于1958年说的话，那时在国际上，正是“冷战”空气弥漫，帝国主义疯狂备战蠢蠢欲动的时候，这句话鼓舞爱好和平的人民要信心百倍、斗志昂扬为社会主义的光辉灿烂前途而英勇奋斗，高度发挥了语言作为社会斗争工具的积极作用。下面专看炼词的典型语例：

①在全国农村中，新的社会主义群众运动的高潮就要到来。我们的某些同志却像一个小脚女人，东摇西摆地在那里走路，老是埋怨旁人说，走快了，走快了。

…………

在胜利面前，我认为有两种不好：（1）胜利冲昏了头脑，使自己的头脑大大膨胀起来，犯出“左”的错误，这当然不好。（2）胜利吓昏了头脑，来一个“坚决收缩”，犯出“右”的错误，这也不好。现在的情况是属于后一种，有些同志被几十万个小型合作社吓昏了。

…………

我们必须反对任何没有准备的，不顾农民群众觉悟水平的急躁冒进思想，但是我们不应当容许我们的一些同志，利用苏联的这项经验来为他们的爬行思想作掩护。

…………

他们认为目前的合作化运动很危险，他们劝我们从目前合作化的道路上“赶快下马”。他们向我们提出了警告：“如果不赶快下马，就有破坏工农联盟的危险。”我们认为，恰好相反，如果不赶快上马，就有破坏工农联盟的危险。这里看来只有一字之差，一个要下马，一个要上马，却是表现了两条路线的分歧。

（《关于农业合作化问题》）

②在今天，谁要是在团结两个字上不生长些诚意，他即使不被人唾骂，也当清夜扪心，有点儿羞愧。

（《反对日本进攻的方针、办法和前途》）

③这里叫教条主义休息，有些同志却叫它起床。

（《反对党八股》）

④在反革命方面，则是在帝国主义指挥下的地主阶级和大资产阶级联盟的专制主义。这种专制主义，在政治上，在文化上，腰斩了孙中山的三大政策，腰斩他的新三民主义。

（《新民主主义论》）

上述语例中都有作者苦心提炼出来的词语，具有十分鲜明的个性文化特点。首先是通俗、朴素、生动、传神。例如“生长”是个很平常的动词，浅显易懂，但用在这里十分精美，因为在抗日战争时期，国民党反动派本来是没有和共产党合作建立抗日民族统一战线的诚意的，但我们共产党从民族利益出发，希望他们改变态度，多少表现出点儿诚意来。这样，把原来没有的诚意当作生物来描写，希望它现在多少能生长出一些来，“生长”一词就十分新鲜、贴切而又有趣了。又如“起床”“休息”是经常挂在人们嘴上的词语，通俗朴实，毛泽东用来描绘教条主义，则是别有趣味了，教条主义什么时候都有，是禁止不来、一时也消灭不了的，但可以叫它“休息”，可不应该叫它“起床”。可见“休息”和“起床”用在这里，不是随手即就，而是苦心锤炼的。其次是感情色彩鲜明，例如“休息”“起床”是中性词语，这里用来描绘内部同志对教条主义的态度，只含善意批评而带有风趣的意味，却没丝毫的恶意色彩；“生长”也是中性词语，用来表示对国民党的期望，态度是诚恳的，没任何敌对的情绪；“腰斩”是贬义词语，用在这里十分贴切。因为当时代表资产阶级右派的国民党反动派背叛了孙中山先生，勾结帝国主义，实行专制独裁，好好的“三民主义”被他们拦腰一斩，“呜呼哀哉”了。“腰斩”本是专制时代的酷刑，反动派这样对待“三民主义”，确实和“腰斩”一样的残酷，可见这个词蕴含着十分浓烈的憎恶色彩。再次是炼词方式灵活，最常用的是变异手法，如比喻式“小脚女人”、比拟式“爬行”、对偶或对比式“赶快下马”和“赶快上马”“起床”和“休息”、仿拟“吓昏了”等都十分灵活、巧妙而又精当。这三点融合而锤炼出来的词语，在毛泽东的政论文章和讲话中是无数的，而且具有鲜明的个性文化特点。下面再看择句的语例：

①中国人民站起来了！

（《中国人民站起来了》）

②有困难的，有办法的，有希望的。

（《在中央人民政府委员会第四次会议上的讲话》）

③第一是自卫原则。人不犯我，我不犯人，人若犯我，我必犯人。

（《目前抗日统一战线中的策略问题》）

④在我党的一切实际工作中，凡属正确的领导，必须是从群众中来，到群众中去。

（《关于领导方法的若干问题》）

⑤虚心使人进步，骄傲使人落后，我们应当永远记住这个真理。

（《中国共产党第八次全国代表大会开幕词》）

毛泽东政论文章的句子，最突出的特点是短句多。政论语体文的句子，一般说来，比文艺语体文要长些、复杂些，而毛主席的政论文却随处可见精炼简短而含义丰富的句子，而且其中有众多的警句，这显然是生成其语言风格基调的又一重要手段，堪称精美的警句。如例①的“中国人民站起来了！”是毛泽东于1949年10月1日，在中华人民共和国开国大典上的庄严宣告，它是震撼世界的声音，是一百多年来中国人民前仆后继英勇斗争的结晶。从此，中国人民被欺凌被奴役的时代永远结束了，这个世界的巨人伸直腰身站起来了。仅仅用八个字，就异常完满地表达了中国人民的豪迈气概，坚强的革命意志和欢欣鼓舞、扬眉吐气的心情，让人读了感到自豪、骄傲。例②是分析我们国内在经济建设恢复时期的情况时说的一个语例。当时碰到的困难是很多的，但革命者用斗争来迎接困难，全国人民同心同德、群策群力来克服困难，我们一定是有办法的。困难不断地被解决，建设不断地被推进，我们一定是有希望的，我们一定能昂首阔步向共产主义飞奔。仅仅十二个字便概括了这丰富的政治文化、精神文化意涵，明确地指出了我国社会主义建设的光辉灿烂前途，鼓舞全国人民坚定信心，加速建设步伐。例③是关于革命的方针政策的警句，概括地把忍让的原则、限度、扩大统一战线的策略辩证地说清楚了。例④“从群众中来，到群众中去”十个字概括了党的根本工作路线——群众路线，这句话的中心点是在“来”“去”二字，从群众中来是前提，只有从群众中来，才能到群众中去，任何脱离实际、脱离群众，在办公室里空想出来的计划、方案，都注定要失败的。虽是平平实实、质朴自然的十个字，却是唯物主义的认识论的反映，它确切地表达了中国共产党的马克思主义工作方法论。例⑤是关于学习和修养问题的精辟理论，语言十分精当而明快，所以成为人们所喜爱的警句。毛主席的短句语辞多样灵活，既有用常规手法生成的，如例①和“从群众中来，到群众中去”等，也有用辞格生成的，如排比“有困难的，有办法的，有希望的”、对比“虚心使人进步，骄傲使人落后”等。无论用哪一种手法，都必苦心锤炼，其成果都具有语意丰富而语辞精美的共同特点，因而善于炼句和炼词，也是生成毛泽东语言风格基调的一种重要的语言文化手段。

3. 爱用辞格

汉语修辞格丰富多彩，饱蕴中华文化意涵，富有文化价值，毛泽东写政论文章、做政治报告都非常爱用生动有力的修辞格，其中最主要的是：

（1）比喻。

毛泽东说：“我们很多人没有学好语言，所以我们在写文章、做报告的时候，没有几句生动活泼、切实有力的话，只有死板板的几条筋，像瘪三一样，瘦得难看，不像一个健康的人。”（《反对党八股》）这里既从道理上启发我们，写文章、做报告时语言必须“生动活泼、切实有力”，又在语用实践上宣示了一个范例：恰切地运用比喻，就有助于使语言“生动活泼”，避免枯燥无味。毛泽东写政论文章或做政治报告，经常大量地、创造性地运用各式各样的比喻，来加强语言的表现力，完美地体现出他的语用文化观。例如：

①如果他不愿意改变他自己的作法的话，他将搬起石头打他自己的脚。

（《评蒋介石在双十节的演说》）

②长征是历史记录上的第一次，长征是宣言书，长征是宣传队，长征是播种机……长征又是播种机。它散布了许多种子在十一个省内，发芽、长叶、开花、结果，将来是会有收获的。

（《论反对日本帝国主义的策略》）

③我们的亲爱的国民党先生们，你们指示张涤非写电文时，何以对于这样许多像瘟疫一样，像臭虫一样，像狗屎一样的所谓“主义”连一个附笔或一个但书也没有呢？

（《质问国民党》）

④我们曾经说过，房子是应该经常打扫的，不打扫就会积满了灰尘，脸是应该经常洗的，不洗也就会灰尘满面。我们同志的思想，我们党的工作，

也会沾染灰尘的，也应该打扫和洗涤。

（《论联合政府》）

⑤不是有的放矢，而是无的放矢。

（《改造我们的学习》）

⑥正确的东西，好的东西，人们一开始常常不承认它们是香花，反而把它们看作毒草。

…………

我们是反对一切毒草的，但是我们必须谨慎地辨别什么是真正的毒草，什么是真正的香花。我们要和群众一起来学会谨慎辨别香花和毒草，并且一起来用正确的方法同毒草作斗争。

…………

好比种牛痘，经过了牛痘疫苗的作用，人身上就增强免疫力。

（《关于正确处理人民内部矛盾的问题》）

⑦日本帝国主义在达到它的一定步骤后，它将为着三个目的再一次施放出和平的烟幕弹，……现在的和平空气，不过是施放和平烟幕弹的开始而已。

（《和英国记者贝特兰的谈话》）

从以上语例明显可见毛泽东政论文章和讲话中运用了丰富多样的比喻，而且具有鲜明的个性文化特色。这是体现其语言风格基调的一个重要风格文化手段。这个手段有几个突出的特点：精深——对中国革命的重大问题或事物常用形象生动的比喻精确地概括它的特征，深刻地揭示它的本质，而且蕴含着丰富的无产阶级政治文化意义，使革命群众读了深受教育和鼓舞，进而变成巨大的物质的力量，如例①“他将搬走石头打他自己的脚”和例②等都是很典型的例子。鲜明——毛主席运用比喻时爱憎态度十分鲜明，在他笔下的比喻总包含着他对比喻对象的特定评价，或褒或贬，界限非常鲜明，因此战斗力特别强，如例②和例③等都明显地表露了毛主席的爱憎感情，使人读了觉得是非分明，深受教育和启迪。通俗——毛主席的比喻，本体大都是比较深奥的革命道理，或理论性较多的问题，喻体大都为群众所熟悉的具体事物，他经常巧妙地将这样的二体融合成比喻，使艰深浅显通俗、抽象具体易懂，如例①②④。多样——类型多样，除了基本式如明喻、暗喻、借喻，依次如例③②①，还有变化式如肯定与否定相叠式、省略式、偏正式、套用式，依次如例⑤⑥⑦和例②（套排比）；表现手法多样，或一个比一个如例⑥，或几个比一个如例②；喻词多样，如例②“是”、例③“像……一样”，例⑥“看作”“好比”等。新奇——毛主席设喻十分新奇，富于创造性，这主要表现在喻体大都为己出，本体与喻体之间的相似点为独创，而且精当、奇特，如例④以打扫灰尘和洗脸来比喻批评与自我批评的不可缺少，既新奇，又贴切通俗、形象风趣，很能使人联想到我们的缺点或错误是肮脏的东西，但毕竟是可以把它弄干净的，只要经常展开批评与自我批评就成了。又如例②连用三个比喻构织画像，歌颂了长征的伟大意义，想象新奇，不仅外形生动优美，还能使人引起丰富联想，受到巨大鼓舞。

（2）排比。

宋代修辞学家陈骙说："文有数句用一类字，所以壮气势，广文义也。"[①] 清代史学家章学诚认为："排比之文，欲使顿挫抑扬，得诗人一唱三叹之意。"[②] 现代作家秦牧说过："在吃到好吃的珍贵的东西的时候，常常舍不得一口咽下去，而喜欢咀嚼寻味。艺术家们是深深懂得这个道理的，因此，在'节骨眼'的地方上，他们总是要格外细腻地来表现它，决不让它一闪而过。叠句就是达到细腻的主要表现方法之一"，"精彩的叠句常常有一种奇特的魅力"，"像是一只神妙的手，能够紧紧攫住人们的心灵。"[③] 排比是中国修辞风格文化的优秀传统之一，恰当运用排比，可以极大地增强语言的力量，表现磅礴的气势和丰富的内容，体现雄浑的风格。毛泽东继承发扬了排比文化的优良传统，在政论文章和讲话中大量运用了排比，而且巧妙、个性突出，是生成其语言豪爽基调的重要风格文化手段。例如：

> ①统一，统一，投降派有一套统一论，要我们统一于投降；反共顽固派有一套统一论，要我们统一于分裂，统一于倒退。我们能够信这些道理么？不以抗战、团结、进步三件事做基础的统一，算得真统一么？算得合理的统一么？算得实际的统一么？真是做梦！
>
> （《团结一切抗战力量，反对反共顽固派》）
>
> ②这种作风，拿了律己，则害了自己；拿了教人，则害了别人；拿了指导革命，则害了革命，这种反科学的反马克思列宁主义的主观主义的方法，是共产党的大敌，是工人阶级的大敌，是人民的大敌，是民族的大敌，是党性不纯的一种表现。……
>
> 这种态度，就是有的放矢的态度。……这种态度，就是实事求是的态度。……我们要从国内外、省内外、县内外、区内外的实际情况出发，……这种态度，有实事求是之意，无哗众取宠之心。这种态度，就是党性的表现，就是理论和实际统一的马克思列宁主义的作风。
>
> （《改造我们的学习》）

---

① 陈骙、李淦著，刘明晖点校：《文则　文章精义》，人民文学出版社，1962年，第30页。

② 章学诚：《文史通义（外三篇）》，见郑奠、谭全基编：《古汉语修辞学资料汇编》，商务印书馆，1980年。

③ 秦牧：《艺海拾贝》，上海文艺出版社，1978年，第155、167页。

③从来也没有看见人民群众像现在这样精神振奋，斗志昂扬，意志风发。

（《介绍一个合作社》）

④农民——这是中国工人的前身。……

农民——这是中国工业市场的主体。……

农民——这是中国军队的来源。……

农民——这是现阶段中国民主政治的主要力量。……

农民——这是现阶段中国文化运动的主要对象。……

（《论联合政府》）

⑤“坚持抗战、反对投降”“坚持团结、反对分裂”“坚持进步、反对倒退”，这是我们在“七七宣言”里提出来的三大政治口号。

（《和中央社、扫荡报、新民报三记者的谈话》）

⑥自私自利、消极怠工、贪污腐化、风头主义等等是最可鄙的；而大公无私、积极努力、克己奉公、埋头苦干的精神才是可尊敬的。

（《中国共产党在民族战争中的地位》）

⑦我们的学风还有些不正的地方，我们的党风还有些不正的地方，我们的文风也有些不正的地方。所谓学风有些不正，就是说有主观主义的毛病。所谓党风有些不正，就是说有宗派主义的毛病。所谓文风不正，就是说有党八股的毛病。

（《整顿党的作风》）

毛泽东的排比个性文化特点非常鲜明突出，最主要的是：语意广泛。毛主席的排比，使用范围极广，有着极其丰富的思想内容，或用于对敌斗争，如例①，或用于论述革命道理，如例②，或用于抒发思想感情，如例③，或用于褒扬美好，如例④，或用于贬抑丑恶，如例⑦等，都充溢着政治文化和精神文化意涵。语辞多样，毛主席运用排比，辞随意转，丰富的意带来多姿的辞，例如类型上，有成分排比如例①“抗战、团结、进步”，单句和复句分句的排比如例②，复句的排比如例②“这种态度……”，段落的排比如例④等；构成方式上，有单用式如例③④，有兼用式如兼用层递的例③、兼用设问的例②；辞藻上，有平实质朴的例⑤⑥，有藻丽华美的例③等，都是精美的语言文化的恰切体现。丰盈的政治文化、精神文化和精美的语言文化相融合，生成排比修辞文化，就能使政论文章和讲话说理充分，感情洋溢，语意畅达，气势恢宏，跌宕有致。

（3）设问。

设问是汉语里能使语言增强气势的常用辞格。毛泽东写政论文章和做政治报告也经常用设问，有时还用得相当多，例如《质问国民党》，全文不到 4 800 字，使用了设问 27 个；《必须制裁反动派》的开头四行仅 64 字，所用设问竟有六个；《青年运动的方向》的中间讲第二个问题的600多字中也用了11个。他的设问富有革新性和创造性，具有不同于人的鲜明的个性文化特点，这是生成其语言风格基调的又一语言文化手段。例如：

①许多国民党人肆无忌惮地宣传共产党“破坏抗战”“破坏团结”，难道尽撤河防主力，倒叫做增强抗战么？难道进攻边区，倒叫做增强团结么？

请问干这些事的国民党人：你们拿背对着日本人，日本人却拿面对着你们，如果日本人向着你们的背前进，那时你们怎么办呢？

如果你们将大段的河防丢弃不管，而日本却仍然静悄悄地……那末，这其中又是一种什么缘故呢？为什么日本人这样欢喜你们的背，而你们丢了河防不管，让它大段地空着，你们的心就那么放得下去呢？

在私有财产社会里，夜间睡觉总是要关门的。大家知道，这不是为了多事，而是为了防贼。现在你们将大门敞开，不怕贼来么？假使敞开大门而贼竟不来，却是什么缘故呢？

照你们的说法，中国境内只有共产党是“破坏抗战”的，你们则是如何如何的“民族至上”，那末，背向敌人，却是什么至上呢？

照你们的说法，“破坏团结”的也是共产党，你们则是如何如何的“精诚团结”主义者，那末，你们以三个集团军（缺一个军）的大兵，手持刺刀，配以重炮，向着边区人民前进，这也可以算作“精诚团结”么？

…………

（《质问国民党》）

②于是问题和结论是：中国会亡吗？答复：不会亡，最后胜利是中国的。中国能够速胜吗？答复：不能速胜，必须是持久战。这个结论是正确的吗？我认为是正确的。

（《论持久战》）

③中国的革命，它反对的是什么东西？革命的对象是什么呢？大家知道，一个是帝国主义，一个是封建主义。现在的革命对象是什么？一个是日本帝国主义，再一个是汉奸。要革命一定要打倒日本帝国主义，一定要打倒汉奸。革命是什么人去干？革命的主体是什么呢？……什么人是根本的力量，是革命的骨干呢？……中国革命的性质是什么？我们现在干的是什么革命呢？……这个革命要达到的目的是什么呢？……中国是否永远要资本家呢？不是的，将来一定不要。

（《青年运动的方向》）

④用什么东西向他们普及呢？用封建地主阶级所需要，所便于接受的东西吗？用资产阶级所需要，所便于接受的东西吗？用小资产阶级知识分子所需要，所便于接受的东西吗？都不行。只有用工农兵自己所需要，所便于接

受的东西。……

是从什么基础上去提高呢？从封建阶级的基础上吗？从资产阶级的基础上吗？从小资产阶级知识分子的基础上吗？都不是，只能是从工农兵群众的基础上去提高。

（《在延安文艺座谈会上的讲话》）

⑤运动战，还是阵地战？我们的答复是：运动战。

（《中国革命战争的战略问题》）

⑥南京政府向何处去？

（《南京政府向何处去?》）

⑦谁是我们的敌人？谁是我们的朋友？这个问题是革命的首要问题。

（《中国社会各阶级的分析》）

毛泽东运用设问的个性文化特点，最突出的是范围广阔，意涵丰富：用于对敌斗争，如例①针对国民党反动派的一系列反革命言行，层层设问，步步深入，气势磅礴，咄咄逼人，对穷凶极恶的国民党反动派追问到底，使它理屈词穷，不能不慑服在人民的威力之下。用于批驳谬论，如例②在伟大抗日战争开始的初期，关于中国革命的前途问题，有着各种不同的说法，其中有不少错误的言论，毛泽东将其危害性最大的概括归纳为三个设问句："中国会亡吗?""中国能够速胜吗?""这个结论是正确的吗?"在列举了大量的事实，分析了国际和国内敌、友、自身的力量之后，得出了正确的结论，这样就把"中国必亡论"者的悲观论调和"中国速胜论"者的盲目乐观情绪一扫而空了。用于宣传革命，如例③在谈中国革命的对象、革命的骨干、革命的性质、革命的目的、中国是否永远需要资本家等问题的时候，一连用了十个设问句，这些设问句都是按照事件发展的逻辑，有机地组织在一起，逐个地提出来，并给予确切答复的，这些问题环环紧扣，答复又合情合理，文章读完了，对这些问题的理解也就完整化、系统化了。用于解答疑难，如例④，在"延安文艺座谈会"之前，人们对文艺的普及与提高问题存在着各种各样的看法，毛泽东《在延安文艺座谈会上的讲话》运用设问的手法，把当时存在的各种想法和怀疑论调提出来，然后逐个加以否定，并毅然提出只有从工农兵的基础上去普及、去提高，才是唯一正确的方向，因为这个方向是在坚决否定其他各种各样不正确的看法之后得出来的，所以格外富有说服力。方式多样，灵活多变，根据表意的需要，在不同的场合，针对不同的对象，分别使用多种设问方式：提问式，如例③；提问、反诘结合式，如例①；列举设问，如例③；选择设问，如例⑤。运用这些设问方式有很大的灵活性：位置灵活，或题目设问，如例⑥是文章的题目；或篇首设问，如例⑦；或段末设问，如例①；结构灵活，或只问不答，如例⑥；或又问又答，如例②；或一问一答，如例②；或数问一答，如例④；或单纯设问，如例③；或兼格设问，如例⑦是兼对偶，这些都是富有独创性的语言文化手段。

4. 巧于组段谋篇

刘勰在《文心雕龙·章句》中说："积句而成章，积章而成篇。"讲的是文章的组段谋篇问题。意思是，句子与句子有条理地组合成段落，集合各个段落成为一篇文章。所以一篇文章语言表达效果的优劣，不仅同词语锤炼、句式选择和辞格运用关系极大，同积句成段、组段成篇的优劣也密不可分。

文章的句和段与篇的组合，中国传统的辞章学称为"章法"，历来写文章、读文章都很重视章法。唐彪《读书作文谱》中说："文章大法有四：一曰章法，二曰股法，三曰句法，四曰字法。四法明，而文始有规矩矣。四法中，章法最重要，股法次之，句法字法又次之。"刘勰在《文心雕龙·附会》中指出："何谓'附会'？谓总文理，统首尾，定与夺，合涯际，弥纶一篇，使杂而不越者也。"意思是命意谋篇，必须使条理贯穿，首尾呼应，取舍得法，线索分明，使篇章结构严密，内容繁而不紊。写文章安排好篇章结构，注意语言表达的逻辑顺序，就会收到"众理虽繁，而无倒置之乖；群言虽多，而无棼丝之乱"（《文心雕龙·附会》）的效果。徐芹庭在《修辞学发微》中说："布局定势，务使首尾周密，文意一贯，文情隽永，有千岩万壑，重峦复嶂之变化。"篇章结构巧妙、新颖、艺术性高，可以增强文章表达的准确性和可理解性，增强读者的兴趣，引起读者的思考和回味，提高文章的表达效果。因此，毛泽东十分重视文章的篇章修辞。他在《反对党八股》中说："一篇文章或一篇演说，如果是重要的带指导性质的，总得要提出一个什么问题，接着加以分析，然后综合起来，指出问题的性质，给以解决的办法。"他又在《农业合作的一场辩论和当前的阶级斗争》中说："写文章要讲逻辑，就是要注意整篇文章、整篇说话的结构，开头、中间、结尾要有一种关系，要有一种内部的联系，不要互相冲突。"这里既提出了政论体文章篇章修辞的规范要求，也概括了其在篇章修辞方面的个性特征。毛泽东政论文章和讲话的组段、谋篇修辞，展示了其精辟的篇章修辞文化观，富有创造性和个性，这突出表现为：不管文章内容多么复杂，篇幅多长，都组织得很好，标题鲜明，布局谨严，段落分明，前后照应，条分缕析，使人读起来极易领会和掌握，这是生成其政论文语言风格基调的又一个重要的语言文化手段。下面先看组段的语例。段即段落，它是文章最小的组成部分，通常是指具有"换行"的形式标志、大于或等于句子和句群、表示一个相对完整思想的语言单位。例如：

①我讲四个问题：经济问题，国际形势问题，中苏关系问题，大民主小民主问题。

（《在中国共产党第八届中央委员会第二次全体会议上的讲话》）

②关于反对主观主义以整顿全党的学风的问题，今天讲的就是这些。

现在我来讲一讲宗派主义的问题。

…………

什么是党内宗派主义的残余？主要的有下面几种……

趁着今天党校开学的机会，我讲了这许多点，希望同志们加以考虑。

（《整顿党的作风》）

③抗战、团结、进步，这是共产党在去年“七七”纪念时提出的三大方针。这是三位一体的方针，三者不可缺一。如果单单强调抗战而不强调团结和进步，那末，所谓抗战是靠不住的，是不能持久的。缺乏团结和进步纲领的抗战，终究会有一天要改为投降，或者归于失败。我们共产党认为一定要三者合一，为了抗战，就要反对投降，反对汪精卫的卖国协定，反对汪精卫的伪政府，反对一切暗藏在抗日阵线中的汉奸和投降派。为了团结，就要反对分裂运动，反对内部摩擦，反对从抗日阵线后面进攻八路军、新四军和一切进步势力，反对破坏敌后的抗日根据地，反对破坏八路军的后方陕甘宁边区，反对不承认共产党的合法地位，反对雪片一样的“限制异党活动”的文件。为了进步，就要反对倒退，反对把三民主义和《抗战建国纲领》束之高阁，反对不实行《总理遗嘱》上“唤起民众”的指示，反对把进步青年送进集中营，反对把抗战初期仅有的一点出版言论自由取消干净，反对把宪政运动变为少数人包办的官僚事业，反对在山西进攻新军、摧残牺盟和残杀进步人员，反对三民主义青年团在成榆公路、陇海铁路一带拦路劫人，反对讨九个小老婆和发一万万元国难财的无耻勾当，反对贪官污吏的横行和劣绅的猖獗。不这样做，没有团结和进步，所谓抗战只是空唤，抗战胜利是没有希望的。《新中华报》第二年的政治方向是什么？就是强调团结和进步，以反对一切危害抗战的乌烟瘴气，以期抗日事业有进一步的胜利。

（《必须强调团结和进步》）

④在全国农村中，新的社会主义群众运动的高潮就要到来。我们的某些同志却像一个小脚女人，东摇西摆地在那里走路，老是埋怨旁人说：走快了，走快了。过多的评头品足，不适当的埋怨，无穷的忧虑，数不尽的清规戒律，以为这是指导农村中社会主义群众运动的正确方针。

否，这不是正确的方针，这是错误的方针。

（《关于农业合作化问题》）

⑤打倒日本帝国主义！
中国人民解放万岁！
中国共产党万岁！
中国共产党第七次全国代表大会万岁！

（《两个中国之命运》）

⑥革命的发生是由于人口太多的缘故么？古今中外有过很多的革命，都

是由于人口太多么？中国几千年以来的很多次的革命，也是由于人口太多么？美国一百七十四年以前的反英革命，也是由于人口太多么？艾奇逊的历史知识等于零，他连美国独立宣言也没有读过。华盛顿杰斐逊们之所以举行反英革命，是因为英国人压迫和剥削美国人，而不是什么美国人口过剩。俄国人之所以举行二月革命和十月革命，是因为俄皇和俄国资产阶级的压迫和剥削，而不是什么人口过剩，俄国至今还是土地多过人口很远的。蒙古土地那么广大，人口那么稀少，照艾奇逊的道理是不能设想会发生革命的，但是却早已发生了。

…………

辛亥革命为什么没有成功，没有解决吃饭问题呢？是因为辛亥革命只推翻一个清朝政府，而没有推翻帝国主义和封建主义的压迫和剥削。

（《唯心历史观的破产》）

⑦司徒雷登走了，白皮书来了，很好，很好。这两件事都是值得庆祝的。

（《别了，司徒雷登》）

⑧一共讲了十点。这十点关系，都是矛盾。世界是由矛盾组成的。没有矛盾就没有世界。我们的任务，是要正确处理这些矛盾。这些矛盾在实践中是否能完全处理好，也要准备两种可能性，而且在处理这些矛盾的过程中，一定还会遇到新的矛盾，新的问题。但是，像我们常说的那样，道路总是曲折的，前途总是光明的。我们一定要努力把党内党外、国内国外的一切积极的因素，直接的、间接的积极因素，全部调动起来，把我国建设成为一个强大的社会主义国家。

（《论十大关系》）

毛泽东政论文章和讲话的段落，既含一般政论文章的共性特点，又有独创的个性，突出表现为灵活多样：从整篇文章的布局设段上看，大多数是一篇分数段甚至十几、二十几段，例如《为人民服务》全文不到700字，分为五个自然段；例⑦《别了，司徒雷登》全文不到3 400字，分为18个自然段。也有不少是全篇不分段的，如例③《必须强调团结和进步》（约650字）和《评蒋介石发言人谈话》（约2 000字）等都是独立的单篇文章，都只是一段。从结构上看，既有含单句、复句的独句段，如例②“关于反对主观主义以整顿全党的学风的问题，今天讲的就是这些”，“现在我来讲一讲宗派主义的问题”等，例②的“趁着今天党校开学的机会，我讲了这许多点，希望同志们加以考虑”便是由一个复句构成的独句段。也有含一重多句和多重多句的多句段，如例④的“在全国农村中……的正确方针”是一重多句段，例③是多重多句段。从功用上看，除了一般的开头段如例①④、中间段如例⑥和结尾段如例⑧和例⑦的“司徒雷登走了……”，还有特殊的过渡段如例②“关于反对主观主义……就是这些”，“现在我来讲一讲宗派主义的问题”和强调段如例⑤的“打倒日本帝国主义!”“中国人民解放万岁!”“中国共产党万岁!”从长短或字数多少上看，有的长，有的短，如开头段例①④，中间段如例⑥的“革命的发生……却早已发生了”和“辛亥革命……压迫和剥削”，结尾段如例⑧和例⑦的“司徒雷登走了……”从修辞风格上看，既有以常规修辞手段构织成的格调朴实自然的段落，如例②⑤，也有以变异修辞手段构成的格调华美生动的段落，如例④⑦等。这些都根据主题和段旨以及特定上下文语境的需要而灵活运用，很有个性，这是生成其语言风格基调的又一重要的语言文化因素。

下面再看谋篇的语例。篇包括语篇和话篇，它是语言的最大使用单位，即由一系列语义上连贯、结构上衔接的句子所组成的首尾完整的文章和讲话。谋篇是关于整篇文章或讲话的布局和结构的组织安排艺术问题，它包括多方面的内容，这里只谈层次的安排与表达，这是文章和讲话谋篇中一个最重要的问题。层次是语篇和话篇的基本结构单位，反映了语篇话篇结构单位安排的顺序或次序，亦即是语篇话篇思想内容的表现次序，是客观事物或事理的内在顺序通过人们的思维过程而反映在语篇话篇组织中的逻辑性。层次体现了作者说话行文用语的思路，也反映了语篇话篇内容相互间的逻辑顺序。层次这个概念范围有大有小，既可以有全篇的层次，也可以有意义段、自然段或句群的层次。这里讲的是毛泽东政论文章和讲话的意义段，以及全篇层次的安排与表达。例如：

①现在我来讲一讲宗派主义的问题。

由于二十年的锻炼，现在我们党内并没有占统治地位的宗派主义了。但是宗派主义的残余是还存在的，有对党内的宗派主义残余，也有对党外的宗派主义残余。……

什么是党内宗派主义残余呢？主要的有下面几种：

首先就是闹独立性……

闹这种独立性的人，常常跟他们的个人第一主义分不开，他们在个人和党的关系问题上，往往是不正确的。……

外来干部和本地干部必须团结，必须反对宗派主义倾向。……

军队工作干部和地方工作干部的关系也是如此。……

几部分军队之间、几个地方之间、几个工作部门之间的关系，也是如此。……

还有一个问题，就是老干部和新干部的关系问题。……

以上所讲的局部和全体的关系，个人和党的关系……老干部和新干部的关系，都是党内的相互关系。在这种种方面，都应该提高共产主义精神，防止宗派主义倾向，使我们的党达到队伍整齐，步调一致的目的，以利战斗。

这是一个很重要的问题，我们整顿党的作风，必须彻底地解决这个问题。……

宗派主义的残余，在党内关系上是应该消灭的，在党外关系上也是应该消灭的。其理由就是……

一切宗派主义思想都是主观主义的，都和革命的实际需要不相符合，所以反对宗派主义和反对主观主义的斗争，应该同时并进。

（《整顿党的作风》）

②这种新民主主义政治和新民主主义经济的共和国，是全国百分之九十以上的人民都赞成的，舍此没有第二条路可走。

走建立资产阶级专政的资本主义社会之路吗？诚然，这是欧美资产阶级走过的老路，但无疑国际国内的环境，都不容许中国这样做。

依国际环境说，这条路是走不通的。现在的国际环境，从基本上说来，是资本主义和社会主义斗争的环境，是资本主义向下没落，社会主义向上生长的环境。要在中国建立资产阶级专政的资本主义社会，首先是国际资本主义即帝国主义不容许。……因为它快要死了，它就更加依赖殖民地半殖民地过活，决不允许任何殖民地半殖民地建立什么资产阶级专政的资本主义社会。……它快要死了，它就一定要打中国，一定要把中国变为殖民地，它就断绝了中国建立资产阶级专政和发展民族资本主义的路。

其次，是社会主义不容许。这个世界上，所有帝国主义都是我们的敌人，中国要独立，决不能离开社会主义国家和国际无产阶级的援助。……一九二七年以后反苏运动的教训，不是异常明显的吗？现在的世界，是处在革命和战争的新时代，是资本主义决然死灭和社会主义决然兴盛的时代。在这种情形下，要在中国反帝反封建胜利之后，再建立资产阶级专政的资本主义社会，岂非是完全的梦呓？

……由于中国的特殊条件（资产阶级的软弱性和妥协性，无产阶级的强大和革命彻底性），中国从来也没有过土耳其的那种便宜事情。……处在今天的国际环境中，殖民地半殖民地的任何英雄好汉们，要就是站在帝国主义战线方面，变为世界反革命力量的一部分，要就是站在反帝国主义战线方面，变为世界革命力量的一部分。二者必居其一，其他的道路是没有的。

依国内环境说，中国资产阶级应该获得了必要的教训。……过去的“剿共十年”并没有“剿”出什么资产阶级专政的资本主义社会，难道还想再来试一次吗？……在“剿共”四年（一九二七年至一九三一年的“九一八”）之后，就已经“剿”出了一个“满洲国”，再加六年，至一九三七年，就把一个日本帝国主义“剿”进中国本部来了。……如果不入汪精卫一伙，要入抗日一伙，又想于抗日胜利之后，一脚踢开抗日人民，自己独占抗日成果，来一个“一党专政万岁”，又岂非近于做梦么？……

中国有一句老话：“有饭大家吃。”这是很有道理的，既然有敌大家打，就应该有饭大家吃，有事大家做，有书大家读，那种“一人独吞”“人莫予毒”的派头，不过是封建老地主的戏法，拿到二十世纪四十年代来，到底是行不通的。

我们共产党人对于一切革命的人们，是决不排斥的，我们将和所有愿意抗日到底的阶级、阶层、政党、政团以及个人，坚持统一战线，实行长期合作。但人家要排斥共产党，那是不行的；人家要分裂统一战线，那是不行的。中国必须抗战下去，团结下去，进步下去；谁要投降，要分裂，要倒退，我们是不能容忍的。

（《新民主主义论》）

③现在来分析一下党八股的坏处在什么地方。我们现在也仿照八股文章的笔法来一个“八股”，以毒攻毒，就叫做八大罪状吧。

党八股的第一条罪状是：空话连篇，言之无物。……

党八股的第二条罪状是：装腔作势，借以吓人。……

党八股的第三条罪状是：无的放矢，不看对象。……

党八股的第四条罪状是：语言无味，像个瘪三。……

党八股的第五条罪状是：甲乙丙丁，开中药铺。……

党八股的第六条罪状是：不负责任，到处害人。……

第七条罪状是：流毒全党，妨害革命。……

第八条罪状是：传播出去，祸国殃民。……

上面这八条，就是我们申讨党八股的檄文。

（《反对党八股》）

④战争的规律——这是任何指导战争的人不能不研究和不能不解决的问题。

革命战争的规律——这是任何指导革命战争的人不能不研究和不能不解决的问题。

中国革命战争的规律——这是任何指导中国革命战争的人不能不研究和不能不解决的问题。

…………

战争——从有私有财产和有阶级以来就开始了的、用以解决阶级和阶级、民族和民族、国家和国家、政治集团和政治集团之间、在一定发展阶段上的矛盾的一种最高的斗争形式。……

革命战争——革命的阶级战争和革命的民族战争，在一般战争的情形和性质之外，有它的特殊的情形和性质……

中国革命战争——不论是国内战争或民族战争，是在中国的特殊环境之内进行的，比较一般的战争，一般的革命战争，又有它的特殊的情形和特殊的特质。……

（《中国革命战争的战略问题》）

上面几个是有代表性的意义段，其层次的安排手法，最重要的是两种：

（1）按照逻辑事理来安排。

毛泽东在政论文章和讲话中，按照逻辑事理来安排层次，通常有两种方式：一是用政论语体常用的提出问题、分析问题、解决问题的逻辑顺序，如例①是由十二个自然段构成的意义段，内涵是讲宗派主义的残余问题。第一、二自然段先提出党内存在宗派主义残余的论题；第三至第十自然段运用论据来分析和论证宗派主义残余的具体表现、产生的根源、危害性，以及如何防止宗派主义残余；第十一、十二自然段作结论，应该消灭宗派主义残余以及如何消灭宗派主义残余。整个意义段篇幅较大，也没用字号标明顺序，但作者思路清晰，又善于处理层次安排，所以行文脉络分明，条分缕析。毛泽东政论文章和讲话的意义段，通常都是用这种手法来安排的。二是在批驳性政论文和讲话中常用逻辑学上的特殊推理法，如例②是一个由八个自然段构成的意义段，内涵是驳斥资产阶级专政。第一自然段提出明确的结论，接着第二至第七自然段对前面提出的结论展开论证。这个论证不但论据确凿而充分，而且整个论证的过程都有非常周密的推理，无懈可击。如第三自然段根据当时的国际环境，说明首先是帝国主义不容许，因为现在是帝国主义最后挣扎的时期，它快要死了，临死前它更加依赖殖民地半殖民地社会形态过活，决不容许任何殖民地半殖民地国家建立资产阶级专政的资本主义社会，从而证明在中国建立资产阶级专政的道路是走不通的，这就是推理。接着，第四、五自然段说明是社会主义不容许，因为如果离开了苏联和国际无产阶级的援助，中国就不能独立，革命就不能胜利，并指出现在的世界是处在革命和战争的新时代，是资本主义必然死亡、社会主义必然兴盛的时代，从而证明，要在中国反帝反封建胜利之后，再建立资产阶级专政的资本主义社会的主张完全是一个空想。这是第二层推理。再接着，第五自然段又根据当时的国际国内的特殊条件，指出不站在帝国主义战线，就必然站在反帝国主义战线，从而证明所谓资产阶级专政决不会再次出现，更不会在中国出现。这是第三层推理。然后，第六、七自然段，再根据国内环境和中国资产阶级顽固派因“剿共”而卖国的罪恶事实，进一步证明如果不卖国投降，而又想在抗日胜利之后，玩弄封建地主那种“一人独吞”“人莫予毒”的老戏法，建立资产阶级专政，那就等于做梦。这是第四层推理。根据这层层推理，得出唯一正确、科学的结论：中国资产阶级顽固派如果不抛弃资产阶级专政的企图，不但国家民族必然遭殃，而且他们自己也只有死路一条。这是从反面结论来证明正面结论即第一自然段的论题的正确。最后，第八自然段表明共产党人的鲜明态度。整个意义段，四层推理，一层比一层深入，一步扣紧一步，十分周密，从而得出一个完全建立在无可置疑的逻辑力量之上的结论。这样就使论点有如泰山屹立，任何力量也不能动摇其一丝一毫了。

（2）按照客观事物之间的内在联系来安排。

毛泽东在政论文章和讲话中按照客观事物之间的内在联系来安排意义段，有多种方式。如例③是一个由十个自然段构成的意义段，意涵是分析、申讨党八股的罪状。第一自然段是总说，提出论题；第二至第九自然段是分说，按照作者的思路依次列举了党八股的八大罪状，这八大罪状就内容上说有轻重之别，但就辞风格上说，它们之间没有主次之分，只有平列的先后之别；第十自然段是相应的结论。例④分别是两个意义段，前者的意涵是概述指导战争的人必须把握各种战争的规律，后者的意涵是说明各种战争特殊的情形和性质。这两个意义段的层次安排手法很有独创性，采取逐条解释的方式，运用层递的手法，从一般到特殊，层层深入，一条紧系一条，具有很强的说服力量，而且层次分明，极易领会。

上面谈的是意义段的层次安排，下面看全篇的层次安排。

毛泽东政论文章和讲话的全篇层次，总起来看，既有如意义段一样，按照逻辑事理和客观事物之间的内在联系来安排的，也有兼用这两种方式来安排的。例如1956年4月25日在中共中央政治局扩大会议上的讲话《论十大关系》，全文分为三大层次，第一层次由三个自然段构成，意涵是提出十大关系的论题；第二层次由重工业和轻工业、农业的关系，沿海工业和内地工业的关系，经济建设和国防建设的关系，国家、生产单位和生产者个人的关系，中央和地方的关系，汉族和少数民族的关系，党和非党的关系，革命和反革命的关系，是非关系，中国和外国的关系十个意义段构成，意涵是逐一分析十大关系；第三层次由一个自然段构成，意涵是对上述的分析作出结论："这十种关系，都是矛盾。世界是由矛盾组成的。没有矛盾就没有世界。我们的任务，是要正确处理这些矛盾。……我们一定要努力把党内党外、国内国外的一切积极因素，直接的、间接的积极因素，全部调动起来，把我国建设成为一个强大的社会主义国家。"全篇讲话是遵循事情发生发展的内在规律，按照提出问题、分析问题、解决问题的逻辑事理来安排层次的，它使人读来感到层次分明，条理清楚，前后连贯，极易领会。

又如1944年10月11日为新华社写的评论《评蒋介石在双十节的演说》："'国际观察家'都是'莫明其妙'的，'外国舆论对我们军事政治纷纷议论'，都是相信了'敌寇汉奸造谣作祟'的缘故。说也奇怪，罗斯福一类的外国人，也和宋庆龄一类的国民党人、国民参证会的许多参政员以及一切有良心的中国人一样，都不相信蒋介石及其亲信们的好听的申辩，都'对我们军事政治纷纷议论'，蒋介石对于此种现象感到烦恼，一向没有找出一个在他认为理直气壮的论据，直到今年双十节才找到了，原来却是他们相信了'敌寇汉奸造谣作祟'。于是蒋介石在其演说中，用了极长的篇幅，痛骂这种所谓‘敌寇汉奸造谣作祟’。他以为经他这样一骂，一切中国人，外国人的嘴巴可被封住了。对于我的军事政治，有谁再‘纷纷议论’的么，谁就是相信‘敌寇汉奸造谣作祟’。我们认为蒋介石的这种指摘，是十分可笑的。因为对于国民党的寡头专政，抗战不力，腐败无能，对于国民党政府的法西斯主义的政令和失败主义的军令，敌寇汉奸从来没有批评过，倒是十分欢迎的。引起人们一致不满的蒋介石所著的《中国之命运》一书，日本帝国主义作过多次衷心的称赞。对于改组国民政府及其统帅部一事，也没有听见什么敌寇汉奸说过半句话，因为保存现在这样天天压迫人民和天天打败仗的政府和统帅部，正是敌寇汉奸的希望。蒋介石及其一群历来是日本帝国主义诱降的对象，难道不是事实么？日本帝国主义原来提出的‘反共’‘灭党’两个口号，早已放弃‘灭党’，剩下一个‘反共’，难道不是事实么？日本帝国主义者至今还没有向国民党政府宣战，他们说，日本和国民党政府之间还没有战争状态存在呢！国民党的要人们在上海、南京、宁波一带的财产，至今被敌寇汉奸保存得好好的。敌酋畑俊六，派遣代表到奉化祭了蒋介石的祖坟。蒋介石的亲信们暗地里派遣使者，几乎经常不断地在上海等处和日寇保持联系，进行秘密谈判。特别是在日寇进攻紧急的时候，这种联系和谈判就来得越多。所有这些，难道不是事实么？由此看来，对于蒋介石及其一群的军事政治发生‘纷纷议论’的人们，究竟是‘莫明其妙’呢，还是已明其妙呢？这个‘妙’的出处究竟是‘敌寇汉奸造谣作祟’呢，还是在蒋介石自己及其一群的身上呢？……在蒋介石的演说中，还有一项声明，就是他否认在中国有内战。……中国人民不要忘记，当着蒋介石声言不打内战的时候，他已经派遣了七十七万五千人的军队，这些军队正在专门包围或攻打八路军、新四军和华南的人民游击队。”这是一篇由三个自然段构成的与敌论争的政论文，中心意涵是批驳国民党污蔑对其“军事政治纷纷议论”的人们是相信了“敌寇汉奸造谣作祟”，“有谁再来‘纷纷议论’，谁就是相信‘敌寇汉奸造谣作祟’”和“声言不打内战”的谬论。为此，作者运用逻辑学上的不矛盾律，巧妙地用“以子之矛攻子之盾”的手法，将大量与敌方的命题相矛盾的言行摆在一起，让其自行打嘴巴。例如，国民党反动派对内“天天压迫人民”，对外“天天打败仗”，并且和敌寇汉奸保持着千丝万缕的联系，鬼鬼祟祟，勾勾搭搭，引起人们“纷纷议论”，这是有目共睹的事实，但敌寇汉奸是不议论的，他们对“国民党政府的法西斯主义的政令和失败主义的军令……从来没有批评过，倒是十分欢迎的”；又如蒋介石的演说中否认中国将有内战，但是“中国人民决不要忘记，当着蒋介石声言不打内战的时候，他已经派遣了七十七万五千人的军队，这些军队正在专门包围或攻打八路军、新四军和华南的人民游击队”等，都是有根有据的事实。“事实胜于雄辩”，因为事实就是逻辑的论据，凡和事实相矛盾的命题都不能成立。由于作者巧妙地运用了这条不矛盾律，在摆出针对性很强、各种矛盾的事实之后，再三提出尖锐的质问："难道不是事实么?""难道不是事实么?""所有这些，难道不是事实么?"铁证如山，不容狡辩。这样蒋介石所谓"谁再来纷纷议论，谁就是相信敌寇汉奸造谣作祟"的逻辑以及声称今后不打内战的谎言，就不能不破产了。

再如1940年12月10日为延安《新中华报》一周年纪念写的文章《必须强调团结和进步》，全文只有一个自然段，开头没有任何序言、背景说明、情况介绍，而是开门见山，直见主题："抗战、团结、进步，这是共产党在去年'七七'纪念时提出的三大方针。这是三位一体的方针，三者不可缺一。"接着，按照抗战、团结、进步的顺序表明自己的态度与看法："为了抗战，就要反对投降……反对……为了团结，就要反对分裂活动……反对……为了进步，就要反对倒退……反对……不这样做，没有团结和进步，所谓抗战只是空唤，抗日胜利是没有希望的。《新中华报》第二年的政治方向是什么?就是强调团结和进步，以反对一切危害抗战的乌烟瘴气，以期抗日事业有进一步的胜利。"全篇用客观事物之间的内在联系来安排层次的结构，论证周密严谨，条理分明而又言简意丰，很具说服力。

以上的分析表明，毛泽东写政论文章、做政治报告非常讲究组段谋篇，总是巧妙地运用各种语言文化手段来构织切合意旨而又层次分明、条理清晰、极易领会的结构框架。而且善于精当地将经过提炼加工的群众语言，悉心锤炼而得的词语和言简意丰而又生动精美的句子，富于创造性的比喻和能使语意畅达、气势恢宏的排比与能增强语言力度、掀起语言波澜的设问等辞格融入其中，共同生成独特的语言风格基调。

（二）多姿的众调

语言个人风格的文化成因是个复合体，表现的社会生活是丰富多样的，人们运用语言进行交际也是多方面的，因而人们运用语言所表现出来的格调风貌也必然是多样化的。明代的屠隆说："今夫天有扬沙走石，则有和风惠日；今夫地有危峰峭壁，则有平原旷野；今夫江海有浊浪崩云，则有平波展镜；今夫人物有戈矛叱咤，则有俎豆晏笑；斯物之固然也。籍使天一于扬沙走石，地一于危峰峭壁，江海一于浊浪崩云，人物一于戈矛叱咤，好奇不太过乎，将习见者厌矣。文章大观，奇正、离合、瑰丽、尔雅、险壮、温夷，何所不有?"① 善于运用语言的人，尤其是优秀的作家，其个人语言风格都不会是单一的，而是既有鲜明的主调，又有多姿的众调的。茅盾说："我们的生活既有挥斥风云的一面，也有云蒸霞蔚的一面，既有排山倒海的一面，也有错彩镂金的一面，这就要求我们的作家

① 屠隆：《与王元美先生》明刻本，《由拳集（第十四卷）》。

不能光靠一副笔墨，这就使我们不能不深刻地感觉到，如果要百分之百准确地、鲜明地、生动地反映我们这光辉灿烂的现实，就不能不有几副笔墨。我们不能光会吹笛子，不会打鼓，就拿吹笛子来说吧，我们不能光会清扬宛转的柔调，却不会激越高亢的急板。我们要有几副笔墨。我们要掌握高度的技巧，既能以金钲羯鼓写风云变色的壮丽，也能用锦瑟银筝传花前月下的清雅；揭露敌人，须针针见血，歌颂英雄，应字字珠玑；文气既要能像横槊据鞍，千人辟易，也要能像岁时伏腊，欢腾田野；既要能横眉怒目写斗争的艰苦，也要能眉开眼笑写胜利的欢乐；既要善于塑造人物，也要善于渲染气氛；既要能写江山之多娇，也要能写厂矿的雄伟。”① 秦牧也以自己的创作体会说：“有人说，我们必须有几套笔墨，是的，写各种各样的事物，应该有各种各样的笔墨，写‘三万里河东入海，五千仞岳上摩天’那样的豪放，有时又要像吹箫踏月那样的幽清；有‘天’一类的事物，和写‘小荷才露尖尖角，早有蜻蜓立上头’的事物，文字风格怎能一个样呢？我们的笔墨，有时应该像奔潮怒马那样豪放……有时应该像咚咚雷鸣的战鼓，有时又应该像寒光闪闪的解剖刀……但是这几套笔墨，实际上也可以说就是一套，一套曲折尽意，栩栩传神的笔墨。”②

大凡优秀的作家总是既努力追求其稳定统一的语言风格，又不满足于一副笔墨，总是“情致异区，文变殊术”③，随着自己个性文化、社会文化的变化和表达对象的变异、接受主体的文化特点，相应地丰富和发展自己的个性，所以优秀的具有个人风格的作家，一般都具有一种基本的、主导的语言风格，又有多种笔墨的运用。刘大杰在论述辛弃疾的语言个人风格时说：“辛弃疾有勇武雄伟的气魄，同时又有缠绵细致的感情，再加以过人的天才与深厚的文学修养，造成了他在词中所表现的多样性的风格，由于他笔下语言的丰富和自由驱使的能力，适应不同的内容，表现出不同的风格。奔放的有如天风急雨，豪迈的有如大海高山，明媚清新的有如春花秋月，自然闲淡的有如野鹤闲云。他也偶写艳情，偶歌风月，但绝无轻薄卑俗之语。”④ 确实如此。辛弃疾的词“慷慨纵横，有不可一世之概”。（《四库全书总目提要》）其奔放豪迈的主调十分鲜明，如“千古江山，英雄无觅，孙仲谋处。舞榭歌台，风流总被，雨打风吹去。斜阳草树，寻常巷陌，人道寄奴曾住。想当年，金戈铁马，气吞万里如虎”。（《永遇乐·京口北固亭怀古》）“醉里挑灯看剑，梦里吹角连营。八百里分麾下炙，五十弦翻塞外声，沙场秋点兵。马作的卢飞快，弓如霹雳弦惊。了却君王天下事，赢得生前身后

① 茅盾：《反映社会主义跃进的时代，推动社会主义时代的跃进》，人民文学出版社，1960 年。

② 秦牧：《散文创作谈》，见《秦牧自选集》，花城出版社，1984 年。

③ 刘勰著，赵钟邑译注：《文心雕龙译注》，漓江出版社，1982 年。

④ 刘大杰：《中国文学发展史（中）》，古典文学出版社，1957 年。

名——可怜白发生!”（《破阵子·为陈同甫赋壮词以寄之》）这是他个性文化的主体面的体现。其多样笔调也很突出，如蕴藉含蓄的“少年不识愁滋味，爱上层楼，爱上层楼，为赋新词强说愁。而今识尽愁滋味，欲说还休，欲说还休，却道‘天凉好个秋’!”（《丑奴儿·书博山道中壁》）质朴清新的“茅檐低小，溪上青青草。醉里吴音相媚好，白发谁家翁媪？大儿锄豆溪东，中儿正织鸡笼。最喜小儿无赖，溪头卧剥莲蓬”。（《清平乐·村居》）“陌上柔桑破嫩芽，东邻蚕种已生些。平冈细草鸣黄犊，斜日寒林点暮鸦。山远近，路横斜，青旗沽酒有人家。城中桃李愁风雨，春在溪头荠菜花。”（《鹧鸪天·代人赋》）直率明快的“何处望神州？满眼风光北固楼。千古兴亡多少事？悠悠。不尽长江滚滚流。年少万兜鍪，坐断东南战未休。天下英雄谁敌手？曹刘。生子当如孙仲谋。”（《南乡子·登京口北固亭有怀》）等，这是他个性文化多彩多样的体现。

又如，茅盾在概括鲁迅小说语言的统一的独特风格为“洗炼、峭拔而又幽默”时，又指出“统一的独特的风格只是鲁迅作品的一面”，在另一方面又是“多种多样”的。他还举例论证：“金刚怒目的《狂人日记》不同于淡言微中的《端午节》，含泪微笑的《在酒楼上》亦有别于沉痛控诉的《祝福》。《风波》借大时代中农村日常生活的片断，指出了教育农民问题之极端重要，在幽默的笔墨后面跳跃着作者的深思忧虑和热烈期待。《涓生的手记》则如万丈深渊，表面澄静、寂寞，百无聊赖，但透过此表面，则龙蛇变幻，跃然可见。至于《故事新编》也各有不同的格调，《补天》诡奇，《奔月》雄浑，《铸剑》悲壮，而《采薇》诙谐。无论这些格调是多么不同，但是，一眼看去，便有他的个人风格迎面扑来。”① 鲁迅小说语言的格调是多样的，但基调是统一的。

前面说过，秦牧散文的语言风格具有鲜明的主调：清新、明快、凝练、优美。而在这个主调的笼罩下，又表现出几个方面的众调：①幽默讽刺，如“有女同学在做‘啦啦队’，你就不能不更英雄一点……一个球飞来了，你拼命似地把它抱住或者把它踢开，就算那是一个炮弹，我也顾不得这许多了。在人声沸腾中，我们几乎连裤子松下来也没工夫去拉紧裤带了”。（《回国》）“主人的叭儿狗生得十分娇小玲珑，比一只野猫还要小。它毛片柔长鬈曲，躺在波斯地毯上就像一只毛球，眼睛圆圆的凸在眼眶以外，腿短短的，格外便于跳跳蹦蹦。它的桐叶似的耳朵垂下来，鲜红的舌头经常伸出半截，它的扁鼻子和迷惘的眼睛很足以引逗老爷太太的爱怜；……我细细研究主人那头叭儿狗，慢慢地明白它被爱宠的原因了，它听话呀！叫它直立就直立，叫它打滚就打滚，……它的最大的本领就是娇声娇气地向客厅以外的生人们吠，在主人面前团团打滚，表示它的‘狗生’异常愉快。它对这个客厅视如天府，它的样子又是那样的温和，兴奋，忠实，不

① 茅盾：《联系实际，学习鲁迅》，作家出版社，1962 年。

偏不倚……它除了每天闻闻主人的脚臭以外，每天半斤牛肉是十拿九稳的了”。（《叭儿狗与仙人球》）②婉转含蓄，如“自己从做小娃娃的时候起，就唱过‘菱角儿，两头尖’那样的童谣，玩过用菱角的壳做成的玩具，也到菱角塘去捞过菱角，把那三角形的菱叶拖起来，摘着下面缀生着的一只只翘着勾儿的菱角，真是怪有趣的事情。从小到大，我吃菱角不知道吃了几百次，……‘菱角是有两个角的’这概念就在自己的脑子里坚固地形成起来。在广西的时候，我第一次看到三角形的菱角，初见的时候，不禁小小吃了一惊。把一枚长着三个勾儿的菱角放在掌心里把玩了半天。心想：‘吃了半辈子的菱角，现在才知道有些地方的菱角原来长的是三个角。多特别啊！’在重庆的时候，有一天走过市场，看到有一篓菱角竟都是四个角的。当时禁不住大大吃了一惊。买了一大包菱角回来，一边吃，一边欣赏。两个角、三个角、四个角的菱角味道原都一样，只是它们的模样儿不同罢了。菱肉相似，这是它们的‘同’，菱角的勾儿数目不同，这是它们的‘异’。‘同中有异，’这道理在小小的‘菱角家族’中也表现出来了”。（《菱角的喜剧》）③言在此意在彼，借写自己先后吃到或看到角数不等的菱角这一喜剧性故事说明事物的复杂性和多样性。又如“北京的街灯，有的是圆球状的，像是一颗颗珍珠放大了好几倍，它们集结在一起的时候，又很像一串串的葡萄。有的是玉兰花蕊状的，这些花蕊，又有的像含苞待放，有的则已微微绽开；北京饭店那头，灯光又很像一朵朵梅花了。”（《长街灯语》）④雄健奔放，如“在沙面上漫步和休息，你会想起许许多多的事情：看见靠椅，想起了战斗和劳动的可贵；看到草木，想起了赋予万物生命的阳光；看到土地，想起中国神圣的版图；看到江流，想起历史的法则和时间的裁判……”（《沙面晨眺》）由此可见，秦牧散文的语言风格是多彩多样的。这是作品题材的多样性和反映生活的多样性的需要，是作家努力追求的。秦牧明确地说过：“题材既是多种多样的，我们就必须努力具备几套笔墨，有时应该粗犷雄浑，有时可以细腻隽永……应该运用各种各样的笔墨。我自己是在努力学习这样做的。”他在写作中根据不同的题材和行文达意的需要，采用不同的语言文化手段，从而造成既幽默风趣、委婉含蓄，又繁丰富丽、雄健奔放等不同的笔调。而这些又是在清新、明快、凝练、优美的主导风格中和谐地统一起来的。

毛泽东的政论文章和政治报告，如前面所说具有鲜明的主调：通俗、新颖、生动、豪爽，在这个主调的统领下，又兼具多样的笔墨，最突出的是：①幽默，如“上面所说的那些，一方面是由于幼稚而来，另一方面也是由于责任心不足而来的。拿洗脸作比方，我们每天都要洗脸，许多人并且不止洗一次，洗完之后还要拿镜子照一照，要调查研究一番，（大笑）生怕有什么不妥的地方，你们看，这是何等地有责任心呀！我们写文章，做演说，只要像洗脸这样负责，就差不多了”。（《反对党八股》）②繁丰，如“鲁迅是在文化战线上，代表全民族的大多数，向着敌人冲锋陷阵的最正确、最勇敢、最坚决、最忠实、最热忱的空前的民族英雄”。（《新民主主义论》）③优雅，如“长征是历史上记录的第一次，长征是宣言书，长征是宣传队，长征是播种机。自从盘古开天地，三皇五帝到于今，历史上曾经有过我们这样的长征么？十二个月光阴中间，天上每日几十架飞机侦察轰炸，地下几十万大军围追堵截，路上遇着了说不尽的艰难险阻，我们却开动了每人的两只脚，长驱二万余里，纵横十一个省。请问历史上曾有过我们这样的长征么？没有，从来没有的。……长征又是播种机。它散布了许多种子在十一个省内，发芽、长叶、开花、结果，将来是会有收获的”。（《论反对日本帝国主义的策略》）又如“‘流水不腐，户枢不蠹’，是说它们在不停的运动中抵抗了微生物或其他生物的侵蚀。对于我们，经常地检讨工作，在检讨中推广民主作风，不惧怕批评和自我批评，实行‘知无不言，言无不尽’‘言者无罪，闻者足戒’‘有则改之，无则加勉’这些中国人民的有益格言，正是抵抗各种政治灰尘和政治微生物侵蚀我们同志的思想和我们党的肌体的唯一有效的方法”（《论联合政府》）等，都是根植于毛泽东的肥沃的个性文化土壤的果实。

总而言之，语言个人风格是一种复杂的风格现象。一个具有自己独特语言风格的作家，是在多样中有统一的语言格调的。研究作家语言风格，既要准确把握稳定的、成熟的、统一的、主导的一面，也要看到多样化的一面。

参考文献

［1］爱德华·萨丕尔著，陆单元译：《语言论》，商务印书馆，1985 年。

［2］爱德华·泰勒著，连树声译：《人类学——人及其文化研究》，上海文艺出版社，1993 年。

［3］艾青：《诗论》，人民文学出版社，1995 年。

［4］别林斯基著，梁真译：《别林斯基论文学》，新文艺出版社，1958 年。

［5］布封著，朱光潜译：《论风格》，《译文》1957 年第 9 期。

［6］C·恩伯、M·恩伯著，杜杉杉译：《文化的变异——现代文化人类学通论》，辽宁人民出版社，1988 年。

［7］曹丕：《典论·论文》。

［8］常敬宇：《汉语词汇与文化》，北京大学出版社，1995 年。

［9］陈建民：《语言文化社会新探》，上海教育出版社，1989 年。

［10］陈建民：《中国语言和中国社会》，广东教育出版社，1999 年。

［11］陈建民、谭志明主编：《语言与文化多学科研究——第三届社会语言学学术讨论会文集》，北京语言学院出版社，1993 年。

［12］陈汝东：《认知修辞学》，广东教育出版社，2001 年。

［13］陈松岑：《语言变异研究》，广东教育出版社，1999 年。

［14］陈望道：《修辞学发凡》，上海人民出版社，1976 年。

［15］程祥徽：《语言风格初探》，三联书店香港分店，1985 年。

［16］程祥徽、邓骏捷、张剑桦编著：《语言风格学》，广西教育出版社，2000 年。

［17］程祥徽、黎运汉主编：《语言风格论集》，南京大学出版社，1994 年。

［18］丁金国：《语体风格分析纲要》，暨南大学出版社，2009 年。

［19］丁金国：《语体风格认知与解读》，文化教育出版社，2006 年。

［20］段崇轩：《地域文化与文学走向》，北岳文艺出版社，2012 年。

［21］冯广艺：《语用原则论》，暨南大学出版社，2009 年。

［22］冯志伟：《应用语言学综论》，广东教育出版社，1999 年。

［23］高尔斯基主编，熊尧祥、周添舜译：《思维与语言》，生活·读书·新知三联书店，1963 年。

［24］高名凯：《语言风格学的内容和任务》，见北京大学中文系语言学论丛

编辑部编：《语言学论丛（第四辑）》，上海教育出版社，1959 年。

［25］顾嘉祖主编：《跨文化交际：外国语言文学中的隐蔽文化》，南京师范大学出版社，2000 年。

［26］荷迦兹：《美的分析》，见北京大学哲学系美学教研室编著：《西方美学家论美和美感》，商务印书馆，1980 年。

［27］何云波、彭亚静主编：《中西文化导论》，中国铁道出版社，2000 年。

［28］黑格尔著，朱光潜译：《美学（第一卷）》，商务印书馆，1979 年。

［29］胡青编：《老舍论创作》，上海文艺出版社，1980 年。

［30］胡仔：《苕溪渔隐丛话》，人民文学出版社，1962 年。

［31］黄伯荣、廖序东主编：《现代汉语（下）》，高等教育出版社，2011 年。

［32］黄庆萱：《修辞学》，三民书局股份有限公司，1975 年。

［33］蒋孔阳：《美在创造中》，广西师范大学出版社，1997 年。

［34］康德著，邓晓芒译：《判断力批判》，人民出版社，2002 年。

［35］L·R·帕默尔著，李荣译：《语言学概论》，商务印书馆，1983 年。

［36］老舍：《出口成章》，作家出版社，1964 年。

［37］李军：《语用修辞探索》，广东教育出版社，2005 年。

［38］黎千驹：《模糊修辞学导论》，光明日报出版社，2006 年。

［39］黎千驹：《模糊语义学导论》，社会科学文献出版社，2007 年。

［40］李如龙：《汉语应用研究》，中国传媒大学出版社，2004 年。

［41］黎运汉：《汉语风格探索》，商务印书馆，1990 年。

［42］黎运汉：《汉语风格学》，广东教育出版社，2000 年。

［43］黎运汉：《商务语言教程》，暨南大学出版社，2005 年。

［44］黎运汉：《修辞·语体·风格论文选》，暨南大学出版社，2004 年。

［45］黎运汉、李剑云：《秦牧作品语言艺术》，广西教育出版社，1992 年。

［46］黎运汉、李军：《商业语言》，台湾商务印书馆，2001 年。

［47］黎运汉、刘凤玲、宗世海等：《现代汉语语体修辞学》，广西教育出版社，1989 年。

［48］黎运汉、盛永生：《汉语语体修辞》，暨南大学出版社，2009 年。

［49］黎运汉、宗世海、曾毅平等：《公关语言学》（第四版），暨南大学出版社，2010 年。

［50］黎运汉、张维耿编著：《现代汉语修辞学》，商务印书馆，1986 年。

［51］李贽：《读律肤说》，见《焚书（卷三）》。

［52］刘大杰：《中国文学发展史（中）》，古典文学出版社，1957 年。

［53］刘大櫆、吴德旋等：《论文偶记　初月楼古文绪论　春觉斋论文》，人

民文学出版社，1959 年。

[54] 刘凤玲、戴仲平：《社会语用艺术》，暨南大学出版社，2002 年。

[55] 刘凤玲、邱冬梅：《修辞学与语文教学》，暨南大学出版社，2010 年。

[56] 刘焕辉：《修辞学纲要》，百花洲文艺出版社，1991 年。

[57] 刘焕辉：《言语交际学重构》，江西教育出版社，2009 年。

[58] 刘勰著，赵仲邑译注：《文心雕龙译注》，漓江出版社，1982 年。

[59] 陆稼祥：《修辞新论选》，吉林人民出版社，2003 年。

[60] 吕叔湘：《汉语语法分析问题》，商务印书馆，1979 年。

[61] 吕叔湘：《语文论集》，商务印书馆，1983 年。

[62] 马林诺夫斯基著，费孝通译：《文化论》，中国民间文艺出版社，1987 年。

[63] 孟昭兰：《人类情绪》，上海人民出版社，1989 年。

[64] 倪宝元主编：《大学修辞》，上海教育出版社，1994 年。

[65] 庞朴：《稂莠集——中国文化与哲学论集》，上海人民出版社，1988 年。

[66] 庞朴：《文化的民族性与时代性》，中国和平出版社，1988 年。

[67] 钱冠连：《汉语文化语用学》，清华大学出版社，1997 年。

[68] 钱中文：《新理性精神文学论》，华中师范大学出版社，2000 年。

[69] 秦牧：《艺海拾贝》，上海文艺出版社，1978 年。

[70] 秦牧：《语林采英》，花城出版社，1983 年。

[71] 仇小屏：《文章章法论》，台湾万卷楼有限公司，1998 年。

[72] 沙夫著，罗兰、周易译：《语义学引论》，商务印书馆，1979 年。

[73] 沈谦：《修辞学》，“国立”空中大学，1991 年。

[74] 孙犁：《孙犁文论集》，人民文学出版社，1983 年。

[75] 谭全基：《修辞荟萃》，安徽大学出版社，2001 年。

[76] 谭汝为：《词语修辞与文化》，天津古籍出版社，1998 年。

[77] 谭学纯、唐跃、朱玲：《接受修辞学》，上海教育出版社，1992 年。

[78] 谭永祥：《汉语修辞美学》，北京语言学院出版社，1992 年。

[79] 谭永祥：《修辞新格（修订本）》，暨南大学出版社，1996 年。

[80] 童庆炳主编：《文化概论》，武汉大学出版社，2000 年。

[81] 童庆炳、程正民主编：《文艺心理学教程》，高等教育出版社，2001 年。

[82] 王力：《王力论学新著》，广西人民出版社，1983 年。

[83] 王希杰：《修辞学通论》，南京大学出版社，1996 年。

[84] 王衍军编著：《中国民俗文化》，暨南大学出版社，2011 年。

[85] 维诺格拉陀夫：《风格学问题讨论的总结》，见苏旋等译：《语言风格与风格学论文选译》，科学出版社，1960年。

[86] 吴功正：《文学风格七讲》，上海文艺出版社，1983年。

[87] 吴克礼主编：《文化学教程》，上海外语教育出版社，2002年。

[88] 吴讷：《文章辨体序说》。

[89] 吴士文编著：《修辞讲话》，甘肃人民出版社，1982年。

[90] 伍铁平：《模糊语言学》，上海外语教育出版社，1999年。

[91] 伍铁平：《语言和文化评论集》，北京语言文化大学出版社，1997年。

[92] 吴子敏、徐迺翔、马良春编：《鲁迅论文学与艺术（上）》，人民文学出版社，1980年。

[93] 肖沛雄：《节目主持人语言传播艺术》，暨南大学出版社，2009年。

[94] 谢旭慧：《喜剧小品语言幽默艺术》，暨南大学出版社，2009年。

[95] 邢福义主编：《文化语言学》，湖北教育出版社，1990年。

[96] 徐芹庭：《修辞学发微》，台湾中华书局，1974年。

[97] 许钟宁：《二元修辞学》，复旦大学出版社，2012年。

[98] 伍蠡甫：《西方文论选（上）》，上海译文出版社，1979年。

[99] 姚鼐：《复鲁絜非书》，见郑奠、谭全基编：《古汉语修辞学资料汇编》，商务印书馆，1980年。

[100] 姚亚平：《当代中国修辞学》，广东教育出版社，1996年。

[101] 以群主编：《文学的基本原理》，上海文艺出版社，1980年。

[102] 于根元：《语言的人文性——“语言哲学对话”选载之一》，《语言教学与研究》1997年第1期。

[103] 于广元：《汉语修辞格发展史》，吉林人民出版社，2003年。

[104] 余明阳：《辉煌的创造：名牌战略》，海天出版社，1997年。

[105] 袁晖、李熙宗主编：《汉语语体概论》，商务印书馆，2005年。

[106] 曾大兴：《文学地理学研究》，商务印书馆，2012年。

[107] 曾毅平：《公关言语艺术》，暨南大学出版社，1996年。

[108] 曾毅平主编：《华语修辞》，暨南大学出版社，2012年。

[109] 张岱年：《文化与价值》，新华出版社，2004年。

[110] 张岱年、成中英：《中国思维偏向》，中国社会科学出版社，1991年。

[111] 张德明：《语言风格学》，东北师范大学出版社，1989年。

[112] 张德明：《中国现代语言风格学史稿》，海风出版社，2005年。

[113] 张弓：《现代汉语修辞学》，天津人民出版社，1963年。

[114] 张公瑾、丁石庆主编：《文化语言学教程》，教育科学出版社，

2004 年。

［115］张皓：《中国美学范畴与传统文化》，湖北教育出版社，1996 年。

［116］张静：《文学的语言》，河南人民出版社，1982 年。

［117］张炼强：《修辞理据探索》，首都师范大学出版社，1994 年。

［118］张寿康主编：《文章学概论》，山东教育出版社，1983 年。

［119］张志公：《修辞概要（读写一助）》，上海教育出版社，1982 年。

［120］张志公：《张志公自选集》，北京大学出版社，1998 年。

［121］郑敏：《结构—解构视角：语言·文化·评论》，清华大学出版社，1998 年。

［122］郑荣馨：《语言表现风格论：语言美的探索》，安徽大学出版社，1999 年。

［123］郑荣馨：《语言交际艺术：修辞策略探索》，山西人民出版社，2007 年。

［124］郑颐寿：《辞章体裁风格学》，暨南大学出版社，2008 年。

［125］郑颐寿：《辞章学发凡》，海峡文艺出版社，2005 年。

［126］郑远汉：《言语风格学（修订本）》，湖北教育出版社，1998 年。

［127］中国社会科学院新闻研究所世界新闻研究室：《传播学》，人民日报出版社，1983 年。

［128］周振甫：《文学风格例话》，上海教育出版社，1989 年。

［129］周祖谟：《汉语词汇讲话》，人民教育出版社，1959 年。

［130］周作人著，杨扬编：《周作人批评文集》，珠海出版社，1998 年。

［131］朱彤：《鲁迅创作的艺术技巧》，上海新文艺出版社，1958 年。

［132］宗守云：《修辞学的多视角研究》，中国社会科学出版社，2005 年。

［133］宗廷虎、陈光磊主编：《中国修辞史》，吉林教育出版社，2007 年。

［134］宗廷虎、邓明以、李熙宗等：《修辞新论》，上海教育出版社，1988 年。

［135］邹广文：《社会发展的文化诉求》，河北大学出版社，2004 年。

后记

拙著《汉语风格探索》1990年由商务印书馆出版以来，受到不少海内外学者的关爱，1994年荣获广东省优秀社会科学研究成果奖，1996年获陈望道修辞学奖，中国内地、香港、台湾以及新加坡、韩国、日本都有大学用作教材或教参，这些给了我很大的鼓舞，同时也是对我极大的鞭策，促使我不断地完善自我的想法，于是便在"探索"的基础上写成了《汉语风格学》，2000年由广东教育出版社出版。它的出版受到多位语言风格学研究专家的赞誉，澳门大学程祥徽教授在为该书写的《序》中说："汉语风格学可望在即将到来的21世纪走向成熟，黎运汉教授的这部新著，就是风格学走向成熟的一声春雷。"烟台大学丁金国教授在台湾《中国语文》上发表书评说："黎运汉教授的《汉语风格学》把我国语言风格的研究推向了新的高峰。"渤海大学张德明教授在《中国现代语言风格学史稿》中评论说："从《汉语风格探索》到《汉语风格学》，是走了一条成功的探索路子，作者综合运用语言学、修辞学、美学、文艺学、文化学、言语交际学等多学科的理论，结合汉语实际构建这门新兴的学科，完成了几代人的夙愿，作出了独特的贡献。正如本书责任编辑曾大力编审在评论中所说：'《汉语风格学》以颇具说服力的理论观点，充实的内容，深入细致的论述，构成了完整的体系，使汉语风格的探索进入到更深层次的领域。'"2001年在广州举行中国修辞学会年会时我将这本书送给一位对修辞学、语体学、语言风格学研究都颇有成就的教授，两天后他对我说："我看完了你的大作，看来语言风格研究只能到此为止了。"我不问他是什么意思。我认为"到此为止"，风格学就没有生命了。它不能"到此为止"，必须与时俱进，不断开拓创新。开拓创新是科学发展和升级的强大动力，是科学生命力旺盛的重要保健品。要开拓创新就必须继承借鉴、捕捉到新的研究视角。基于此，我借鉴文化语言学理论，承传拙作《汉语风格学》中"汉语风格与汉文化"的观点，从汉文化的角度全方位审视汉语言风格现象，写成了这本《汉语言风格文化新视界》。全书共十一章，其重要的课题大都写成了单篇论文，在全国性、国际性的各种语言学、语用学的研讨会上交流过，也在《语言文字应用》《修辞学习》《语文月刊》《暨南学报》《烟台大学学报》《扬州大学学报》《锦州师范学院学报》《澳门日报》

等刊物发表过。

俗语说:"十年磨一剑。"写这本书,我足足花了十五个春秋,但因是从文化角度全方位审视语言风格现象,难度很大,不少论题都是新确立的,所以不敢奢望它成为什么"宝剑",只望它是对人有点裨益的成果,能为汉语言风格学不断走向新生、继续繁荣发展起点引导作用。能否如愿,敬请读者朋友评判。

老朋友著名风格学家丁金国教授两次审订了全书纲目,又审阅了重点章节,作了校正;学弟暨南大学华文学院教授、博士生导师、《华文教学与研究》执行主编宗世海博士反复通读了全稿,作了有益的删改;学弟暨南大学华文学院教授、博士生导师、副院长、中国修辞学会副会长曾毅平博士认真通读了全稿,提供了许多宝贵的修改意见;暨南大学出版社社长徐义雄和编辑杜小陆先生给予了热情的支持。在此,向他们表示衷心的感谢。

黎运汉

2018 年 9 月 5 日

于广州市花都区碧桂园假日半岛鸟语花香苑得道居